맹자

맹 자

초판1쇄 2012년 12월11일 | **초판1쇄 인쇄** 2012년 12월 21일
엮은이 이상호 | **펴낸곳** 계명대학교출판부 | **펴낸이** 신일희
출판등록 1970년 9월 1일(제347-1998-1호)

주소 대구광역시 달서구 달구벌대로 1095
전화 053) 580-6233 | FAX 053) 580-6235

ISBN 978-89-7585-602-0 03140

· 값 8,000원
· 잘못 만들어진 책은 교환해 드립니다.

계명교양총서

57

맹자

이 상 호

계명대학교 출판부

역주자 서문

『맹자』라는 책 속에는 '오십보(五十步) 백보(百步)'나 '연목구어(緣木求魚)'와 같이 기지가 번득이는 말부터 '인자무적(仁者無敵)', '여민동락(與民同樂)'과 같이 평생 경구로 삼아도 좋을 말들, 그리고 '자포자기(自暴自棄)'나 '조장(助長)'처럼 지금도 많이 쓰이고 있는 말들이 각 장마다 빼곡하게 자리하고 있다. 이 책에 나오는 양지(良知)라는 말은 의미전이를 일으켜 '양심(良心)'이라는 용어를 낳았고, 사단(四端)이라는 용어는 뜻을 명확히 알지는 못해도 여러 번 들어는 본 듯하다. 『맹자』라는 책은 이처럼 우리 곁에 가까이 있지만, 정작 그 책 전체를 한 번 읽어 보았다거나 혹은 위에서 제시된 용어들의 뜻을 명확하게 알고 있는 사람들은 그리 많지 않은 듯 하다. 우리 모두 동양을 문화 유전 인자로 가졌음에도 불구하고, 여전히 동양에 대해 낯설어 하는 현대인들의 모습이 『맹자』를 바라보는 시각에도 동일하게 들어 있기 때문이 아닐까 싶다.

이 책은 이 같은 현실에 놓여 있는 대학생들을 대상으로 '쉬운 『맹자』 읽기'를 위해 기획된 것이다. 원래 『맹자』는 「양혜왕(梁惠王)」부터 「공손추(公孫丑)」, 「등문공(滕文公)」, 「이루(離婁)」, 「만장(萬章)」, 「고자(告子)」, 「진심(盡心)」까지 총 7편으로 이루어져 있다. 이 7편 역시 각각 상(上)과 하(下)로 나누어져 있어서, 총 14장에 달하는 방대한 분량을 자랑한다. 단숨에 읽어 내리기가 녹록치 않은 이유이다.

게다가 각 장의 제목은 주제나 내용에 따른 분류가 아니다. 문장 첫 구절을 시작하는 사람의 이름을 따서 각 장의 이름으로 만든 것이다. 『맹자』라는 책이 기본적으로 맹자가 말한 것을 받아 기록한 것이기 때문에 특별한 주제별 편집보다는 대화가 시작되는 사람의 이름을 중심으로 각 장의 제목을 달았던 것이다. 따라서 각 장의 내용에는 다양한 주제들이 섞여 있으며, 이 때문에 전문적으로 『맹자』를 연구하는 사람이 아니라면 쉽게 이 책이 지향하는 함의를 이해하기 어렵다.

대학생들이나 일반인들이 이 책에 쉽게 접근하기 위해서는 전체 내용도 줄여야 하겠지만, 동시에 주제별로 내용을 엮어서 『맹자』가 지향하는 바를 이해할 수 있도록 해야 할 필요가 생긴 것이다. 이와 같은 이유에서 이 책은 독자들이 쉽게 『맹자』의 내용을 이해할 수 있도록 주제별로 중요 내용을 모으는 작업을 먼저 진행했다. 그리고 주제에서 벗어나거나 핵심 주제가 아닌 내용들은 과감하게 생략함으로써 주제에 집중해서 책을 읽을 수 있도록 재구성하였다.

맹자의 철학을 큰 틀에서 단순화 하면 '성선론에 바탕한 왕도정치'라고 말할 수 있다. 이 때문에 맹자는 제자들과의 대화에서 특히 '인간 본성의 선함'을 논증하는 데 전력을 쏟는다. 나아가 이러한 선함에 바탕한 정치적 이상은 '왕도정치'로 제시된다. 이 책에서 크게 '성선론'과 '왕도정치'를 구분하고, 그 속에 세부 내용들을 배치한 것은 이러한 이유에서이다. '성선론'과 '왕도정치'를 중심으로 그 세부 내용의 흐름을 이해할 수 있도록 책을 구성했던 것이다.

각 장별로는 맹자의 입장을 가장 잘 드러낼 수 있는 핵심 원문들을 발췌하여, 원전을 통해 맹자의 사상에 접근할 수 있도록 했다. 성선론과 왕도정치의 각 장은 이러한 이유에 따라 배치한 것으로, 이를 통해 맹자의 정치사상과 윤리사상, 교육사상, 이단론, 처세철학 등이 자연스럽게 드러날 수 있도록 했다. 『맹자』의 편집과정에서 산발적으로 흩어져 있던 내용을 주제별로 재편집하고, 그 가운데 대표적인 구절만을 뽑아 독자들이 주제에 집중할 수 있도록 한 것이다.

나아가 번역된 원문에 대해 가능한 세밀한 [주]와 [해설]을 달아 원문이 가리키는 내용이 어떠한지를 이해할 수 있도록 하였다. 번역문은 아무래도 한문의 특유한 문형을 따라가야 하므로 한문의 문형에 구속될 수밖에 없다. 이 때문에 중요 용어나 문장은 가능한 정확한 의미체계가 드러날 수 있도록 의역을 했지만, 그럼에도 불구하고 한문의 기본 문장을 완전하게 해체할 수는 없었다. 이 때문에 어려운 용어는 주석을 통해, 그리고 전체 내용은 해설을 통해 이해할 수 있도록 [주]와 [해설]을 다는 방법을 사용한 것이다. 비록 어려운 고전이지만 번역된 문장과 주석, 그리고 해설을 따라 읽어 나가면, 그 속에 들어 있는 다양한 의미체계들을 발견할 수 있을 것으로 기대한다.

『맹자』라는 책은 이미 2,000여 년이 훨씬 넘은 인류의 고전으로, 동양사회에 절대적인 영향을 미쳤다. 우리가 흔히 동양적 사고라고 말할 수 있는 내용 속에는 『맹자』가 미친 영향이 결코 적지 않다. 동양인으로서 우리가 가진 문화 유전 인자를 확인하기 위해서는 반드시 읽어야 할 책이라고 말할 수 있는 이유이다. 하지만 한문으로 된 언어의 장벽과 2,000여 년을 상회하는 문화적 단절이 독자들로 하여금 이 책에 쉽게 접근하지 못하게 하였다. 게다가 주제에 따른 책 편집이 아니어서 읽고 난 후 그 의미를 정확하게 파악하는 것조차 힘들었다.

이 책은 이와 같은 언어적 장벽과 문화적 단절을 넘어 원전과 독자의 만남이 좀 더 쉽게 이루어질 수 있도록 하려는 마음에서 집필되었다. 만약 이와 같은 시도가 성공적으로 이루어진다면, 2,000 여 년전 전국시대(戰國時代)의 혼란한 사회를 바라보면서 고뇌했던 맹자의 생각을 읽어낼 수 있을 것이다. 그리고 그러한 맹자의 고뇌 속에서 오늘을 살아가는 우리들의 고뇌도 함께 읽을 수 있게 될 것이다. 이를 통해 '왜 고전인가?'에 대한 진부한 물음 앞에서 당당한 독자들이 되지 않을까 생각된다.

이 책은 이 전에 『맹자』에 대한 번역서를 내면서 고민했던 많은 선배 연구자들의 선행 작업을 발판으로 한다. 그분들이 해 놓은 고민과 작업의 기반 위에서 대학생들을 위한 『맹자』가 만들어졌고, 여기에서 부족한 부분은 다시 그분들이 해 놓은 작업을 통해 채울 수도 있을 것이다. 그리고 이를 바탕으로 이후 더 좋은 『맹자』 주석서를 만들어 낼 수 있지 않을까 생각된다. 늦은 작업에도 끝까지 기다려 준 계명대학교 교양교육대학과 출판부에 감사드린다.

2012년 11월

안동호 상류에서 이상호

목차

제1부

사람의 선한 본성과 성인의 길

1. 사람의 선한 본성
2. '본성의 선함'이 가진 의미
3. 선한 본성의 실현
4. 도덕 수양과 도덕 교육
5. 군자의 길

제1부

사람의 선한 본성과 성인의 길

1. 사람의 선한 본성

● 선한 본성의 선천적 특징

고자(告子)[1]가 "사람의 본성(性)은 소용돌이치는 물[2]과 같아서 동쪽 방향으로 터놓으면 동쪽으로 흐르고, 서쪽 방향으로 터놓으면 서쪽으로 흐릅니다. 사람의 본성이 선한 쪽으로나 불선(不善)한 쪽으로 정해져 있지 않았다는 것은 (어느 한쪽 방향으로 터놓기 전에는)물이 동쪽과 서쪽으로 나누어져 있지 않은 것과 같습니다"라고 말했다. 그러자 맹자는 다음과 같이 대답했다. "물이 동쪽으로 흐를지 서쪽으로 흐를지 미리 나누어져 있지는 않겠지요. 하지만 위와 아래의 구분이야 없겠습니까? 사람의 본성이 선하다는 것은 마치 물이 (위에서)아래로 내려가는 것과 같습니다. 사람이라면 (그 본성이)선하지 않을 수 없고, 물이라면 위에서 아래로 내려가지 않을 수 없습니다. 비록 물을 쳐서 튀어 오르게 하면 물이 사람의 머리를 넘길 수도 있고, 물길을 막아 위로 흐르게 하면 산에 물을 가둘 수도 있지만, 그것이 어떻게 물의 본성이겠습니까? (외적인)힘이 그렇게 한 것이니, 사람이 선하지 않은 것도 외적인 힘에 의해서 그렇게 된 것이지 본성이 그러한 것은 아닙니다."〈고자상-2〉

1 성은 고(告)이고, 이름은 불해(不害)이다. 사람의 본성에 대해 맹자와 논쟁을 벌였던 맹자의 대표적 논적으로, 사람이 태어나면서 가지고 있는 삶의 본능이 사람의 본성이라고 주장했다. 다시 말해 사람의 본성은 선과 악으로 결정되어 있는 것이 아니라, 생의 다양한 욕구와 본능에 따라 후천적으로 달라

질 수 있다는 입장을 제기했다.

2 소용돌이 치는 물이란 어느 방향으로 흐를지 결정되지 않은 상태를 말한다. 고자의 이 말은 사람의 본성이 아직 선한 방향으로 흐를지 악한 방향으로 흐를지 정해지지 않았다는 사실을 비유하기 위한 것으로, 선천적으로 사람의 본성이 선하게 정해져 있다는 맹자의 입장을 비판하기 위한 말이다.

해설

고자와 맹자 사이에 이루어지는 이 논의는 '사람의 본성'에 대한 상반된 입장을 단적으로 드러낸다. 흔히 우리가 '본성'이라고 했을 때, 사람이 가지고 있는 기본적인 욕망을 지칭하는 경우가 많다. 배고플 때 음식을 먹고 싶은 마음이나 이성에 끌리는 마음을 사람의 본성, 혹은 본능이라고 말하는 이유이다. 고자는 이러한 마음이 사람의 본성이며, 그것은 선이나 악과 같은 하나의 속성으로 고정되지 않는다고 생각했다. 본성이 어떤 경우는 선할 수도 있고 어떤 경우에는 악할 수도 있기 때문이다. '소용돌이 치는 물'에 대한 고자의 비유는 이러한 입장에서 나온 것이다. 누군가 왼쪽으로 물길을 터놓으면 왼쪽으로 물이 흐르고, 오른쪽으로 물길을 터놓으면 오른쪽으로 물이 흐르는 것처럼, 그 상황과 외부적 요인에 따라서 본성이 달라질 수 있다는 의미이다.

그러나 맹자는 이와 달리 사람의 본성에 대해 욕망이나 본능으로 대변되는 일상적 정감이 아니라고 생각했다. 사람의 본성은 마치 물이 위에서 아래로 흐르는 것이 정해진 것처럼 '선천적'으로 '선하게' 정해져 있다는 입장이다. 이 때문에 맹자는 물이 오른쪽으로 흐를지 왼쪽으로 흐를지는 아직 정해져 있지 않은 것과 같다는 고자의 말에 대해 같은 논리를 들어 '물이 위에서 아래로 흐르는 것은 정해져 있다'라고 대답했던 것이다. 사람의 본성은 소용돌이치는 물처럼 방향이 정해져 있지 않은 것이 아니라, 위에서 아래로 흐르는 자연의 법칙처럼 정해져 있는 것이다.

이와 같은 이유에서 맹자는 사람의 악함에 대해 본성에 의한 것이 아니라, 원래의 본성에 반하기 때문에 나온 결과라고 말한다. 물이 높은 곳에서 낮은 곳으로 흐르는 것은 물의 본성이지만 인위적으로 물을 가두어 두면 산위에도 물이 고여 있을 수 있는 것처럼, 사람의 본성은 원래 선하지만 인위적인 욕망이나 외부의 환경에 의해 본성에 반하는 악한 행동을 할 수 있다는 것이다. 그러나 물이 산에 있는 것은 물의 본성이 아니듯, 사람의 악한 행동 역시 사람의 본성에서 나온 행동은 아니다.

맹자의 이와 같은 입장은 공자가 말한 '인(仁)'의 사상을 잇고 있는 것으로, 유학에서 사람을 이해하는 기본전제가 된다. 사람의 본성이 선하다는 전제는 유학 전체를 관통하는 정신으로, 주자학(朱子學)이나 양명학(陽明學)과 같은 신유학에서는 맹자의 이러한 인간 이해를 그대로 받아들인다. 더불어 유학의 논의가 좀 더 치밀해지면서 이러한 전제들을 보강하는 작업들이 진행된다. '왜 사람의 본성이 선한지', 그리고 '그렇게 선한 본성을 어떻게 현실에서 실현시킬지' 등에 대한 문제가 유학의 중심 논의로 등장하게 되었던 이유이다. 맹자로부터 비롯된 유학의 이와 같은 입장을 우리는 '성선론(性善論)'이라고 부른다.

● 사람의 본성과 동물의 본성

고자는 "생(生)의 본능[3]을 가지고 본성(本性)이라고 합니다"라고 말했다. 이에 맹자가 "생의 본능을 본성이라고 하는 것은 흰 것을 희다고 하는 것과 같습니까?"라고 묻자, 고자가 "그렇습니다"라고 대답했다. 맹자는 다시 "그렇다면 흰 깃털의 흰 것은 흰 눈의 흰 것과 같고, 흰 눈의 흰 것은 흰 옥의 흰 것과 같다는 말입니까?"라고 물었다. 그러자 고자는 "그렇습니다"라고 대답했는데, 이에 대해 맹자는 "그렇다면 개의 본성은 소의 본성과 같고, 소의 본성은 사람의 본성과 같다는 말입니까?"라고 했다. 〈고자상-3〉

3 '생(生)'을 '생의 본능'이라고 번역했다. 주자학을 창시했던 주희(朱熹)(1130~1200)는 생(生)에 대해 "사람과 동물이 지각하고 운동하는 것을 가리켜 말한다"라고 주석을 달았다. 사람과 동물이 가지고 있는 일상적 본능이나 운동할 수 있는 능력과 같은 것을 '생'이라고 말한 것이다. 고자는 사람이나 동물이 동일하게 가지고 있는 '삶의 본능'을 '생'이라 생각던 것으

로, 모든 생명체가 가지고 있는 자기 유지본능, 즉 성욕이나 식욕 등을 포함한 본능 대부분을 '생'이라고 말할 수 있다.

해설

앞의 구절에 이어 고자는 자신이 생각하는 '사람의 본성'이 무엇인지를 밝혔다. 고자는 생에 대해 앞의 [주]에서 밝혔듯이 성욕이나 식욕을 포함한 사람과 동물이 가진 일상적 욕구와 본능이라고 생각했다. 태어날 때부터 가지고 있는 일상적 본성을 생(生)이라고 하며, 그것이 곧 사람의 본성이라고 생각했던 것이다.
맹자는 이와 같은 고자의 입장에 대해 특유의 논리적인 언술로 자신의 입장을 밝히고 있다. '본성'을 무엇으로 봐야 하는지에 대한 맹자의 입장이 잘 드러나 있는 대목이다. 맹자는 각기 다른 사물들의 '본성'을 같은 종류의 '속성'으로 규정해서는 안 된다고 생각했다. '흰 깃털'과 '흰 눈'이 '희다'는 속성을 같이 공유하고 있지만, 그렇다고 깃털과 눈이 같은 '본성'을 가졌다고 말할 수는 없다. 깃털로서의 본성과 눈으로서의 본성은 각기 다를 수밖에 없기 때문이다.
'개의 본성과 소의 본성, 그리고 사람의 본성이 같은가?'라는 맹자의 질문은 희다는 속성을 가지고 깃털과 눈의 속성이 같다고 말하는 것이 잘못되었듯이, 동물과 사람이 가진 '삶의 본능'이라는 동일한 속성을 가지고 있다 해서 동물과 사람의 본성이 같다고 말할 수는 없다는 의미이다. 주희는 맹자가 위의 마지막 질문을 이어 "만일 이와 같다면 개와 소, 그리고 사람은 모두 지각(知覺)이 있고 운동(運動)할 수 있는 능력을 가지고 있으니, 그 본성 역시 다르지 않을 것이다"라는 말을 덧붙였다고 주를 달았다. 흰 깃털과 흰 눈의 본성이 같다면 지각이라는 속성을 가진 개와 사람의 본성이 같고, 움직일 수 있는 능력을 가진 소와 사람의 본성 역시 같다는 말이 되는데, 그럴 수는 없다.
맹자는 이 말을 통해 사람과 다른 동물이 구별되는 '사람만의 속성'을 '사람의 본성'으로 규정해야 하고, 소나 개 역시 각각 소나 개로 규정할 수 있는 그들만의 속성을 가지고 소나 개의 본성을 규정해야 한다고 생각했던 것이다. 고자와 '성(性)'에 대한 인식에 차이가 있는 대목이다. 고자는 앞에서 보았듯이 동물이나 사람이 동일하게 가지고 있는 기본적인 삶의 욕구를 '본성'으로 규정하려 했다면, 맹자는 동물과 구별되는 사람만의 특수성을 '본성'으로 규정하려했던 것이다. 사람의 본성이 '선천적'이라고 말하는 이유는 바로 여기에 있다.

● 사람과 동물의 차이

맹자는 "사람이 동물과 다른 점은 매우 적은데, 많은 사람들은 동물과 다른 점을 버리지만 군자(君子)[4]는 그것을 보존한다. 순(舜)임금[5]께서는 여러 사물들에 대한 이치에도 밝았지만 그 중에서도 특히 인륜(人倫)[6]을 살피셨는데, 이것은 (사람이 선천적으로 가진)인함과 의로움으로 인해 행한 것이지, (인위적으로)인함과 의로움을 행하려 했던 것은 아니다"라고 말했다.〈이루하-19〉

4 군자라는 말의 본래 뜻은 말 그대로 '임금의 아들'이다. 군주가 그 시대를 다스리는 군왕이라면, 군자는 군주를 이어 그 다음 대에 나라를 다스릴 사람이다. 임금의 아들로서 '다스릴 자격을 갖춘 사람'을 의미한다. 그런데 공자와 맹자는 '다스릴 자격'의 의미를 혈연적 개념인 '군주의 아들'로 보는 것이 아니라 '남을 다스릴만큼 완성된 인격을 갖춘 사람'이라는 개념으로 변이시켜 이해한다. '다스릴 자격'이 혈연에 있는 것이 아니라, 도덕적 자격에 있다고 생각했던 것이다. 이것은 유학에서 이루어진 '군자'의미에 대한 중요한 변화로, '왕도정치'가 형성될 수 있는 이론적 기초가 된다.

5 중국 고대 왕조인 하(夏)나라의 두 번째 왕으로, 중국 최고의 성군(聖君)으로 일컬어지는 요(堯)임금의 뒤를 이었다. 요임금과 더불어 중국의 성군 가운데 한 명으로 꼽힌다. 유학자들은 요임금과 순임금이 다스렸던 시기를 중국 역사상 최고의 태평성대를 구가한 시기로 기록한다. 이 때문에 첫 번째 왕인 요임금과 두 번째 왕인 순임금의 이름을 합쳐 '요순시대'라고 부르는데, 이후 이 말은 동양 사회에서 태평성대를 대표하는 일반명사로 사용되었다.

6 사람이 사람으로서 행해야할 기본적인 법칙이라는 의미로 사용한 말이다. 동물과는 다른 사람만의 행동 양식인데, 맹자는 이것을 인함이나 의로움과 같은 도덕적인 것에서 찾고 있다. 이후 우리가 인륜(人倫)이라고 하면 자연스럽게 도덕적인 것을 형상화 하게 되는데, 그것은 바로 이 같은 맹자의 영향 때문이다.

해설

앞에서 보았던 것처럼 맹자는 '사람이 사람인 이유'를 성(性)으로 규정하는데, 이것은 다른 동물의 본성과 뚜렷하게 구분되는 사람만의 본성을 의미한다. 본성의 개념 자체가 고자와 다른 대목이다. 그렇다면 맹자가 생각하고 있는 사람만의 본성은 무엇일까? 이 물음은 결국 다른 존재와 구분되는 '인간만의 정체성은 무엇인가?'라는 물음과 같은 것으로, '인간이란 어떠한 존재인가?'라는 인문학의 근본문제와 맞닿아 있다. 이것은 동·서양을 막론하고 2천년 이상 물어왔던 문제이며, 여기에 대한 대답에 따라 인간다운 삶이 무엇인지를 규정하는 것으로부터 사회와 교육, 윤리 등에 대한 해석도 달라지게 된다.

유학의 학문 목적은 자신이 '성인이 되는 것'이다. 이 때문에 모든 유학자들은 인간의 삶을 '성인이 되어 가는 수양의 과정'으로 이해하며, 완성된 인간형을 '성인'에서 찾는다. 이렇게 규정하는 근간에는 인간의 본성에 대한 기본 입장이 들어 있는데, 그 입장의 실질적 내용이 바로 맹자가 말한 이 구절속에 들어 있다. 맹자는 사람의 본성을 규정하면서, 우선 사람과 동물의 차이가 '매우 적다'라고 말한다. 맹자는 동물과 구별되는 이 미세한 차별성을 '사람이 사람인 이유'로 설정하고 그것을 '사람의 본성'으로 규정한다.

이와 같은 차별성을 본성으로 설정한 맹자는 그 구체적 내용을 순임금과 같은 사람이 가지고 있었던 '인함이나 의로움'에서 찾는다. '사람의 본성'을 '도덕적인 것'으로 설정하고 있는 대목이다. 동물에게는 이와 같은 도덕본성이 없지만, 사람에게는 매우 희미하기는 하지만 선천적으로 내재되어 있다고 생각했던 것이다. 이러한 이유에서 맹자는 군자에 대해 '이러한 본성을 자신의 마음에 보존하는 사람'으로 규정한다. 이와 반대로 대부분의 일반 사람들은 도덕본성을 버리기 때문에 동물과 다르지 않게 되었던 것이다.

나아가 맹자는 이와 같은 본성을 '사람이 스스로 가질 수 있는 것'이 아니라고 말한다. 본성은 '하늘로부터 부여 받는 것'이지 '사람이 노력해서 이룰 수 있는 것'은 결코 아니라는 말이다. 따라서 사람은 부여받은 본성에 따라 행동할 뿐, 인위적으로 그것을 하려고 해서는 안 된다. 맹자가 순임금께서 '인함과 의로움에 따라 행한 것이지, 인위적으로 인함과 의로움을 행하려고 했던 것은 아니다'라고 말했던 이유는 바로 여기에 있다. 자신의 노력에 의해서 선해지는 것이 아니라, 자신이 가지고 있는 선한 본성에 따라 자연스럽게 행동하는 것이 바로 선을 이루어 가는 길이다. 사람의 본성이 가지고 있는 선천성을 강조한 것으로, 이 같은 측면에서 보면 '성인됨의 추구'는 사람이 자기 본성을 실현해 가는 과정이다.

● 사람의 본성 – 인함과 의로움

고자는 "식욕과 성욕이 바로 사람의 본성입니다.[7] 인함(仁)은 사람의 마음 속에 있는 것이지 마음 밖에 있는 것이 아니고, 의로움(義)은 마음 밖에 있는 것이지 마음 속에 있는 것이 아닙니다"라고 말했다. 이에 맹자가 "왜 인함은 마음 속에 있고 의로움은 마음 밖에 있다고 말하십니까?"라고 묻자, 고자는 다음과 같이 대답했다. "저 사람이 나이가 많기 때문에 나는 그를 연장자로 대하니, '나이가 많다는 것'은 '내 마음 속에 있는 것'이 아닙니다. 이는 마치 저것이 희기 때문에 내가 그것을 흰 것으로 대하는 것과 같습니다. 그 흰 것이 마음 밖에서 따라왔기 때문에 마음 밖에 있다고 한 것입니다"라고 대답했다. 그러자 맹자는 "말의 흰 것을 희다고 하는 것과 사람의 흰 것을 희다고 하는 것은 다르지 않습니다. 그러나 잘은 모르겠지만, (말이)나이 많은 말을 연장자로 대하는 것과 (사람이)나이 많은 사람을 연장자로 대하는 것이 다르지 않다고 하겠습니까! 또 연장자를 '의로움'이라고 하는 것입니까? 아니면 '연장자로 대하는 것'을 '의로움'이라고 하는 것입니까?"

고자가 다시 "나의 동생이면 사랑하고, 진(秦)나라 사람의 동생이면 사랑하지 않으니, 이것은 나를 위주로 (내 동생만을)사랑하는 것입니다. 이 때문에 마음 속에 있는 것이라고 말했습니다. 그러나 초나라의 나이 많은 사람도 연장자로 대하고, 내 주위의 나이 많은 사람도 연장자로 대하니, 이것은 나이가 많음을 가지고 (연장자들을)공경하는 것입니다. 그래서 의로움은 마음 밖에 있다고 말했습니다"라고 말했다. 이에 맹자는 "진나라 사람이 구운 고기를 좋아하는 것이나 내가 구운 고기를 좋아하는 것이나 (좋아한다는 점에서는)다르지 않습니다. 무릇 물건이라고 해도 이처럼 모두가 좋아하는 것이 있으니, 그렇다면 구운 고기를 좋아하는 것도 마음 밖에 있다는 말입니까!"라고 대답했다. 〈고자상-4〉

7 식(食)과 색(色)을 식욕과 성욕으로 번역했다. 식색(食色)은 사람이 자신을 유지하기 위해 가지고 있는 기본적인 '유지본능'을 의미한다. 자기 자신을 생명을 유지하기 위한 기본적 본능이 식욕이라면 자신의 종족을 보존하기 위한 기본적 본능이 성욕이다. 이와 같은 본능은 사람 뿐만 아니라 모든 동물들이 가지고 있는 기본 본능으로, 중국 문화사에서 음식남녀(飮食男女)라는 말과 혼용되었다.

해설

이 논의를 말 그대로 해석하면 '의로움'이라는 도덕 덕목이 사람의 마음 속에 있는 것인지, 아니면 외부적인 요인에 의해서 결정되는지에 관한 것이다. 형식적으로는 의로움이라는 덕목이 외부적 요인에 의해 결정된다는 고자의 주장과 마음 속에 있다는 맹자의 입장이 충돌하고 있다. 그러나 고자의 실질적 의도는 '의로움'이라는 도덕적 덕목이 외부적 요인에 의해 결정되는 것이라고 말함으로써 다음과 같은 맹자의 주장에 대해 반대의 입장을 드러내려 했던 것으로 보인다. 맹자는 사람의 본성이 1)선천적이며, 그 내용은 2)인함이나 의로움과 같은 도덕성이고, 그것이 3)사람의 마음 속에 내재되어 있다는 주장을 제기해 왔다. '의로움'이 마음 밖에 있다는 고자의 주장은 맹자의 이와 같은 주장에 대한 전면적인 비판으로 이해할 수 있다.

고자가 보기에 나이 많은 사람을 연장자로 대하는 것은 '의로움'이다. 이러한 '의로움'이 마음 밖에 있다는 고자의 말은 '마음'이 가진 선천적 요인에 의해 의로움이 드러나는 것이 아니라, 마음 밖에 있는 외부적 요인들에 의해 그것이 드러나거나 결정된다는 의미이다. 다시 말해 나이 많은 사람을 연장자로 대우하는 것은 '그 대상이 연장자이기 때문'이지, 자신의 마음 속에 연장자를 연장자로 대하는 마음이 따로 있는 것은 아니라는 의미이다. 외부의 환경과 여건에 따라 도덕 덕목의 발현이 달라지므로, 그것은 외부적인 여건에 따른 것이지 마음 속에 있는 것은 아니라는 말로 이해할 수 있다. 외부적 요인에 따른 것이므로 선천적이지도 않고 마음 속에 내재되어 있는 것도 아니며, 따라서 도덕성을 사람이 가지고 있는 본성으로 받아들일 수도 없다는 의미이다.

이와 같은 고자의 비판에 대해 맹자는 두 가지 입장을 가지고 조목조목 반박한다. 우선 외부에 주어진 요인에 따라 우리의 인식이 작용할 수 있다는 것에 대해서는 인정한다. 말의 '흰 것'과 사람의 '흰 것'이 '희다는 속성'에서는 다르지 않다는 맹자의 입장은 여기에서 나온다. 하지만 사람과 말이 근본적으로 다른 부분이 있고, 그것은 외부적 요인에 따라 인식이 동일하게 작용되지 않을 수 있다. '나이 많은 존재에 대해 연장자로 대하는 것'에 있어서는 말과 사람이 같을 수 없다는 것이다. 연장자를 연장자로 대하는 도덕덕목은 분명히 차이가 있기 때문이다. '의로움'이 근원적으로 동물과 다른 '사람만의 본성'임을 분명히 하고 있는 것이다.

나아가 맹자는 '연장자'를 중심으로 의로움이 마음 밖에 있다는 고자의 입장에 대해 '연장자'와 '연장자로 대하는 마음'은 분명히 다르다는 사실을 지적한다. '연장자'가 마음 밖에 있는 것은 사실이지만, '연장자를 연장자로 대하는 마음'은 사람이 가지고 있는 도덕본성에 기인하고 있기 때문이다. 맹자가 보기에 '의로움'은 '연장자'가 아니라 '연장자를 연장자로 대하는 마음'이므로, 그것은 마음 속에 있다. 이와 같은 입장에서 보면 맹자가 말하는 '성선설'은 사람의 본성을 동물과의 차이에서 이해하려는 것이라고 말할 수 있다. 본성이 선하냐 악하냐의 논의에 앞서서, 본성을 사람이 가지고 있는 삶의 본능에서 찾을 것인가 그렇지 않으면 인간만이 가지고 있는 특수성에서 찾을 것인가가 논의의 핵심인 것이다. 후자를 강조했던 맹자의 입장에서는 '사람의 사람다움'을 '본성'에서 찾으려고 했으며, 이러한 이유에서 사람의 도덕적 본성을 중심으로 인간다운 삶을 정의하고 있다. 사람을 '도덕적 주체'로 설정함으로써, 동물과 전혀 다른 본성을 가진 존재로 이해하고 있는 것이다. 맹자가 말한 '의로움은 마음 속에 있다는 학설(義內說)'은 이와 같은 논의구조 위에서 제기된다.

2. '본성의 선함'이 가진 의미

● 차마하지 못하는 마음

맹자는 다음과 같이 말했다. "사람은 모두 '불인인지심(不忍人之心)'[8]을 가지고 있다. 옛날 선왕(先王)[9]께서는 '불인인지심'을 가지고 있어서, 그것을 바탕으로 하여 '불인인지정(不忍人之政)'[10]을 펼치셨다. '불인인지심'을 가지고 '불인인지정'을 펼치면, 천하를 다스리는 것이 손바닥 위에 놓고 움직이는 것처럼 쉽다. 사람은 모두 '불인인지심'을 가지고 있다고 말한 이유는 다음과 같다. 만약 사람들이 어린아이가 갑자기 우물에 빠지려는 것을 보면, 모두 깜짝 놀라면서 측은해 하는 마음이 생긴다. 그런데 이러한 마음은 어린아이의 부모와 친분이 있기 때문에 생기는 것도 아니고, 동네에서 여러 친구들에게 (선한 사람이라는)명예를 얻기 때문도 아니며, (그런 마음도 갖고 있지 않는 나쁜 사람이라는 소문을) 듣지 않으려고 하는 것도 아니다."〈공손추상-6〉

8 불인인지심(不忍人之心)은 맹자가 말한 이후 하나의 개념으로 사용되었기 때문에, 번역문에서도 그것을 풀지 않고 주를 통해 내용을 설명하기로 한다. 이 말을 그대로 번역하면 '차마 하지 못하는 사람의 마음'이다. '사람으로서는 차마 그렇게 할 수 없는 마음'이라고 말할 수 있다. 이것은 사람이 의지를 가지고 어떻게 해 보려는 마음이 아니라, 사람으로서 도저히 그렇게 할 수 없는 선천적인 마음으로, 그 예가 바로 타인의 안타까운 상황을 보면서 자기도 모르게 안타깝게 여기는 마음이다.

9 선왕은 '선대의 왕'을 말하는 것이지만, 유학에서는 주로 요임금이나 순임금처럼 성왕(聖王)을 지칭한다.

10 불인인지정(不忍人之政)은 앞에서 말한 '불인인지심'을 가지고 행하는 정치를 말한다. 즉 백성들이 도탄에 빠지고 굶어 죽는 것을 '차마 보지 못하는 마음'을 가지고 행하는 정치를 '불인인지정'이라고 말할 수 있다. 맹자가 말하는 왕도정치는 이와 같은 '불인인지정'으로 하는 것이다.

해설

[주]에서 말한 것처럼 '불인인지심'에 대한 의미를 정확히 이해한다면, 하나의 개념어로 기억해 둘 필요가 있다. 이 말은 맹자가 자신의 학설을 만들어 가는 데 있어서 가장 기본이 되는 내용으로, 이후 주자학이나 양명학으로 이어지는 전체 유학사에서도 중요한 개념어로 자리 잡는다.

앞에서 우리는 맹자가 사람의 본성을 '도덕적 선함'에서 찾고 있다는 사실을 확인했다. 이후 맹자는 '본성이 선하다는 것이 무슨 의미인지'를 밝히고, 그것을 논리적으로 논증하려 한다. 여기에서 맹자가 말한 '불인인지심'은 왜 사람의 마음이 선한지를 설명하는 근거이자, 구체적인 설명이다. 맹자는 모든 사람에게 '사람으로서 차마 그렇게 할 수 없는 마음'이 있다고 말한다. 즉 '불인인지심'을 가지고 있다는 것이다. 그러면서 그 실례를 '어린아이가 우물에 빠지는 상황(孺子入井)'을 들어 설명한다.

맹자가 보기에 사람이라면 누구나 어린아이가 우물에 빠지려고 할 때, 차마 보지 못할 정도의 안타까운 마음이 일어난다. 그런데 이러한 마음은 '착한 사람이라는 소리를 듣기 위한 명예욕'이나 '그 아이의 부모와 친분이 있기 때문'이 아니라, 사람의 선천적인 본성 때문에 저절로 그렇게 된다는 것이다. 누구나 어린아이가 물에 빠지려는 상황을 생각해 보면 자신이 선한 본성을 가지고 있다는 사실을 알게 된다.

특히 이와 같은 '불인인지심'은 그대로 아이가 물에 빠지지 않도록 하는 행동을 '본성적으로' 수반할 수 밖에 없는데, 이것이 바로 사람의 선한 행동이다. 안타깝게 생각하는 그 마음이 바로 '행동'으로 치환되며, 이러한 이유에서 안타까운 마음은 선한 행동을 유발할 수 있는 동인(動因)이 된다. 이와 같은 입장에서 보면 '불인인지심'은 '선한 행동'의 출발점이며, 맹자는 이러한 이유에서 선한 행위란 선천적 본성에 따른 것이라고 규정한다. 맹자가 '억지로 하는 선한 행동'에 대해서도 반대하는 이유는 여기에 있다.

이와 같은 맹자의 '도덕본성론'은 도덕정치론인 '왕도정치론'의 논리적 근거가 된다. 맹자는 '불인인지심'을 가지고 하는 정치를 '불인인지정'이라고 말한다. 군주가 백성들을 '불인인지심'으로 대하게 되면, 그것이 바로 '불인인지정'이 되기 때문이다. 예컨대 백성들이 굶어 죽어가는 것을 차마 보지 못하는 군주의 마음이 있으면, 그것은 백성들을 구제할 수 있는 다양한 정책으로 이어질 수밖에 없다. 또한 백성들의 고통을 차마 보지 못하는 군주의 마음이 있다면 그것은 전쟁을 일으키지 않는 정책으로 이어지고, 백성들의 삶이 더 나아질 수 있는 다양한 정책들을 마련하게 된다. 따라서 맹자 정치철학의 중심이 되는 왕도정치(王道政治)는 '불인인지정'의 또 다른 말이라고 할 수 있다. 이처럼 왕도정치는 인간의 선한 본성에 근거한 정치로, 군주의 선한 마음을 정치에 적용시키는 것이다.

● 사단(四端)

측은지심(惻隱之心)[11]이 없으면 사람이 아니고 수오지심(羞惡之心)[12]이 없어도 사람이 아니며, 사양지심(辭讓之心)[13]이 없어도 사람이 아니고 시비지심(是非之心)[14]이 없어도 사람이 아니다. 측은지심은 인함의 단서요, 수오지심은 의로움의 단서이며, 사양지심은 예(禮)의 단서요, 시비지심은 지혜로움의 단서이다. 사람이 이와 같은 '네 가지 선함의 단서(四端)'[15]를 가지고 있는 것은 마치 사체(四體)[16]를 가지고 있는 것과 같다. 그러므로 사단을 가지고 있으면서 스스로 (도덕적 행위를)행할 수 없다고 말하는 사람은 자신을 해치는 사람이고, 자신의 임금이 (왕도정치를) 행할 수 없다고 말하는 사람은 자기 임금을 해치는 사람이다. 진실로 나에게 사단이 있는 것을 넓혀서 마음 가득 채워갈 줄 알게 되면(擴充)[17] 마치 불이 처음 타오르고 샘이 막 솟아오르는 것과 같아서, 이것을 채우게 되면 사해를 보호하기에도 충분할 것이고 이것을 채울 수 없다면 부모를 섬기기에도 부족할 것이다.〈공손추상-6〉

11 측은지심은 다른 사람을 '측은하게 여기는 마음'이다. 다른 사람이 불행한 일을 당하거나 어려운 일을 겪을 때 그 사람에 대해 측은히 여기는 마음이다. 맹자는 '어린 아이가 우물에 빠지려는 것을 보면서 느끼는 사람의 마음'과 '희생 제물로 쓰이기 위해 끌려가는 소를 보면서 불쌍한 마음이 드는 것'을 구체적인 예로 제시한다. 이러한 마음이 바로 자신의 마음 속에서 '인함'을 실현할 수 있는 단서이다.

12 수오지심은 부끄러워해야 할 때 부끄러워할 줄 아는 마음이다. 자신이 나쁜 짓이나 부끄러운 짓을 하면 스스로 부끄러워지는 마음을 말한다. 맹자는 이러한 마음이 바로 의로움을 행할 수 있는 단서라고 생각했다.

13 사양지심은 사양할 줄 아는 마음이다. 대부분의 사람은 아무리 곤궁한 상황에 처했더라도 누군가 이유없이 던지는 호의에 대해 "괜찮습니다"라고 사양할 줄 안다. 이처럼 타인의 호의나 베풂에 대해 사양할 줄 아는 마음이 바로 '사양지심'이다. 맹자는 이것을 사람들이 예를 행할 수 있는 단서라고 말한다.

14 시비지심은 옳고 그름을 가릴 줄 아는 마음이다. 사람들은 누구나 자신이 행하는 행위가 도덕적으로 옳은 일인지 그른 일인지를 안다는 것이다. 맹자

는 이러한 마음을 모든 사람들이 가지고 있기 때문에 누구나 옳은 일을 따라 행하기만 하면 성인이 될 수 있다고 생각했다. 이것은 사람이 가지고 있는 선천적 도덕인식능력을 의미하는 것으로, 이 때문에 모든 사람은 누구나 특정 사안에 대해 도덕적 판단을 내릴 수 있다. 맹자는 이것이 바로 '지혜로움(智)'의 단서라고 말한다.

15 맹자는 앞에서 살펴보았던 측은지심과 수오지심, 사양지심과 시비지심, 이 네 가지의 마음을 '사단(네 가지 선함의 단서)'이라고 말한다. 이것은 그 네 가지 마음이 선한 행동을 유발하는 '단서'로만 사람에게 주어져 있으며, 그것이 마음 전체로 확충되어 가는 단계가 필요하다는 사실을 말하기 위한 것이다. 맹자는 이렇게 마음 전체로 그 단서가 확충되면 그것은 바로 인의예지(仁義禮智)라는 네 가지 덕목이 된다고 생각했다, 이렇게 사단이 마음 전체로 채워지게 되면 완성된 인격인 '성인'이 된다.

16 사체는 인간이 가지고 있는 두 팔과 두 다리를 말하는 것으로, 인간의 몸을 구성하는 기본적인 구성물을 의미한다. 사람이 태어날 때부터 선한 마음을 가지고 있는 것은 모든 사람이 태어나면서 팔과 다리를 가지고 있는 것과 같다는 사실을 비유로 말한 것이다.

17 사단은 사람이 가지고 있는 도덕적 덕목의 '단서'에 불과하다. 사단 그 자체가 곧 도덕적 덕목은 아니라는 말이다. 따라서 도덕적 행동을 위해 중요한 것은 단서를 마음 전체로 넓혀 그대로 도덕행위로 이어지게 하는 것인데, 이처럼 단서를 마음 전체로 넓히는 것을 '확충(擴充)'이라고 말한다.

해설

이 구절은 맹자 철학의 가장 중요한 부분 가운데 하나이며, 전체 유학사에서도 대단히 중요한 의미를 갖는다. 맹자는 사람의 본성이 선하다는 '성선론'을 논증하는 과정에서 '사단'이라는 개념을 제시한다. 앞에서 살펴보았던 것처럼 어린아이가 물에 빠지려는 것을 보고 느끼는 측은한 마음, 자신의 잘못에 대해 부끄러움을 느끼는 마음, 다른 사람의 배려와 호의에 대해서 사양할 줄 아는 마음, 자기 행동의 잘잘못을 아는 마음을 사단이라고 말한다. 그리고 이러한 마음은 누구나 태어나면서부터 가지고 있다는 사실을 분명히 했다. 물론 이러한 마음은 그대로 선한 행동을 유발하는 '마음'이 아니라, 그러한 마음의 '단서'에 불과하다. 그러나 이러한 단서를 인간이 가지고 있다는 것은 다른 동물과 다른 점이며, 이러한 이유에서 맹자는 인간 본성이 선하다고 주장했다.

하지만 이 지점에서 여전히 중요한 것은 '단서가 단서에 머물지 않게 하는 것'이다. '선함의 네 가지 단서'가 '선한 행동'인 인의예지 그 자체를 의미하지는 않기 때문에, 반드시 측은지심을 '인함'으로 만드는 과정이 있어야 한다. 맹자는 이와 같은 과정을 '확충'이라고 말한다. 수양을 통해 선한 마음의 단서가 '선한 마음이 될 때까지' 확충해가야 한다. 이후 유학에서 도덕 수양을 중요하게 여기는 이유는 바로 여기에 있다. 성인이 될 수 있는 가능성으로서의 '선한 본성'은 모든 사람에게 선천적으로 주어져 있다. 다만 그것을 확충하는가 그렇지 않은가는 사람 개인에게 달려 있는 것이며, 따라서 사람에게서 중요한 것은 사람의 본성을 '수양'을 통해 실현해가는 것이다. 확충에 대한 구체적 방법이 여기에서 제시되고 있지는 않지만, 맹자는 이처럼 선한 마음의 단서를 확충해서 마음 전체를 인의예지로 가득 채우면 그 사람은 사해를 다스릴만한 사람이 될 수 있다고 말한다. 이렇게 되어야 측은지심은 인함으로, 수오지심은 의로움으로, 사양지심은 예로, 그리고 시비지심은 지혜로움으로 드러나게 되는 것이다.

특히 맹자는 사단이 사람이 태어날 때부터 가지고 있는 사체(四體)와 다르지 않다고 말한다. 사람이면 누구나 팔과 다리를 가지고 있는 것처럼, 사람이라면 누구나 사단을 가지고 있다는 말이다. 따라서 모든 사람은 선한 행동을 할 수 있는 능력을 이미 부여받고 있다. 이러한 이유에서 맹자는 어떤 사람이 도덕행위를 할 수 없다고 말한다면 그것은 자신의 능력을 인정하지 않고 스스로를 해치는 것에 불과하다고 말한다. 나아가 자신의 임금이 왕도정치를 행할 수 없다고 말한다면 그것은 자신의 임금을 해치는 것이다. 어떤 물건을 들 때 팔이 자연스럽게 일을 하는 것처럼, 도덕적 행위를 필요로 하는 자리에서 확충하기만 하면 그 마음이 자연스럽게 도덕적으로 행동하게 되는 것이다.

맹자의 이와 같은 입장은 이후 성리학의 형성에 직접적인 영향을 준다. 사람의 선한 본성을 '하늘이 가지고 있는 이치가 사람에게 부여된 것'으로 보는 성리학의 인간 이해는 맹자의 성선론에 바탕하고 있다. 특히 자신의 본성을 확충하기만 하면 누구나 성인이 될 수 있다는 주장은 중국 명나라 중기에 일어났던 양명학(陽明學)의 중심이론으로 자리를 잡게 된다.

● 사단과 성인의 길

공도자[18]가 다음과 같이 물었다. "고자가 말하기를 '성은 선함도 없고 불선함도 없다'[19]고 했고, 어떤 사람은 '성은 선할 수도 있고 불선할 수도 있으니, 이러므로 문왕[20]과 무왕[21]이 일어나면 백성들이 선을 좋아하고 유(幽)왕[22]과 여(厲)왕[23]이 일어나면 백성들이 포악함을 좋아한다'고 합니다. 또 어떤 사람은 '성(性)이 선한 사람도 있고 성이 불선한 사람도 있다. 그러므로 (선한)요(堯)임금을 군주로 삼았지만 (불선한)상(象)[24]이 있었으며, (불선한)고수(瞽瞍)[25]를 아버지로 둔 (선한)순(舜)임금도 있었다. 또 주(紂)[26]를 형의 아들이자 자신의 군주로 삼았음에도 미자계(微子啓)와 왕자인 비간(比干)이[27] 있었다'라고 합니다. 지금 선생님께서는 성이 선하다고 하시니, 그렇다면 저들은 모두 틀린 것입니까?" 이에 맹자는 다음과 같이 대답했다. "그 타고난 정으로 말하면 선하다고 할 수 있으니,[28] 이것이 내가 말하는 선이다. 불선을 행하는 것은 타고난 재질의 잘못[29]이 아니다. 측은지심은 사람마다 모두 가지고 있고, 수오지심도 사람마다 모두 가지고 있으며, 공경지심도 사람마다 모두 가지고 있고, 시비지심도 사람마다 모두 가지고 있다. 측은지심은 인함이요, 수오지심은 의로움이며, 공경지심은 예이고, 시비지심은 지혜로움이다. 이처럼 인의예지는 마음 밖에서 스며 들어온 것이 아니라 내가 원래부터 가지고 있는 것인데, 사람들은 그에 대해 생각하지 못할 뿐이다. 그러므로 '구하면 얻고 버리면 잃는다'라고 한 것이니, 혹 (선과 악의)거리가 서로 배가 되고, 또 다섯 배가 되면서 계산할 수 없는 것은 (사람이 가진 본래의)재질을 다하지 못했기 때문이다."〈고자상-6〉

18 맹자의 제자이다.

19 고자는 사람의 성을 생(生)의 일상적 욕구와 같은 것으로 이해한다. 이 때문에 그는 성이 선함과 불선함으로 나누어 진 것은 아니라고 주장했다. 공도자는 바로 이 같은 고자의 입장과 당시 사람의 본성에 대한 여러 논의들에 기반해서 맹자의 성선론에 대해 질문하고 있다.

20 문왕은 은(殷)나라 말기 중국 서쪽 지역(현재 섬서성 지역)에 자리를 잡고 있었던 권력자로, 서쪽에 자리를 잡았다고 해서 서백(西伯)이라고 불렸다.

은나라를 멸망시키고 주(周)나라를 건립했던 무왕(武王)의 아버지이다. 요순임금과 더불어 중국의 성군(聖君)으로 일컬어지고 있다.

21 무왕은 문왕(서백)의 아들로, 은을 정벌하고 통일왕국인 주나라를 세운 인물이다. 맹자는 무왕이 은을 정벌한 것에 대해 높게 평가하는데, 그 이유는 은이 폭정을 행하는 나라였기 때문이다.

22 유왕(幽王)은 주나라의 제12대 군주(기원전 750년 경)이다. 아름다운 여인에게 매혹되어 정사를 어지럽혔으며, 이 과정에서 이민족인 대융(大戎)의 침입을 받아 주살당한 인물이다. 이 사건이 바로 주나라가 동쪽으로 왕도를 옮기게 되었던 이유이다. 서주(西周-주 나라의 도읍지가 서쪽에 있었을 때로, 이 때가 통일왕국이었다)시대를 마감하고 쇠퇴일로를 걷는 동주(東周)시대를 열었던 것이다. 혼란함의 극치를 보여주는 춘추시대는 동주 시대말에 이루어지며, 이후 전국시대를 거쳐 진(秦)나라 시황(始皇)에 의해 중국 최초의 통일왕조가 만들어진다.

23 여왕(厲王)은 주나라 10대 군주로, 성격이 포악했던 것으로 알려져 있다.

24 순임금의 동생으로 자신의 형인 순인금을 죽이려고 했던 악한 인물이다. 요임금의 선정(善政) 하에서도 이와 같이 악한 사람이 있을 수 있음을 밝히고 있는 내용이다.

25 순임금의 아버지로, 순에게 대단히 폭력적이고 완악했던 인물로 알려져 있다. 그럼에도 불구하고 순임금은 그 아비인 고수에게 정성으로 효도했으며, 이로 인해 그 효를 대효(大孝)라고 한다. 순임금이 유학에서 효를 대표하는 대명사가 된 이유이다.

26 주(紂)는 은나라의 마지막 왕으로, 중국의 대표적인 폭군으로 기록되어 있다. 흔히 옛날 어른들이 포악한 성격의 사람에게 '걸주 같은 놈'이라는 욕을 하는데, 걸은 하나라의 마지막 왕이고 주는 은나라의 마지막 왕으로 모두 폭군을 대변한다. 주문왕과 주무왕이 성인으로 인정받는 이유 가운데 하나는 바로 이 같은 폭군의 학정(虐政)으로부터 백성을 구원했다는 데 있다.

27 주 임금이 통치하던 은나라의 마지막 시기의 인(仁)한 세 사람을 들 때 일반적으로 미자(微子)와 비간, 그리고 기자(箕子)를 든다. 본문에서 맹자는 미자를 은나라 마지막 임금인 주의 숙부로 표시하고 있으나, 『사기』의 기록에는 서형(庶兄)으로 되어 있다. 맹자는 비간을 왕자로 알고 있는 반면, 사기의 기록에는 주임금의 먼 친척으로 되어 있다. 미자는 주의 폭정을 간언하다가 듣지 않자 망명을 했고, 비간은 3일 동안이나 간언하면서 떠나지 않다가 죽임을 당했다고 한다.

28 여기에서 말하는 정은 일상적인 성정(性情)의 정(情)을 말하는 것으로, 성과 정을 나누어 말하는 주자학적 개념의 정이 아니다. 맹자는 인간이 가진 본래 성정이 선하다는 것으로, 그 예를 사단을 통해 논증하고 있다.

29 재질의 잘못이라는 말은 사람이 태어날 때부터 가지고 있는 본성이 악하여서 그러한 것이라는 의미로, 재질의 잘못이 아니라는 맹자의 말은 사람의 본성이 악하기 때문에 그러한 결과가 나온 것은 아니라는 말이다. 여기에서 재질은 '사람의 본성'과 같은 의미로 이해할 수 있다.

해설

맹자의 제자인 공도자가 당시 성에 대한 여러 의견들을 맹자에게 제시하면서 그에 대한 설명을 요구하고 있는 대목이다. 맹자가 살았던 당시부터 사람의 본성에 대한 다양한 논의가 있었음을 보여주고 있다. 특히 위에서 나온 공도자의 질문에 따르면, 사람의 본성을 '❶선천적으로 ❷선한 것'으로 규정하고 있는 맹자의 입장과는 다른 다양한 본성 논의가 존재하고 있었던 것이다. 그 대표적인 것이 앞에서 맹자와 지속적으로 논쟁을 펼쳤던 고자의 입장이다. 공도자가 파악한 고자는 맹자의 본성에 대한 위의 두 입장 가운데 ❷와 관련되어 있는 것으로 선하거나 악한 것으로 정해져 있지 않다는 것이다. 이것은 성의 경향을 후천적인 환경에 따라 선과 악이 달라질 수 있음을 말하는 것으로 실제 그 의미 체계 내에서는 맹자의 ❶과 관련된 입장에 대한 비판이기도 하다.

이와 더불어 '어떤 사람'이라고 제기된 두 경우가 나오는 데 그 첫 번째 경우는 선한 군주가 나오면 백성들이 선을 좋아하고 악한 군주가 나오면 백성들이 악하게 된다는 입장이다. 이것 역시 고자의 입장과 유사한 것으로, 본성은 군주라는 환경적 요인에 따라서 '변화하는 것'으로, ❶선천적이지도 않고 ❷반드시 선하지도 않는 것이라는 입장으로 정리할 수 있다. 두 번째 경우는 '성이 선한 사람이나 불선한 사람이 있을 수 있다'라고 하면서 '선천성'은 인정하지만, 그것이 '선함'이라고 말할 수는 없다는 비판이다. 결국 본성에 대한 논의는 속성이 선천적인지 그렇지 않은지, 그리고 그 내용은 '선함'인지 그렇지 않은지를 두고 이루어진다고 볼 수 있겠다.

이와 같은 모습을 통해 우리는 당시 중국에서 사람의 본성론에 대한 논의가 비교적 활발했음을 짐작할 수 있다. 사람의 본성에 대한 논의는 그것을 중심으로 정치론이나 경세론, 그리고 교육론 등을 만들어 가는 중요한 기반이 되는데, 당시는 특히 정치적인 이유에서 이와 같은 논의가 활발하게 진행되었던 것으로 보인다. 즉 백성들의 본성에 대한 이해를 기반으로 법가 중심의 정치이론을 만들지, 아니면 유가 중심의 이론을 만들지 등이 정해지기 때문이다. 다른 나라들에 비해 더 효율적인 인재 생산과 정치제도를 만들기 위해서 이 부분은 필요한 요소였던 것이다. 이 때문에 다양한 사람의 본성론을 제기하고 그것을 기반으로 해서 정치방법을 만들어 내는 제자백가가 탄생했고, 그러한 논의들이 맹자 시기까지 이어지고 있었던 것이다.

맹자는 이와 같은 공도자의 질문에 대해 다시금 사람의 본성은 '❶선천적으로 ❷선한 것'이라고 말한다. 사람의 악함은 '타고난 재질의 죄가 아니다'라는 맹자의 말은 이와 같은 입장을 단적으로 드러낸 것이다. 사람의 악함이 '본성에 인위적인 힘을 가해서 그렇게 되었다'고 말했던 앞의 입장을 다시 설명하고 있는 대목이다. '사람이 타고난 재질'은 '사단'을 의미하는 것으로, 사람이 태어나면서부터 가지고 있는 선한 본성을 지칭한다. 사람의 악함은 본성 때문이 아니라는 말이다. 맹자가 계속해서 본래의 재질, 혹은 타고난 정은 선하다고 말하는 것은 이와 같은 의미이다. 따라서 사람이 행하는 불선은 그러한 재질을 마음 전체로 확충하지 않았거나, 또는 자신의 본성에 따르지 않아 생긴 결과인 것이다. '인의예지'가 외부에서 스며든 것이 아니라 자신이 본래부터 가지고 있다는 맹자의 말은 이러한 이유에서 나온다. 사람의 본래성이 바로 인의예지이기 때문이다. 이와 같은 이유에서 맹자는 '(자신의 재질을)구하면 얻고 버리면 잃는다'고 말하면서, 자신이 가지고 있는 재질을 계속해서 추구하는 삶과 그렇지 않은 삶을 대조시킨다. 선과 악의 바로 여기에서 기인하기 때문이다.

나아가 맹자는 이러한 논의의 기반 위에서 누구나 성인이 될 수 있다고 말한다. 모든 사람은 사단을 가지고 있고, 그것은 바로 인의예지로 치환되므로, 사람이라면 누구나 성인이 될 수 있다. 특히 이처럼 선한 본성은 그 사람의 상황이나 배경 등에 의해서 바뀌는 것이 아니므로, 그것을 중심으로 사람의 정체성을 규정하고 그것에 기대어 성인이 될 수 있는 수양론을 만들어 갈 수 있는 것이다.

● 인과 의를 기뻐함

맹자는 다음과 같이 말했다. "풍년에는 젊은이들 대부분이 선량하고 흉년에는 젊은이들 대부분이 포악한 것은 하늘이 내린 사람의 재질이 이처럼 다른 것이 아니라 (사람들의)마음 두는 곳이 다르기 때문이다. 보리를 파종하여 흙으로 그것을 덮을 때, 그 땅도 똑 같고 심는 시기 역시 똑 같으니, 그것이 우쩍 자라나 하지(夏至)[30]에 이르면 모두 익는다. 비록 다른 점이 있다면 땅의 비옥함과 척박함, 비와 서리가 내리는 것, 그리고 사람 손길의 차이 정도이다. 대체로 같은 것들은 서로 유사한데, 하필 사람에 대해서만 의심을 하는가? 성인(聖人)도 나와 같은 사람이다. 그러므로 용자(龍子)[31]는 '발 치수를 잘 모르고 신발을 만들어도 나는 삼태기를 처음부터 크게 만들지 않을 줄 안다'라고 말했으니, 신발이 서로 비슷한 것은 천하 사람들의 발이 같아서 그런 것이다. 입이 맛을 볼 때에도 모두가 같이 좋아하는 것이 있으니, 역아(易牙)[32]는 우리의 입이 좋아하는 것을 먼저 안 사람이다. 만약 입이 맛을 볼 때 그 맛을 보는 본성의 차이가 마치 개와 말이 사람과 다른 종류인 것과 같이 다르다면, 천하 사람들이 어떻게 좋아하는 맛을 모두 역아의 미각에 따르겠는가? 맛에 대해서는 천하의 사람들이 모두 역아에게 의지하니, 이것은 천하 사람들의 입맛이 서로 유사하기 때문이다. 귀도 또한 그러하다. 좋은 소리에 대해서 천하의 사람들이 모두 사광(師曠)[33]에게 의지하니, 이것은 천하 사람들의 듣는 귀가 서로 유사하기 때문이다. 눈 역시 그러하다. 자도(子都)[34]에 대해 천하의 사람들이 그 아름다움을 알지 못하는 자가 없었으니, 자도의 아름다움을 알지 못하는 사람은 눈이 없는 사람이다. 그러므로 '입이 맛을 볼 때 똑 같이 좋아하는 것이 있으며, 귀가 소리를 들을 때 모두가 들으려고 하는 것이 있으며, 눈이 색(色)을 보아도 모두가 아름답게 여기는 것이 있다'라고 했던 것이다. 그런데 마음에 있어서만 유독 모든 사람들이 옳다고 여기는 본성이 없겠는가? 마음이 옳다고 여기는 본성은 무엇인가? 이른바 리(理)[35]이고 의(義)[36]이다. 성인은 우리의 마음이 옳다고 여기는 본성을 먼저 아신 것이니, 그러므로 리와 의에 대해 내 마음이 기뻐하는 것은 마치 우리의 입이 고기를 맛있게 여기는 것과 같다."〈고자상-7〉

30 원문에 보면 이것은 '일지지시(日至之時)', 즉 '어떠한 절기가 끝에 이르렀을 때'라고 되어 있다. 이 말은 일반적으로 하지와 동지 모두를 가리키는 말이지만, 여기에서는 보리가 익을 때를 의미하므로 하지로 번역했다.

31 정확한 기록은 없지만, 옛날 현인(賢人)으로 맹자가 존경했던 인물이라고 한다.

32 역아는 B.C. 6세기경 사람으로, 제(齊)나라 환공(桓公)의 신하였다. 요리에 매우 능란하여, 당시 맛있는 음식이라면 역아의 요리라고까지 했다. 요리사 출신의 신하로, 제나라 환공의 권력을 자기 마음대로 농단한 인물이다.

33 사광은 B.C. 5-6세기 경 진(晋)나라 사람으로, 평공(平公)의 음악사(音樂師)였다. 음률의 미세한 부분까지 잘 구분하였으며, 그가 한 번은 거문고를 탔을 때 흰 구름이 서북쪽에서 일면서 기왓장이 날아올랐다는 전설이 전해질 정도로 거문고에 일가견이 있었던 것으로 알려져 있다.

34 자도(子都)는 그 당시 사람들에게 전해진 고대 최고의 미인 이름이다.

35 '도덕적 이치'라는 개념으로 이해할 수 있다. 사람의 본성이 하늘의 이치와 같다는 의미에서 나온 것으로, 선한 본성의 선천성을 강조하기 위한 것이다.

36 의로움으로, 사람의 도덕성을 대변하는 개념이다.

해설

글은 비교적 길지만, 맹자가 말하고 싶은 내용은 분명하다. 맹자는 대부분의 사람들이 동의하는 맛있는 음식이 있고, 모두가 아름답다고 동의하는 미인이 있으며, 듣기 좋은 소리가 있다는 사실에 주목한다. 그렇기 때문에 역아의 요리를 모든 사람들이 맛있게 여기며, 사광의 음악을 모두가 좋아했던 것이다. 사람 개인의 취향과 성향이 다르다고 해도, 그 모든 것을 아우를 수 있는 공통적으로 좋아하는 맛과 소리가 존재한다는 말이다. 맹자는 이와 같은 입장을 설명하면서, 한 단계 더 나아가 '모든 사람'이 옳다고 여기는 사람의 본성이 왜 없다고 말하는지에 대해서 의문을 제기한다. 맛이나 소리도 그러한데, 모든 사람이 옳다고 여기는 '의로움'이나 '이치'가 왜 없겠냐는 것이다. 맹자는 사람의 '본성'을 여기에서 찾아야 한다고 생각했다. 맹자는 '이치'와 '의로움'으로 대변되는 '사람의 선한 본성'을 이렇게 설명하고 있다.

그렇다면 이렇게 선한 본성이 있음에도 불구하고, 왜 현실에서는 악함이 존재하는 것일까? 여기에 대해 맹자는 '사람이 마음을 두는 곳이 다르기 때문'이라고 말한다. 풍년에는 사람들의 마음이 여유로워서 선량하고, 흉년에는 마음이 팍팍하여 악하게 행동할 수 있지만, 그것은 그 본성에 의한 것이 아니라 상황에 따라 마음을 먹는 것이 다르기 때문이다. '상황'이 사람의 마음을 조정하고, 현실에 따라 마음이 달라질 수 있음을 인정하는 것이다. 하지만 마음이 그렇다고 해서 그 '본성'까지 그러한 것은 아니다. 맹자가 거듭 '확충'을 강조했던 것도 이러한 이유에서이다. 어떠한 상황에서 선한 마음이 발현될 수 있도록 그 본성이 마음 전체에 퍼져야 한다는 말이다.

이와 같은 논증 과정에서 우리는 '성인'에 대한 맹자의 규정을 다시 한 번 눈여겨 볼 필요가 있다. 맹자는 성인을 일반인과 태생부터 다른 종류의 사람으로 보지 않는다. 다만 모든 사람이 선한 본성을 가지고 있다는 사실을 '먼저 안 사람'에 불과하며, 그것을 중심으로 도덕적 수양을 진행했던 사람이다. 이것은 다른 사람이 맛있어 하는 것을 먼저 알고 그것을 따라 요리 했던 역아와 다르지 않고, 다른 사람들 모두가 좋아하는 소리를 먼저 알고 그것을 악기로 표현했던 사광과도 다르지 않다. 성인이란 모든 사람들 속에 들어 있는 본성을 먼저 발견해서 알고 그것을 닦아 완성된 인격을 이룬 사람이라고 말하는 이유는 바로 여기에 있다. 맹자는 이 때문에 모든 사람들에게 '성인이 될 수 있는 가능성'이 있다고 말했던 것이다.

● 천작과 인작

맹자는 다음과 같이 말했다. "(사람에게는)천작(天爵)[37]도 있고, 인작(人爵)[38]도 있다. 인함(仁)과 의로움(義), 충성스러움(忠)과 믿음(信) 등과 같은 도덕덕목을 행하고, 선하게 사는 것을 즐거워하면서 (이러한 삶을 사는데)게으르지 않는 것이 바로 천작이다. 이에 비해 공(公)·경(卿)·대부(大夫)와 같은 벼슬은 인작이다. 옛날 사람[39]들은 천작을 닦고 나면 인작이 (자연스럽게)주어졌지만, 지금 사람들은 천작을 닦아 인작을 구하려 한다. 그리고 인작을 얻고 나면 천작

을 버리니, 그 잘못됨이 참으로 크다. 이러한 잘못은 끝내 모든 것을 잃게 할 따름이다."〈고자상-16〉

37 사람이 태어날 때 '하늘이 모든 사람에게 내린 작위(爵位)'를 의미한다. 이것은 사람이 사람에게 내린 '인작(人爵)'과 대비시키기 위한 것으로, 실제 의미는 하늘이 사람에게 내린 '사람의 본성'이다. 그런데 그 본성이 마치 벼슬처럼 '귀하다'는 의미에서 '천작'이라고 쓴 것이다.

38 인작은 사람이 사람에게 내린 작위이다. 주로 왕에 의해서 내려지는 작위를 의미하는 것으로, 가장 대표적인 것이 바로 '공(公)'과 '경(卿)', 그리고 '대부(大夫)' 등이다.

39 이 책을 읽으면서 흔히 '옛날 사람'과 '지금 사람'들을 대비시키는 경우을 많이 볼 수 있다. 여기에서 '옛날 사람'은 단순한 이전 시기의 사람들을 의미하는 것이 아니라, 도덕적으로 완성된 인격을 구가함으로써 지금 사람들에게 삶의 지표가 되었던 사람을 의미한다.

해설

'작위'는 사람이 가질 수 있는 최고의 '존귀함'을 의미한다. 특히 맹자가 살았던 신분사회에서 어떤 사람이 공·경·대부와 같은 작위를 받으면, 그 사람은 존귀한 사람이 되었다고 말할 수 있다. 맹자는 이 글에서 이와 같은 '작위'를 가지고 '사람의 존귀함'을 논증하는 형식을 취하고 있다.

맹자는 사람(임금)에게서 내려지는 인작보다 하늘이 사람에게 내린 천작이 더 중요하고 근원적이라고 말한다. 모든 사람이 존귀할 수 있는 것은 모든 사람들이 하늘로부터 천작을 받았기 때문이며, 이러한 이유에서 맹자는 근원적으로 모든 사람의 가치를 높게 평가한다. 이와 같은 천작의 구체적인 내용은 바로 '인함과 의로움, 충성스러움이나 신의' 등과 같은 도덕본성과 '선하게 사는 것을 좋아하고 선을 실천하는 데 게으르지 않는 삶'이다. 모든 사람은 이러한 천작을 받았으며, 사람의 사람됨은 이러한 천작으로부터 출발한다. 맹자는 이러한 이유에서 사람이 사람에게 내리는 작위인 공·경·대부와 같은 인작은 천작에 비해 부수적인 것이라고 생각했다.

그렇다면 천작과 인작은 어떠한 관계일까? 맹자의 왕도정치론에 따르면 남을 다스릴 수 있는 자격은 혈연적인 요건에 따르는 것이 아니라, '도덕적으로 남을 다스릴 수 있는 인격'이 완성되어야 가능하다. 남을 다스리는 자격을 부여하는 인작은 하늘이 부여한 천작을 잘 닦음으로서 가능하다. 이 때문에 맹자는 옛 성인들을 언급하면서, 인작이란 천작을 잘 닦음으로서 자연스럽게 주어지는 것이지 인작을 목표로 해서 천작을 닦을 수 있는 것은 결코 아니라고 생각했다. 인작이란 천작의 수양여부에 따른 자연스러운 결과물일 뿐, 그 자체가 목적이 되어서는 안 된다는 의미이다. 그런데 맹자 당시 많은 사람들은 인작을 목표로 해서 천작을 닦는 것처럼 하고, 인작을 얻고 나면 천작을 버렸다. 그런데 이것은 결국 천작도 잃고 인작도 잃는 결과를 낳을 수 있다.

이러한 맹자의 말은 특히 유학적 처세관에 중요한 영향을 주었다. 완성된 인격을 가진 사람만이 남을 다스릴 수 있다고 생각했던 유학적 정치 이념은 유학적 소양을 가진 사람을 관리로 뽑으려고 했다. 과거(科擧)시험의 과목이 유학 경전과 그 이념을 테스트 하는 데 맞추어진 것은 이러한 이유에서이다. 인작은 천작을 닦음으로서 자연스럽게 주어지는 것으로 이해하려 했던 것이며, 유학은 이것을 정치의 시스템으로 만들어 보려 했던 것이다.

그러나 어느 사회든지 과거 시험을 통해 유학의 경전만 외워 인작만 추구한 후, 과거에 합격하면 도덕적인 나라를 건설하기보다 사욕을 채우기에 급급한 사람들이 많은 것도 사실이다. 이 때문에 도덕적 수양에 매진하는 사람들은 과거(科擧)를 그렇게 중시하지 않았으며, 이로 인해 조선에서는 '산림처사'가 존경받는 사회분위기를 만들기도 했다. 더불어 자신의 군주가 도덕적이면 적극적으로 자신의 도덕적 이상향을 정치에 투영시키기 위해 출사를 하지만, 그렇지 않으면 출사하지 않고 자신을 닦는 데 매진하였던 것도 이러한 이유에서이다. 인작만을 추구하는 군주의 아래에서는 천작을 실현할 수 없기 때문이다. 이 때문에 유학에서는 처세의 중요한 기준을 군주의 도덕적 실현 의지에 두며, 이것을 중심으로 그 사람이 처세를 올바르게 했는지 그렇지 않은지를 판단하였던 것이다.

● 양지와 양능

맹자는 "사람이 배우지 않고도 할 수 있는 것이 양능(良能)[40]이요, 생각하지 않고도 알 수 있는 것이 바로 양지(良知)[41]이다. 어린 아이라고 하더라도 그 부모를 사랑할 줄 모르는 이가 없으며, 장성하게 되면 그 형을 공경할 줄 모르는 경우가 없다. 어버이를 친애(親愛)하는 것은 인함이요, 나이 많은 사람을 공경하는 것은 의로움이니, 이는 별다른 것이 아니라 세상 사람들에게 공통적인 것이다"라고 말했다. 〈진심상-15〉

40 양능은 특별하게 도덕적인 교육을 받지 않아도 부모를 사랑하고 형을 공경할 줄 아는 '능력'을 말한다. 사람이 하늘로부터 부여받은 '선천적인 도덕행위 능력'을 의미한다.

41 양지는 특별하게 교육을 받지 않아도 선천적으로 옳은 것과 그른 것을 판단할 수 있는 능력으로, '선천적인 도덕인식 능력'을 의미한다. 이것은 특히 자신의 행동이 도덕적인지 그렇지 않은지를 스스로 판단할 수 있다는 의미로, 도덕적 행위의 중요한 준거틀이 된다. 이 말은 현재 우리가 흔히 사용하고 있는 양심과 유사한 의미로, 양심이 원래 이 말에서 유래했다고 보는 경우도 있다. 철학사에서는 양지를 사단 가운데 하나인 시비지심(是非之心)으로 이해하기도 한다.

해설

『맹자』를 읽으면서 가장 중요한 구절 몇 개를 뽑으라고 한다면, 많은 학자들은 이 구절을 포함시킬 것이다. 비록 짧은 구절이지만 여기에 맹자 성선론의 기본 입장과 사람을 규정하는 시각이 들어 있기 때문이다. 더불어 여기에 제시되는 개념들은 이후 공자와 맹자의 유학으로부터 주자학을 거쳐 양명학에 이르기까지 전체 유학의 전개 과정에 중요한 영향을 주기 때문이기도 하다.

앞에서 지속적으로 논의되었듯이, 맹자는 사람이라면 누구나 태어나면서 '선한 본성'을 가진다고 말했다. 본성은 '선천적 조건'이며, 그 내용은 '선함'이다. 맹자는 이러한 내용을 '사단'에 대한 논의를 중심으로 논증하는 한편, 그것을 구체적인 개념으로 만들어서 제기하는데 그것이 바로 '양지'와 '양능'이다. [주]에서 보았던 것처럼 양지는 '선천적 도덕인식 능력'이고, 양능은 '선천적 도덕행위 능력'이다. 누구나 선과 악을 판단할 수 있는 인식능력을 가지고 있고, 그에 따라 선하게 행위 할 수 있는 능력을 가지고 있다는 의미이다. 특정 상황이나 사안 속에서 자신이 하는 행동이 선한지 악한지는 누구나 알 수 있으며, 따라서 이러한 판단에 근거하여 행동하면 누구나 선한 사람이 될 수 있다는 것이다.

그런데 이 두 개념은 완전히 구분되는 두 개의 다른 개념이라고 볼 수는 없다. 맹자는 설명을 위해 양지와 양능을 구분하지만, 도덕적 앎이란 안다는 것에서 그치는 것이 아니라 반드시 행동으로 드러나야 한다는 사실을 말하기 위해 이 두 개념을 함께 사용했다. 즉 누구나 부모를 사랑할 줄 '안다'는 것은 부모를 사랑하는 '행동을 할 줄 안다'는 의미로 이해할 수 있다. 양지가 곧 양능일 수 있는 이유이다. 사람은 인함이나 의로움 같은 도덕성을 가지고 있어서, 어떤 상황에서 나의 행동이 인(仁)한 행동인지 그렇지 않은 행동인지를 '알 수 있으며', 그에 따라서 자연스럽게 '행동할 수 있다'는 것이다.

이러한 이유에서 위의 원문에 대해 주자학을 창시했던 주희는 "어버이를 친애하고 나이 많은 사람들을 공경하는 것은 비록 한 개인의 사사로운 행동이지만, 동시에 이것은 모든 사람들에게 공통되어 다르지 않은 것이다"라고 주석을 달고 있다. 인함과 의로움이 사람에게 공통적으로 주어져 있어서 누구나 이러한 행동을 할 수 있다는 말이다. 이와 같은 입장은 특히 명나라 중기 주자학을 비판하면서 형성되었던 양명학에 절대적인 영향을 준다. 양명학의 핵심 사유는 '사람의 마음이 곧 하늘의 이치와 같다'는 것인데, 여기에서 중요한 이론적 역할을 했던 것이 바로 양지이다. 따라서 이러한 양지만 사람의 마음에 잘 확충하면 누구나 성인이 될 수 있다고 생각했다.

● 우산의 아름다운 나무

맹자는 다음과 같이 말했다. "우산(牛山)[42]의 나무가 매우 아름다웠는데, 큰 나라의 국경 끝에 위치하고 있어서 도끼로 그 나무들을 베어버리니, 어찌 아름답겠는가? 또 (풀이)낮과 밤으로 자라나고 비와 이슬이 적셔 주므로, 싹이 나오지 않는 것은 아니다. 그렇지만 풀이 나는 곳을 따라 소와 양을 방목하니, 이로 인해 저처럼 민둥산이 되었다. 그러나 사람들은 그 민둥산의 모양만 보고 훌륭한 재목이 (원래부터)없었다고 생각하니, 그것이 어떻게 산의 본성(性)이겠는가? 사람의 마음 속에 존재하는 것 가운데 어찌 인의(仁義)의 마음이 없겠는가만, 그 양심을 잃어버리는 것이 또한 도끼로 아침마다 나무를 베어가는 것과 같으니, 어떻게 아름다울 수 있겠는가? 밤낮으로 길러지는 선한 본성과 평일의 맑은 기운이 있지만, 그 좋아하고 싫어하는 것이 다른 사람들과 같지 않은 것은 낮에 하는 행위들이 양심을 속박하여 없애 버리기 때문이다. 이처럼 양심을 속박하여 없애 버리는 것을 반복하면 야기(夜氣)[43]가 보존될 수 없으니, 야기가 보존되지 않으면 사람과 짐승이 다를 게 별로 없어지게 된다. 그런데 사람들은 짐승과 같은 행실만 보고 원래부터 훌륭한 재질이 없었다고 생각하니, 이것이 어떻게 사람의 본래모습이겠는가? 잘 기르기만 하면 모든 사물은 다 잘 자라게 되고, 잘 기르지 못한다면 모든 사물은 없어지게 된다. 따라서 공자께서는 '잡으면 보존되고, 버리면 없어지니[44], 나가고 들어옴에 때가 없으며 그 방향을 알 수 없는 것은 오직 마음을 말한 것이다'라고 말씀하신 것이다."[45]〈고자상-8〉

42 전국(戰國)시대 제(齊)나라의 동남쪽에 있는 산 이름이다.

43 '야기(夜氣)'는 말 그대로 '밤의 기운'이다. 그런데 여기에서 야기란 밤이 되어 외부적인 것에 마음을 쓰지 않게 되었을 때 사람의 마음 속에 일어나는 고요하고 맑은 기상을 의미한다. 이것은 양심의 발로에 의한 것으로, 낮에도 이러한 야기를 잘 보존할 수 있어야 한다고 맹자는 생각했다.

44 사람의 선천적인 선함이 일어날 때 그것을 잡아서 보존해야 한다는 의미이다.

45 공자의 어록인 『논어(論語)』에는 이 구절이 보이지 않는다. 사람의 마음 속에 존재하는 '선한 본성'이 마음 속에 보존될 수 있도록 해야 하며, 나아가 이것을 마음 전체로 확충해야 한다는 사실을 강조한 것이다.

해설

우산은 본래 아름다운 산이었다고 한다. 그런데 도끼로 나무를 베어 버리고, 풀이 자라면 온갖 짐승들을 그곳에 방목하였기 때문에 결국은 민둥산이 될 수 밖에 없었다. 맹자가 우산을 비유로 든 것은 우산 역시 '산'으로서의 본성, 즉 훌륭한 재목을 기르고 아름다운 목초가 자라는 무성함을 가진 산이라는 사실을 강조하기 위한 것이다. 현재 민둥산이기 때문에 그 산이 좋은 재목도 기르지 못하고, 풀도 자라지 않는 산이라고 말해서는 안 된다는 의미이다. 문제는 현재 우산이 왜 민둥산이 되었는가 하는 것이다.

맹자는 우산의 예를 통해 사람이 선한 본성을 가졌음에도 불구하고 왜 현실적으로 '악이 존재하는가'를 설명한다. 우산 역시 산으로서의 본성을 가지고 있어서 훌륭한 재목을 기르고 아름다운 목초가 자라게 할 수 있는 곳이듯이, 악하게 보이는 사람이라고 하더라도 그가 사람인 이상 성인이 될 수 있는 훌륭한 본성을 가지고 있다. 문제는 나무가 자라자마자 도끼로 나무를 베고 풀이 자라면 온갖 짐승을 방목한 것이다. 산의 본성을 가지고 있음에도 불구하고 민둥산이 된 이유이다. 사람 역시 태어나면서부터 가지고 있는 선한 본성이 잘 자랄 수 있도록 보존하고 실천해야 하는데, 현실적으로 여러 가지 사욕에 의해 그것이 가려졌던 것이다. 누구나 성인이 될 가능성을 가지고 있지만, 그 가능성을 잡아서 발현시키려는 개인의 노력이 없었기 때문에 현실에서 악이 발생할 수밖에 없었다는 말이다. 그러나 '사람의 본래 모습'이 그렇지는 않다.

맹자의 철학에서 '야기(夜氣)'가 중요한 것은 이러한 이유에서이다. '야기'란 앞에서 말한 것처럼 '밤이 되어 외부적인 것에 마음을 쓰지 않게 되었을 때 사람의 마음 속에 일어나는 고요하고 맑은 기상'을 의미한다. 이처럼 고요하고 맑은 기상이 바로 '사람의 선한 본성'이다. 맹자가 보기에 사람들은 낮에 활동하면서 다양한 사람이나 상황 등에 접촉할 수밖에 없고, 이러한 과정에서 순수하고 맑은 자신의 선한 본성이나 기상은 가려질 수밖에 없다. 특히 다양한 상황에서 형성되는 욕망이나 욕구는 사람이 가지고 있는 선한 본성을 가린다. '밤에 자라는 기'는 이러한 욕구나 욕망에 의해 가려지지 않은 선한 인간 본성으로, 이것을 잘 보존해서 낮에도 그것이 가려지지 않도록 해야 한다.

이렇게 보면 맹자는 '사람 본성의 선함'에 대한 가능성에서 그치는 것이 아니라, 이것이 현실에서 실현될 수 있는 '개인의 수양'까지 함께 강조한다는 사실을 알 수 있다. 우산을 아름답게 보호하기 위해서는 도끼를 대지 않고 짐승을 방목하지 않아야 하는 것처럼, 밤에 피어 오르는 사람의 선한 본성을 낮에도 가리거나 없애버리지 않고 현실에서 그대로 드러날 수 있도록 잡아 두어야 한다. 이 때문에 맹자는 피어오르는 야기(夜氣)가 흩어지지 않도록 '잡는 것'을 중요한 수양의 과정으로 이야기 한다. 사람의 선한 본성은 이미 앞에서 본 것처럼 그야말로 '단서'에 불과하기 때문에, '잡으면 보존되고 버리면 없어진다.' 이 구절을 통해 맹자는 선한 본성의 보존을 위한 개인의 수양을 강조하면서도, 그것이 대단히 어렵거나 고차원적이 아니라는 사실을 말하고 있다.

● 자포자기

맹자는 다음과 같이 말했다. "스스로를 해치는 사람과는 함께 말할 수 없고, 스스로를 버리는 사람과는 함께 일할 수 없다.[46] 말하는 것이 예와 의에 따른 행동이 아니면 이를 일컬어서 '스스로를 해치는 사람'이라고 하고, 내 몸은 인에 거할 수 없고 의를 따를 수 없다고 말하는 사람이 있다면 이를 일컬어서 '스스로를 버리는 사람'이라고 한다. 인함은 사람이 편안하게 거하는 집이고, 의로움은 사람이 걸어야 할 올바른 길이다. 편안한 집을 비워두고서 그곳에서 살지 않고, 바른 길을 버려두고 따르지 않으니, 참으로 안타깝다."〈이주상-10〉

46 이 구절은 '자포(自暴)'와 '자기(自棄)'라는 말을 번역한 것이다. '스스로를 해치고(自暴)' '스스로를 버린다(自棄)'는 말이다. 자기 자신을 해롭게 하고 자기 자신을 버리는 행위를 '자포자기'라고 한다.

해설

우리가 지금도 흔히 사용하는 '자포자기'라는 말은 여기에서 나왔다. 자기 스스로 자신을 해롭게 하고, 스스로를 버리는 행위를 말한다. 흔히 요즘 이 말은 '아무 것도 해 보지 않고 스스로 포기하는 사람'을 의미하는데, 맹자가 말한 본래 의미는 그의 철학적인 구조 속에서 '도덕'과 관련된다. '스스로를 해친다는 것'은 예나 의와 같은 도덕규범에 따르지 않고 행동하는 경우로, 스스로를 인간에서 동물과 같은 존재로 전락시키는 행위임을 말하고자 하는 것이다. 스스로를 버리는 것은 '내가 인(仁)할 수도 없고 의(義)를 따를 수도 없다'고 말하면서 시도조차 하지 않는 것으로, 인간은 이미 인할 수 있고 의로울 수 있는 가능성을 선천적으로 타고 태어났음에도 불구하고 스스로 그것을 행하지 않는다는 비판적 시각이 들어 있다.

이와 같은 입장은 사람에게 선천적으로 선한 본성이 주어져 있다는 맹자의 철학적 입장에 바탕한 것이다. 앞에서 보았던 것처럼 사람의 선한 본성은 '사람이 사람일 수 있는 이유'로, 다른 동물과 구분되는 특징이다. 따라서 이와 같은 도덕본성에 따르지 않는 것은 스스로를 동물과 같은 존재로 전락시키는 것이며, 인할 수 없고 의로울 수 없다고 생각하는 것 역시 자기 자신에 대한 부정에 다름 아니다. 사람이 자신의 본성을 실현하면서 살아야 하는 이유이며, 인과 의를 행할 수 없다고 말하는 사람에 대해 '자포'와 '자기'라고 말하는 이유이기도 하다.

특히 '자포'와 '자기'라는 말에는 인함이나 의로움과 같은 도덕성의 실현이 그렇게 어려운 문제가 아니라는 의미가 포함되어 있다. 인함이란 마치 편안한 집과 같아서 누구나 거처하려고 하면 쉽게 행동할 수 있으며, 의로움이란 사람이 걸어가야 할 올바른 길이므로 사람이라면 누구나 쉽게 걸을 수 있다. 사람이 인하게 살고 의로움을 행하는 것은 자기 본성의 실현이며, 동시에 동물과 구분되는 인간 존재의 확인이라고 말할 수 있는 이유이다.

3. 선한 본성의 실현

● 효와 제

맹자는 다음과 같이 말했다. "인함의 실천은 부모를 섬기는 것이고, 의로움의 실천은 형을 따르는 것이다. 지혜로움(智)의 실천은 인함과 의로움에 대해서 알고 여기에서 벗어나지 않는 것이며, 예(禮)의 실천은 인함과 의로움을 각각이 절목[47]과 문채[48]에 맞추어서 드러내는 것이다. 악(樂)의 실천은 인함과 의로움에 대해서 즐거워하는 것이다. 즐거워하면 (부모를 섬기고 형을 따르는 마음이) 생기고, (그러한 마음이)생겨나면 누가 그것을 그만두겠는가? 그만둘 수 없다면 스스로 알지 못하는 사이에 발은 뛰고 손은 춤추게 될 것이다." 〈이주상-27〉

47 절목은 대나무의 세부 마디를 말하는 것으로, 각각의 현실적 조목과 세목을 의미한다. 이것은 결국 인함이나 의로움과 같은 도덕덕목으로 각각의 세부적 환경과 다양한 세목들 속에서 실현하는 것을 말한다. 예컨대 인함이나 의로움과 같은 도덕원칙을 형과 동생관계에서 어떻게 드러낼지, 그리고 임금과 신하 사이에는 어떻게 드러낼지 등과 같이 세목에서 현실화 시키는 것이다.

48 문채란 어떠한 것이 외부로 드러나는 양식을 의미한다. 원래 문채란 아름다운 광채를 의미하는 것이지만, 여기에서는 인함과 의로움이 드러나는 '방식'을 말한다. 구체적인 예의 형식과 표현양식 등이 그 내용이다.

해설

사람이 하늘로부터 선한 본성을 부여받았고, 그것을 실현하는 것이 사람됨을 이루어가는 것이라는 사실은 이미 앞에서 확인을 했다. 그렇다면 그러한 본성을 실현하는 구체적인 절목이나 양식은 어떠한 것일까? 이 글에서 맹자는 인(仁)·의(義)·예(禮)·지(智) 및 악(樂)의 구체적 의미와 그 관계를 통해 선한 본성이 구체적으로 어떻게 실현되는지를 설명한다. 맹자는 인함과 의로움이라는 도덕성을 먼 곳에서 찾지 않는다. 인함이란 부모를 섬기는 마음이며, 의로움은 형을 따르는 마음이라는 맹자의 설명은 일상 생활 속에서 작용하는 도덕성을 말하고 있다.

더불어 이 말은 하늘로부터 부여받은 도덕본성이 '어디에서 실현되고 드러나야 하는지'에 대한 것으로부터 '어떻게 사회질서로 확장되어 가야하는지'를 잘 보여준다. 자신이 아닌 타인을 사랑하고 타인을 위해 희생하는 마음이 가장 강하게 일어나는 대상은 부모와 형제로 구성되어 있는 '가족 공동체', 즉 '가(家)'이다. 사람이 부여받은 인함이나 의로움과 같은 '선한 본성'이 수양의 단계를 거치지 않아도 자연스럽게 드러날 수 있는 대상이 바로 가족이라는 말이다. 부모에 대한 섬김과 형제에 대한 사랑, 그리고 자식을 위한 희생에 대해 굳이 이성적인 논리를 가지고 설명하지 않아도 자연스럽게 인정될 수 있는 공간이 바로 가(家)인 것이다. 이 때문에 맹자는 인함과 의로움에 대해 가정에서 부모를 섬기고 형를 따르는 것이라고 말하면서, 동시에 그것이 가정에서만 머무는 것이 아니라 사회와 나라까지 확장시켜 갈 것을 권한다. 유학의 윤리가 가를 중심으로 도덕의 당위를 설정해 내고, 그것을 사회로 확장시켜 사회 윤리로 만들어 내는 설명의 구조를 가지고 있는 것이다.

맹자는 인과 의를 구체적인 도덕덕목으로 설정하고, 그것이 적용되는 다양한 양상을 지와 예, 그리고 악에서 찾는다. 인과 의는 부모와 형제를 대하는 구체적 마음이다. 효도하고 공경하는 마음의 자세가 바로 인과 의인 것이다. 그리고 지는 인과 의가 그러한 마음 자세라는 사실을 알고 거기에서 벗어나지 않는 것이며, 예는 그러한 덕목을 각각의 상황에서 정확하게 표현하는 것이고, 악은 그러한 행위를 즐거워 하는 마음이다. 결국 지와 예, 그리고 악은 인과 의를 알고 행동하며, 그것을 즐거워하는 덕목인 것이다. 사람의 도덕성이라는 것은 태어나면서부터 가지게 되는 부모에 대한 사랑과 형제에 대한 우애가 전부임을 의미하는 것이다.

하지만 그것이 단순히 가의 범주에만 머무는 것이 아니라, 그러한 마음을 이웃과 사회로 넓혀가는 것이 중요하다. 지와 예의 진정한 의미는 바로 여기에 있다고 말할 수 있다. 아버지를 보듯이 이웃 어른을 공경하고, 형을 따르듯이 나이 많은 사람을 따르는 것에서 도덕적인 사회질서가 구축될 수 있다고 생각했던 것이다. 이러한 이유에서 맹자는 궁극적인 도덕성은 논리적 설명이 필요치 않은 가족 공동체를 가지고 말한다.

● 본성의 실현방법인 예

맹자는 다음과 같이 말했다. "요임금과 순임금은 사람이 가진 본성에 따라 행동하셨고, 탕왕[49]과 무왕[50]은 그 본성을 회복하셨다. 행동과 용모, 그리고 다른 사람을 응대하는 것이 예에 맞는 것은 성덕(盛德)이 지극한 것이다. 죽은 사람에게 곡하면서 슬퍼하는 것은 살아 있는 사람들에게 잘 보이기 위한 것이 아니며, 덕에 맞게 행동하면서 어기지 않는 것은 봉록(俸祿)[51]을 구하려는 것이 아니고, 말을 할 때 반드시 신뢰가 있게 하는 것은 행실을 바르게 하려는 것이 아니다. 이것은 본성대로 한 것이니, 군자는 이를 본 받아 행동하고 (하늘의)명(命)을 기다릴 따름이다." 〈진심하-33〉

49 은(殷)나라를 세웠던 탕왕이다.

50 주(周)나라를 세웠던 무왕이다.

51 관리들에게 주는 급여로, 흔히 녹봉(祿俸)이라고도 한다.

해설

인함이나 의로움과 같은 도덕덕목은 형이상학적인 개념으로, 이것을 사람이 볼 수 있기 위해서는 구체적인 행위나 표현이 있어야 한다. 즉 마음 속에 인함이나 의로움과 같은 도덕성이 가득 차 있다고 하더라도, 행위양상이나 표현을 통해서 드러나지 않으면 구체화 될 수 없는 것이 바로 도덕덕목이다. 맹자는 그러한 표현 양식을 통칭하여 '예'라고 했다. 인함과 의로움이 현실에서 구체화 되어 드러나는 양상을 예라고 생각했던 것이다.

앞에서 보았던 것처럼, 예는 절목이자 문채이다. 이것은 인함이 사람의 행동 양식을 통해서 표현되는 것으로, 행동과 용모, 다른 사람을 응대하는 것 등의 구체적인 행위양식을 지칭한다. 그런데 이러한 행동 양식은 사람이 가진 선한 본성, 즉 인함이나 의로움을 따라 드러나는 것이어야 하며, 그렇지 않은 경우 그것을 예라고 할 수 없다. 예란 다른 사람에게 잘 보이거나 혹은 봉록을 받기 위해서 하는 것이 아니라고 말했던 것은 바로 이러한 이유에서이다. 특히 맹자는 '자신의 행동을 스스로 바르게 하려는 행동'마저도 인위적인 것으로, '예'의 범주에 들지 않는다는 사실을 분명히 한다.

이와 같은 맹자의 예에 대한 강조는 기존의 신분제적 질서로서의 의미보다 '인함'이라는 도덕성과 짝을 지은 공자의 철학적 특징을 그대로 반영한 것이다. 공자는 사람이 가진 선한 도덕덕목을 '인함'으로 설정하고, 그것이 표현된 양식을 '예'라고 말함으로써, 인과 예를 짝지운다. 예에 대한 강조가 신분질서에 대한 강조보다는 '도덕성의 실현'으로서의 의미를 가질 수 있도록 했던 것이다. 특히 춘추시대 혼란함의 원인을 예의 붕괴에서 찾고 있는 공자로서는 이것을 회복하는 것이 절대적 가치였다. "임금은 임금답고, 신하는 신하다우며, 아비는 아비답고, 자식은 자식다워야 한다"(『論語』, 「顔淵」, "君君臣臣父父子子.")라는 공자의 정명론(正名論)은 바로 이와 같은 이유에서 나온다.

맹자는 이와 같은 공자의 입장을 받아들이면서도, 그 속에 자신의 '본성론'을 더하고 있다. 공자가 사람의 본성을 완전하게 동일한 것으로 파악한 것은 아니지만, 맹자는 공자가 말한 '인'을 모든 사람들이 가지고 있는 선한 본성으로 이해하고 그것이 드러난 양상을 '예'로 이해했던 것이다. 이러한 입장에서 보면 맹자가 강조한 예의 회복은 결국 '사람이 가진 선한 본성의 회복'이라고 말할 수 있으며, 맹자는 이를 통해 질서 잡힌 사회를 만들려고 시도했던 것이다. 인간의 본성을 악한 것으로 설정하여 이것을 교정하고 인위적으로 올바르게 하기 위해 예를 강조했던 순자와는 차이가 있는 대목이다.

예의 중요성

임(任)[52]나라 사람이 옥려자(屋廬子)[53]에게 "예와 먹는 것 중에 어느 것이 더 중요하오?"라고 묻자, 옥려자는 "예가 더 중요합니다"라고 대답했다. 그러자 다시 "색(色)[54]과 예 가운데 어느 것이 더 중요하오?"라고 묻자, "예가 더 중요합니다"라고 대답했다. 그러자 "밥 먹는 것과 관련된 예를 지키게 되면 굶어 죽게 되지만, 예를 지키지 않으면 충분히 먹을 수 있는 경우에 처해도 반드시 예를 지켜야 하오? 친영(親迎)의 예[55]를 지키게 되면 아내를 얻을 수 없지만, 아내를 맞이하는 예를 갖추지 않으면 아내를 맞을 수 있는 경우에 처해도 반드시 아내를 맞이하는 예를 갖추어야 하오?"라고 묻자 옥려자가 대답하지 못했다.
그 다음날 (옥려자가)추(鄒)나라에 가서 맹자에게 이 사실을 말하자, 맹자는 다음과 같이 말했다. "이 같은 물음에 대답하는 것이 왜 어려운가? 그 근본적인 것은 헤아리지 않고 그 끝만을 가지고 견준다면 한 치 정도의 나무를 가지고도 산 언덕 보다 높게 만들 수 있다. 쇠가 깃털보다 무겁다는 것이 어찌 한 갈고리의 쇠와 한 수레의 깃털을 말하는 것이겠는가? 밥 먹는 일 가운데 (죽고 살 정도로)중요한 것을 선택하여 예 가운데 가벼운 것과 비교한다면 단지 밥이 중요할 뿐이겠으며, (아내를 얻고 못 얻을 정도의)색 가운데 중요한 것을 선택하여 예 가운데 가벼운 것과 비교한다면 단지 색이 중요할 뿐이겠는가! 가서 '형의 팔을 비틀고 그 밥을 빼앗아 먹으면 밥을 먹을 수 있지만, 비틀지 않으면 밥을 먹을 없는 경우에도 팔을 비틀 것인가? 그리고 동쪽 집의 담을 뛰어 넘어 처녀를 끌고 오면 아내를 얻지만, 끌고 오지 않는 경우에는 아내를 얻을 수 없다면 그래도 끌고 오겠는가'라고 대답하라." 〈고자하-1〉

52 현재 중국 산동성(山東省) 제령현(齊寧縣) 자리에 있었던 나라로, 맹자가 살았던 추나라 바로 옆이다.

53 맹자의 제자로, 성은 옥려(屋廬)이고 이름은 연(連)이다.

54 색(色)은 여색(女色)을 의미한다. 그러나 이것은 예쁜 여자라는 의미에서의 여색이 아니라, 앞에서 보았던 인간의 자연적 본성을 의미한다. 즉 색은 인간의 기본 욕망인 성욕을 의미하며, 더불어 자식을 낳고 이를 통해 종족을 유지시켜 가는 사람의 기본적인 생활 역시 색으로 표현되기도 한다. 이 물음은 고자가 식색(食色)을 성(性)으로 보았던 것과 같은 입장에서 나온 것이다.

55 친영은 혼례(婚禮)의 6 단계 예 가운데 하나로, 신랑이 신부를 친히 맞이하러 가는 예이다. 친영을 하지 못한다는 것은 가난하여 결혼을 육례(六禮)에 따라서 행하지 못하는 것을 의미한다. 결혼은 반드시 예에 따라서 해야 한다는 당시의 일반적 인식을 드러내고 있는 말이다.

해설

사람의 욕망인 식욕·성욕과 도덕본성을 드러내는 예 가운데 어느 것을 더 중요하게 생각하는지에 대한 맹자의 입장이 잘 드러나 있는 대목이다. 모두 알고 있듯이 식욕과 성욕은 생명체가 가지고 있는 자기 유지본능이다. 음식을 섭취하여 자기 생명을 유지하고, 결혼을 통해 종족을 유지하기 때문이다. 임나라 사람이 맹자의 제자인 옥려자에게 던진 질문은 이와 같은 근본적 본성만큼은 예에 우선할 수 있다는 입장에서 나온 것이다. 물론 임나라 사람의 질문 그 자체는 두 가지 모두를 선택할 수 없는 극단적 상황을 상정하고 있지만, 이를 통해 사람에게는 행위의 형식인 예보다 더 중요한 것이 있음을 드러내고 있다. 예를 지키다 보면 굶어 죽을 수 있거나 혹은 예를 지키기 위해 결혼도 할 수 없는 상황이라면, 예를 포기한 채 밥을 먹고 결혼을 하는 것이 정당할 수 있다는 사실을 임나라 사람은 말하고 있다.

옥려자는 이와 같은 극단적 상황에 대한 질문에 대해 대답하지 못하고, 그 물음을 그대로 맹자에게로 가져온다. 그런데 맹자는 이와 같은 극단적 상황에 대한 질문에 있어서 '본질'의 중요성을 강조한다. 맹자는 임나라 사람의 질문에 대해 '근본적인 것을 헤아리지 않는 질문'이라고 규정하면서, 예에 대한 중시가 어느 선에 서 있는지를 말한다. 그렇다면 맹자가 말하는 '근본적인 것'은 어떠한 것일까? 우선 맹자는 임나라 사람의 질문이 작은 쇳조각 하나와 한 수레의 깃털 가운데 어느 것이 더 무거운지를 묻는 것과 논리적으로 동일한 것이라고 대답하면서, 비교시각이 동일해야 한다는 입장을 취한다. 예컨대 결혼을 하지 못해 인간다움을 상실하게 될 경우나 먹지 못해서 생명을 잃어 버릴 정도의 엄중한 상태를 가지고 예 가운데에서도 가벼운 절목들과 비교하는 것은 비교시각이 잘못되었다는 것이다. 이와 같은 이유에서 맹자는 예의 중요한 덕목과 한끼 정도 굶어도 되는 것처럼 가벼운 상황을 비교하는 질문을 던지면서, 그러한 질문이 가진 무의미성을 드러내고 있다.

그러면서 맹자는 예와 본능적 욕구 사이의 긴장 관계에 대한 자신의 입장을 제기하고 있다. 사람이 가진 본능적 욕구가 생명을 좌우하거나 혹은 결혼을 할 수 없는 극단적 상황에서 예는 얼마든지 변화 가능한 것으로 보고 있다. 생명을 유지하고 결혼을 통해 가(家)를 유지하는 것이 더 중요하다는 사실을 말하고 있는 것이다. 예는 이러한 상황을 도덕적인 정감에 따라 질서 잡힌 형태로 만들어가는 과정임을 의미하는 말이다. 따라서 정상적이고 동일한 기준과 비교시각이 유지될 때에는 반드시 예라는 형식에 따라야 질서 잡힌 사회로의 이행이 가능하다. 맹자가 바라보는 예의 중요성은 바로 이 지점에 위치하고 있다.

이와 같은 입장에서 보면 맹자가 극도로 예를 중시하는 것은 사실이지만, 그렇다고 무조건적인 예 절대주의자가 아니라는 사실도 확인할 수 있다. 사람이 죽고 사는 사안 앞에서 예는 강조되지 않을 수 있다는 것이다. 아무리 사양지심이 발동한다고 하더라도, 그 밥을 먹지 않는 경우 목숨을 잃게 되는 경우라면 먹어야 한다. 또한 예를 갖추어 신부를 맞이하지 못할 정도의 가난함이나 어려움이 있다면, 예를 갖추어 결혼하지 않을 수도 있다. 이와 같이 맹자는 현실적 판단에 따라 이루어지는 권도(權道) 역시 인정하면서, 그 속에서 예의 중요성을 강조하고 있다.

● 삼년상과 예

등나라 정공(定公)이 죽자, 세자[56]가 연우(然友)[57]에게 "이전에 내가 일찍이 맹자와 송나라에서 이야기를 나눈 것이 내 마음에서 끝내 잊혀지지 않습니다. 지금 불행하게도 큰 변고를 당했으니, 나는 그대를 시켜 맹자에게 (상례에 대해) 물어 본 후 상례를 치루고 싶습니다"라고 말했다. 연우가 추나라에 가서 여기에 대해 맹자에게 묻자 맹자는 다음과 같이 말했다. "이 역시 좋지 않은가![58] 부모의 상(喪)은 진실로 모든 정성을 다해야 하는 법입니다. 증자(曾子)[59]께서는 '살아 계실 때 예로써 섬기고, 돌아가시면 예로써 장례를 치루고, 이후 예로써 제사를 지내면 그것을 효라고 할 수 있다'[60]라고 하셨습니다. 제후(諸侯)의 예를 아직 배우지는 못했지만, 이전에 들어 본 적은 있습니다. 삼년상[61]을 치루고 참최(斬衰)와 자최(齊衰)[62] 같은 거친 상복을 입으며, 미음과 죽을 먹는 것은 천자에서 일반 백성들에 이르기까지 삼대(三代) 이래로 공통적이었습니다." 연우가 맹자의 명을 받아 돌아와서 삼년상으로 결정하니, 부모와 백관(百官)[63]들이 모두 하지 않으려고 하면서, "종주국인 노나라의 선군(先君)께서도 이것을 행하지 않으셨고, 우리의 선군께서도 또한 행하지 않으셨는데, 세자의 대에 이르러 그것을 뒤집는 것은 불가합니다. 또 옛날 기록에 '상례와 제례는 선조(先祖)를 따른다'라고 했으니, 이것은 우리가 전해 받은 것이 있기 때문입니다"라고 말했다. 세자가 연우에게 "내가 이전에 학문은 하지 않고, 말을 달리고 칼을 쓰는 것을 좋아했는데, 지금 왕실의 종친과 백관들이 나를 만족스럽게 생각하지 않습니다. 그러나 큰 일에 (예를)다하지 못할까 걱정스러우니, 그대가 나를 위해 (다시 한 번 더)맹자에게 물어봐 주십시오"라고 말했다.

연우가 다시 추나라에 가서 맹자에게 묻자 맹자는 다음과 같이 대답했다. "그럴 수 있겠습니다. 그러나 이러한 문제는 타인에게서 답을 구할 수 있는 것이 아닙니다. 옛날 공자께서는 '나라의 임금이 돌아가시면 (백관들은)총재(冢宰)[64]에게서 명령을 듣게 하고, 상주는 매우 슬픈 표정으로 상주의 자리를 지키면서 곡을 하면, 백관과 유사(有司)[65]들은 감히 슬퍼하지 않는 이가 없으니, 이는 (군주가) 그것을 솔선했기 때문이다. 위에서 좋아하는 것이 있으면, 아래 사람들은 반드시 그것보다 더 심하게 좋아한다. 군자의 덕은 바람이고, 소인의 덕은 풀이니, 풀 위로 바람이 불면, 풀은 반드시 눕는다[66]'라고 말씀하셨습니다. 이것은 모두 세자에게 달려 있습니다." 연우가 명을 받들어 돌아오니, 세자가 "그렇습니다. 이것은 진실로 내가 하기에 달려 있습니다"라고 말한 후, 5개월에 걸쳐서 여막에 거처하면서[67] 명령이나 계고(戒告)[68]를 내지 않았다. 그러자 백관과 종친들이 '(세자가 상례를)안다고 말할 수 있겠다'라고 하였다. 또한 장례를 치를 때 사방에서 조문객들이 와서 보되, 세자의 안색이 수척하고 곡과 울음 소리가 슬프니 조문객들이 모두 감복을 받았다.〈등문공상-2〉

56 등나라 정공의 아들로, 이후 문공(文公)이 된다. '등문공'이 바로 이 사람이다. 이 당시는 아직 차기 왕위를 물려받을 세자의 신분이었기 때문에 '세자'라고 했던 것이다.

57 세자인 등문공의 스승이다.

58 등문공이 예를 아는 사람에게 물어본 이후에 그에 따라 제대로 상례를 치루려는 마음 자세에 대한 감탄이다.

59 공자의 제자인 증삼(曾參)을 말한다. 특히 그는 예에 따라서 행하는 것을 효행의 근본으로 이해하였다.

60 『논어(論語)』, 「위정(爲政)」에 나온다. 그런데 여기에서는 증자의 말이 아니라, 공자의 말로 기록되어 있다. 원문에는 "子曰, 生事之以禮, 死葬之以禮, 祭之以禮."로 되어 있다.

61 부모가 돌아가시면 3년에 걸쳐 상복을 벗지 않는 것을 말한다. 이것은 공자가 부모를 떠나보내는 최소한의 기한으로 삼은 것으로, 『논어』, 「양화(陽貨)」에 나오는 공자의 말에 따르면 태어나서 부모로부터 보호받는 최소한의 기간만큼은 상례를 지키는 것이 예의라는 입장이다. 이것은 동양에서 부모의 상례에 대한 가장 강력한 규제가 되었다. 실기간은 만 2년이다.

62 상복 이름이다. 참최(斬衰)는 아버지가 돌아가셨을 때 입는 상복으로, 올이 굵은 삼베로 옷을 만들되 옷단을 정리하지 않고 재단한 채로 입는다. 이것은 아버지 상을 당하여 옷단도 정리하지 못할 정도로 황망한 마음임을 표현하기 위한 것이다. 자최(齊衰)는 어머니가 돌아가셨을 때 입는 옷으로, 참최와 마찬가지이다. 다만 자최는 옷단을 정리하여 입음으로써 아버지의 상례와는 차별을 둔다. 이 둘은 부모의 상이기 때문에 3년상을 작용시켜 참최 3년(혹은 자최 3년)이라는 용어를 사용한다.

63 그대로 번역하면 백명의 관원을 말하는 것이지만, 당시 신하의 수가 그렇게 많지 않았기 때문에 신하 전체를 의미한다고 말할 수 있다. 그래서 흔히 백관이라고 하면 '신하들'이라는 일반명제로 같이 사용되었다.

64 상례 기간 동은 세자가 정사를 돌볼 수 없기 때문에 그 동안 정사와 장례를 총괄할 수 있는 사람을 정하는데, 이를 총재라고 한다. 『논어』, 「헌문(憲問)」편에는 이와 관련된 공자의 말이 나오는데, "군주가 죽으면 백관들은 자기의 직무에 관련된 것을 모아 총재로부터 3년동안 명령을 들었다(君薨, 百官總己, 以聽於冢宰三年.)"라고 되어 있다. 왕이라도 상례 기간에는 나라를 다스리는 일보다 부모에 대한 상례를 예로 표현하는 것이 더 중요함을 말하고 있는 대목이다.

65 일을 맡은 관원들을 의미한다.

66 '군자의 덕은 바람이고, 소인의 덕은 풀이니, 풀 위로 바람이 불면, 풀은 반드시 눕는다'는 이 말은 『논어』, 「안연(顔淵)」에 나오는 유명한 구절이다. 이것은 위에 있는 사람들의 행동과 덕에 따라서 아래에 있는 사람들의 행동이 결정된다는 의미이다.

67 옛날에는 사람이 죽으면 바로 장사를 지내지 않고 상당한 시일 동안 실내에 빈소를 마련하여 가매장을 해 둔다. 이것은 조문객들이 멀리서 오기 때문에 조문의 시간을 충분히 주기 위함이었는데, 특히 신분이 높을수록 길게 잡았

다. 예에 따르면 천자는 7개월이고 제후는 5개월이며 대부는 3개월이었다. 이 동안 상주는 여막에 거처하였다. 등나라 정공은 제후이기 때문에 상주는 5개월간 여막 생활을 했다.

68 '경계하여 고함'이라는 의미로, 어떤 일을 금하거나 주의하도록 왕이 내는 일종의 명령이다. 국장 중에는 상주인 세자가 이러한 것을 내지 않는데, 이것은 나라의 정사보다 상주로서 상례에 집중하는 모습을 보여주기 위한 것이다.

해설

'효'라는 사람의 도덕본성은 어떻게 드러나야 할까? 맹자는 이에 대해 '예(禮)'라고 대답한다. 맹자가 보기에 효도란 "살아 계실 때에 예로 섬기고, 돌아가시면 예를 다해 장례를 치루며, 이후에는 예를 다해 제사를 지내는 것"이다. 부모가 살아계실 때에는 예를 다해 부모를 모심으로써 효의 덕목을 실현해야 하며, 돌아가신 후에는 자식이 예에 따라 장례를 치루는 것으로 효의 덕목을 실현해야 하고, 그 이후에는 예에 따라 제사를 드림으로써 효의 덕목을 실현해야 한다는 의미이다. 효라는 도덕 덕목이 현실에서 실현되는 방식은 예를 통해 이루어져야 한다는 말이다. 유학에서 이처럼 예를 강조했던 것은 예를 선한 도덕 덕목이 발현되는 '형식'으로 이해했기 때문이다. 이 때문에 예는 단순한 형식이 아니라, 도덕 덕목이 드러난 형태 그 자체이다. '선한 본성'이라는 정감이 예를 통해 하나의 '행위 규범'으로 작용되어야 한다는 생각이 유학 전반에 흐르게 된 이유이다.

이를 위해 맹자는 제후의 예나 일반 서인의 예가 크게 다르지 않다는 사실을 분명히 한다. 사람이 살아가면서 가지게 되는 일상적 정감이 다르지 않기 때문이다. 이와 같은 이유에서 맹자는 부모가 돌아가셨을 때 해야 하는 행동이란 천자나 서인이 다르지 않다고 말한다. 모든 사람이 삼년상을 치루고 참최와 자최를 입으며, 거친 음식으로 부모의 죽음을 슬퍼해야 한다. 이와 같은 인식은 예의 형식에 있어서는 조금씩 차이가 있을 수 있겠지만, 그 내용적인 측면은 동일하다는 데에서 나온다. 그리고 이러한 동일성은 모든 사람이 가지고 있는 선한 본성에 따른 것이다.

삼년상 역시 마찬가지이다. 동양에서 삼년상은 절대불변의 진리였다. 이 때문에 유학자라면 누구나 부모의 상을 삼년상으로 지키려 했으며, 그것은 조선시대에 와서 특히 그러했다. 이러한 과정에서 삼년이라는 시간은 마치 불변의 진리인 것처럼 여겨졌고, 거기에는 대단한 철학적 이유들이 내포되어 있는 것처럼 인식되었다. 그러나 삼년상이 만들어지는 과정을 보면 그것은 인간의 기본적인 정서를 반영한다. 부모가 돌아가신 후 자식으로서 부모를 기리는 정감이 최소 삼년은 가야 한다는 의미인 것이다. 삼년상을 강조했던 공자는 특히 이와 같은 입장에 서 있다. 그는 사람이 태어나서 부모로부터 무제한적인 보호 속에 있는 최소한의 시간이 삼년(만 2년)으로, 그 시간만큼은 장례를 통해서 부모를 기리고 보답해야 한다는 사실을 강조했다. 우주적 원칙에 따른 것이 아니라, 부모와 자식 사이에 존재하는 최소한의 정감이 삼년상의 근거가 되고 있다.

이와 같이 정감의식에 따른 예는 참최나 자최와 같은 상복의 예에서도 잘 드러난다. 이것은 부모님이 돌아가셨을 때 그 황급하고 답답한 마음을 상복으로 표현한 것이다. 안타까운 마음은 거친 옷으로 표현하며, 옷의 밑단도 꿰맬 틈이 없는 황급한 마음으로 참최나 자최 복장이 정해지는 것이다. 또한 흐르는 눈물을 닦아야 하는 필요와 최대한의 거친 옷을 통해 부모를 여읜 슬픈 심정을 드러내려고 했던 것이 상복의 부속품으로 만들어졌다.

이러한 면에서 보면 예는 사람이 가지고 있는 도덕적 정감의 구체적인 표현이며, 이러한 이유에서 맹자는 '그 마음을 다해서 예를 지키라'고 권고했던 것이다. 맹자가 세자에게 장례의 예를 올바로 지킬 것을 권고한 것도 바로 이러한 이유이다. 예제의 번다함에도 불구하고, 그를 통해 돌아가신 부모를 생각하는 세자의 아픈 마음이 다른 사람들에게까지 전달될 수 있다고 생각했다. 특히 이와 같은 세자의 마음은 이후 백성들과 신하들에게 미치는 영향이 적지 않기 때문에, 이를 통해 예를 회복시키려고 했던 것이다.

● 맹자의 친상(親喪)

맹자는 제(齊)나라에 있다가 노(魯)나라로 가서 (어머니의)장례를 치르고[69] 제나라로 돌아오는 길에 영(嬴)읍[70]에 머물렀다. 이 때 충우(充虞)[71]가 조심스럽게

"이전에 저의 불초함을 모르시고 저로 하여금 관(棺)을 만들고 돌보는 일을 하게 하셨는데, 너무나 경황이 없어서 제가 그 때는 감히 말씀드리지 못했습니다. 이제 조심스럽지만 말씀을 드리고 싶은 것이 있으니, 관에 쓴 나무가 너무 화려한 것 같았습니다"라고 말하였다. 그러자 맹자는 다음과 같이 대답했다. "옛날에는 관과 곽(槨)[72]에 한도가 없었다. 중고(中古) 시기에 오면서 관의 두께가 일곱 척이었고, 곽은 그에 맞추게 하였다. 천자로부터 일반 백성들까지 다만 보기에 좋았기 때문이 아니라, 그렇게 한 후라야 마음에서 흡족[73]했기 때문이다. 만약에 이렇게 하지 못하면 마음이 기쁠 수 없고, 재산이 없어도 마음이 기쁠 수 없었다. 이렇게 할 수 있도록 재물이 있었다면 옛날 사람들은 모두 이러한 관과 곽을 사용했으니, 유독 나만 홀로 그렇게 하지 않을 이유가 무엇이겠는가? 또한 죽은 사람을 위해 흙이 그 살에 닫지 않게 하는 것이 사람의 마음에 좋지 않겠는가? 내가 듣기로, 군자는 천하를 위한다는 명목을 들어서 그 부모의 상을 검소하게만 치루지는 않는다고 한다." 〈공손추하-7〉

69 맹자가 제나라에서 대부(大夫)의 벼슬에 있을 때에, 어머니의 상을 당하였다. 당시 어머니는 노나라에 있었기 때문에 맹자는 어머니의 장례를 치르기 위해 원래 자기가 태어났던 노나라에 갔던 것이다. 지금은 노나라에서 장례를 모두 치르고 다시 제나라로 돌아오는 길이다.

70 제나라 남쪽에 있었던 작은 읍의 이름이다.

71 맹자의 제자이다.

72 관(棺)은 시신을 넣는 내관(內棺)이고, 곽(槨)은 관을 둘러싸고 있는 외관(外棺)이다.

73 부모를 섬기려고 하는 자식의 마음에서 봤을 때, 그렇게 해야 마음이 흡족하다는 사실을 말하고 있다. 맹자는 사람이 가지고 있는 이러한 선한 마음이 '흡족한 상태'에 이를 수 있도록 행동할 것을 권한다.

해설

이 구절은 맹자의 철학에 대한 많은 의심을 낳았던 부분이기도 하면서, 동시에 맹자의 기본 입장을 확인할 수 있는 대목이기도 하다. 부모의 상례를 위해 화려한 관과 곽을 사용하는 것은 당시로서도 금했던 일이며, 지금 우리들 역시 금해야 할 미덕 가운데 하나이다. 맹자 제자인 충우의 의구심은 여기에서 기인한다. 특히 맹자는 기존의 가르침을 통해 관과 곽이 너무 화려한 것에 대해 경계해 왔는데, 지금 대부라는 벼슬에 있기 때문에 그것을 스스로 저버린 것은 아닌지 조심스럽게 묻고 있는 것이다.

그런데 맹자는 이와 같은 제자의 질문에 대해 '가능하다면' 얼마든지 화려하게 장례를 치룰 수 있다고 말한다. 다시 말해 재물이 있으면서도 검소한 것만을 강조하여 박하게 장례를 치룬다면 그것이 비판 받을 내용이라는 말이다. 이와 같은 맹자의 입장은 '화려한 장례'가 좋기 때문이 아니라, 부모를 향한 효도의 마음은 '가능한 범위 내에서 모든 것을 하려고 하는 마음'으로 표현되어야 하고, 장례 역시 그러한 마음의 표현이 드러난 것이어야 하기 때문이다.

따라서 여기에서 맹자가 강조한 것은 '화려한 장례'를 치루라는 말이 아니라, 부모의 장례를 잘 치루고 싶은 자식의 '마음'이다. 진정한 효도는 바로 이러한 마음에 따르는 것이며, 그것을 이루려고 노력하는 자세인 것이다. 재물이 없다면 그 처한 상황에서 최선을 다하면 되고, 재물이 있다면 그에 맞게 화려한 장례를 치루는 것 역시 부모를 향한 자식의 '효도'인 것이다. 맹자의 장례는 바로 이러한 마음을 드러낸 것이다. 이것이 바로 '부모에게 효성을 다하려는 자신의 마음'을 흡족하게 하는 것이며, 장례는 바로 이러한 마음의 표현이어야 한다.

여기에서 우리가 중요하게 살펴보아야 할 것은 바로 효에 대한 맹자의 기본 입장이다. 맹자는 '부모에 대해 효를 행하려는 마음'을 따라 자신이 할 수 있는 모든 것을 해야 한다는 사실을 강조한다. 부모에게 효를 행하려는 마음이 흡족할 수 있도록 행동하는 것이 중요하다는 말이다. 남에게 단순하게 잘 보이기 위해서나 혹은 자신의 부를 자랑하기 위해 화려하게 장례를 치루는 것과는 구분되는 것으로, 부모에 대한 자신의 마음에 따라 할 수 있는 한 최대로 장례를 치루는 것이다. 전자는 마땅히 비판의 대상이 되겠지만, 후자는 권장될 수 있다는 의미이다.

이 말은 거꾸로 남에게 보이기 위해 일부러 검소하게 행하는 장례 역시 비판의 대상이 될 수 있음을 의미한다. 물론, 가진 재물이 적어 어쩔 수 없이 검소하게 행하는 장례는 비판의 대상이 되지 않겠지만, 재물을 아끼기 위하거나 혹은 부모에 대한 자신의 마음과 달리 남에게 검소하다는 말을 듣기 위해서 하는 검소한 장례 역시 비판의 대상이 될 수 있다. 이와 같은 입장에서 보면 예는 부모에 대한 자신의 정감을 최대한 드러낼 수 있는 행위양식이어야 하며, 이러한 이유에서 맹자는 자신의 도덕적 정감에 따른 충실한 행위를 강조하고 있다. 결국 맹자의 예는 의례(儀禮)와 같이 고착화 된 방식이 아니라, 도덕 정감이 최대한 잘 표현될 수 있도록 예를 지켜 가는 것이라고 말할 수 있다. 이와 같은 점은 후대로 내려오면서 딱딱하게 굳어져 가는 예의 형식보다 훨씬 유연한 자세를 견지하는 것이다.

● 큰 효도

맹자는 다음과 같이 말했다. "온 천하 사람들이 크게 기뻐하면서 자기에게로 귀속[74]되려고 하는데, 천하 사람들이 기뻐하면서 자기에게 귀속되려 하는 것을 보고도 그것을 초개(草芥)[75]와 같이 생각한 것은 오직 순임금 뿐이다. 부모에게서 (그 마음을)얻지 못하면 사람이 될 수 없고, 부모를 따르지 않으면 자식이 될 수 없다. 순임금은 부모 섬기는 도를 다하여서 고수(瞽瞍)[76]가 기뻐하였으니, 고수가 기뻐하면서 천하가 교화되었다. 고수가 기뻐하게 되면서 천하의 부자간이 평정되었으니, 이것을 일컬어서 큰 효도(大孝)라고 하였다."〈이루상-28〉

74 천하 사람들이 기쁘게 자신의 백성이 되려 한다는 의미이다. 이것은 백성들에 의해 부국과 강병이 결정되는 춘추전국시대에 있어서 가장 중요한 조건이다. 천하 사람들이 자신의 백성이 되기를 원하여서 그 나라로 몰려 온다면 부국과 강병은 저절로 이루어지고, 이를 기반으로 천하를 통치할 수도 있기 때문이다. 어떤 의미에서 유학의 정치철학은 도덕 정치를 통해 천하의 백성들이 자신에게 귀속되도록 하는 데 있다.

75 잡초나 먼지처럼 생각했다는 것으로, 천하 사람들이 자신의 나라 백성이 되겠다고 해도 그것을 중요하게 생각하지 않았다는 것이다. 순임금이 중요하게 생각했던 것은 백성이 많아짐으로 인해 얻는 부국강병이 아니라, 부모에게 마음을 얻는 것이었다.

76 고수(瞽瞍)는 순임금의 아버지이다. 순임금의 아버지 고수와 계모는 어린

순을 학대했던 인물로 잘 알려져 있다. 전해오는 이야기에 따르면 고수는 순을 매일같이 때렸는데, 순은 참고 맞다가 큰 몽둥이로 때리면 도망을 갔다고 한다. 작은 매는 목숨에 위협이 없기 때문에 맞는 것이 부모에 대한 순종이지만, 큰 몽둥이는 목숨을 위협하기 때문에 그 몽둥이에 맞아서 죽으면 고수가 '자식을 죽인 아버지'라는 오명을 쓰게 되어 불효가 되기 때문이다. 이처럼 순임금의 행위는 철저하게 '효'를 기준으로 이루어졌으며, 이로 인해 순임금은 동양 효의 표상이 되었다.

해설

순임금이 세상을 다스리자, 요임금에 이어 순임금도 모든 백성들이 기뻐하면서 우러러 보는 성군이 되었다. 당시 나라의 부강함은 백성들의 많고 적음에 의해서 결정되는데, 많은 백성이 순 임금이 다스리는 나라의 백성이 되기를 원했으며, 이로 인해 그 나라는 저절로 부강해 질 수 있는 요건을 갖추었다. 이러한 의미에서 보면 순임금은 천하를 통일할 수 있는 성군이 되었고, 또 천하를 다스릴 수 있을 정도로 영향력이 커졌다고 말할 수 있다. 모든 임금들은 이것을 중시하고, 또 기뻐할 수 있는 조건 가운데 하나이기도 하다.

그런데 정작 순임금은 모든 백성들이 기뻐하면서 자신에게 귀속되어 오는 것에 대해서는 그야말로 초개(草芥)와 같이 여겼다. 순임금이 중요하게 생각했던 것은 바로 아버지 고수를 기쁘게 하는 일이었던 것이다. 천하의 왕이 되는 것보다 아버지에게 효도를 다하는 아들로서의 자리를 더 중요하게 생각했다는 의미이다. 더구나 순임금의 아버지인 고수는 순에게 대단히 폭력적인 부모였던 것으로 알려져 있다. 그럼에도 불구하고 순임금은 이러한 아버지를 기쁘게 하는 일에 자신의 모든 역량을 동원하였으며, 이를 통해 효도가 어디에 이를 수 있는지를 보여주고 있다. 이러한 관점에서 순임금의 효는 천하 사람들이 행해야 할 효도의 모범이 되었으며, 나라의 부강함보다 효가 중요하다는 사실도 보여주었다. 그리고 이와 같은 순임금의 행동은 궁극적으로 모든 백성을 교화시킬 정도의 힘으로 작용하기도 했다.

맹자는 이와 같은 순임금의 효를 통해, 나라를 다스리는 것보다 더 중요한 것이 바로 가족 내에서 가족 간의 도덕덕목을 실현하는 것임을 강조하고 있다. 유학에서는 사회의 윤리가 가족 윤리에 근거하고 있기 때문이다. 이와 같은 순의 효도는 다음 구절에서도 한 번 더 확인할 수 있다.

● 순임금의 효도

만장(萬章)이 "『시경(詩經)』에 '아내를 얻을 때 어떻게 하지요? 반드시 부모에게 고해야지요'라고 기록되어 있습니다. 이 말을 믿는다면 마땅히 순임금과 같이 해서는 안 될 것입니다. 순임금이 아버지에게 말씀드리지 않고 결혼을 한 것은 어떻게 된 것입니까?"라고 물었다. 이에 맹자가 "고하게 되면 장가들 수 없었을 것이다. 남녀가 한 방에 사는 것은 '사람이 마땅히 지켜야 하는 사람의 도리(大倫)'[77]이다. 만약 부모에게 고했다면 이렇게 마땅히 지켜야 할 사람의 도리를 지키지 못하게 되었을 것이다. 그렇게 되면 부모를 원망하게 될 것이니, 이 때문에 말씀드리지 않았던 것이다"라고 대답하였다. 만장이 다시 "순임금께서 아버지에게 말씀드리지 않고 결혼한 것은 내가 이미 그것을 듣고 알고 있었습니다. 그런데 요임금[78]이 순에게 자신의 딸을 시집 보내면서 순임금의 아버지에게 말하지 않은 것은 어째서입니까?"라고 물었다. 그러자 맹자께서는 "요임금 또한 그 사실을 말하면 결혼시키지 못할 것을 알았기 때문이다"라고 대답하였다. 만장은 이 말을 듣고 다음과 같이 물었다. "부모[79]가 순에게 창고의 지붕을 고치게 하고는 (내려오지 못하게)사다리를 치우고, (순의 아버지인)고수는 창고에 불을 질렀던 적도 있습니다. 또 우물을 파게하고는 나오는 그를 생매장하기도 했습니다.[80] 이에 상(象)[81]은 '도군(都君)[82]인 형을 묻어버리기로 도모한 것은 모두 나의 공적이니, 소와 양 및 곡식 창고는 부모님 것이고, 방패와 창, 거문고와 활은 내가 가지며, 두 형수는 나의 잠자리를 돌보게 하겠다'라고 말했습니다. 그런데 상이 순의 궁에 들어가서 보니, 순이 평상에 앉아서 거문고를 타고 있었습니다. 이에 상이 '간절하게 도군을 그리웠습니다'라고 말하고 부끄러워하자, 순임금은 '여기 있는 여러 백성들을 나를 위해서 좀 다스려 주게나'라고 말씀하셨습니다. 잘 모르겠습니다만, 순임금께서는 상이 자기를 죽이려는 것을 몰랐습니까?" 그러자 맹자는 "왜 몰랐겠는가? 다만 상이 근심하면 또한 함께 근심하고, 상이 기뻐하면 또한 함께 기뻐했을 따름이다"라고 대답하였다.
이에 만장은 다시 "그렇다면 순임금은 거짓으로 기뻐한 것입니까?"라고 묻자, 맹자는 다음과 같이 대답했다. "그렇지 않다. 옛날에 어떤 사람이 살아 있는 물고기를 정자산[83]에게 보내왔다. 이에 자산이 연못 관리인으로 하여금 그것을 못에 기르게 하였는데, 그 관리인이 그것을 삶아 먹어 버렸다. 그리고는 복명(復

命)하기를 '처음에 그것을 놓아주니 어릿어릿하다가 조금 있으니 생기를 치면서 유유히 가버렸습니다'라고 했다. 그러자 자산이 '살만한 곳을 찾았구나, 살만한 곳을 찾았어'라고 했다. 연못 관리인이 나와서 '누가 자산을 지혜롭다고 하겠는가! 내가 이미 삶아서 그것을 먹어버렸는데도, 살만한 곳을 찾았구나 살만한 곳을 찾았어라고 말한다'라고 하였다. 그러므로 군자는 방(方)[84]으로써 속일 수는 있지만, 그 도가 아닌 것으로 터무니없이 속이기는 어렵다. 저 상은 형을 사랑하는 도를 가지고 있기 때문에 진실로 그것을 믿고 기뻐한 것이니, 어찌 거짓이 있겠는가?"〈만장상-2〉

77 대륜(大倫)을 이렇게 번역했다. 유학에서 결혼은 사람으로서 반드시 지켜야 할 중요한 도리 가운데 하나이다. 이것은 유학자들이 생각하는 모든 사회의 구성원리와 윤리의식들이 가족 간의 정감과 윤리에 근거하고 있기 때문이다. 맹자는 부모가 자식을 사랑하고 자식이 부모에게 효를 행하는 정감은 '논리적'인 것이 아니라, 원래부터 가지고 있는 자연스러운 것이라고 생각했다. 그리고 이러한 정감을 사회로 확대시켜, 나라의 아버지인 임금에 대해서는 충(忠)이라는 덕목을, 타인의 아버지인 이웃 노인에게는 공경이라는 덕목을 만든다. 이 때문에 사람이 자신의 자식을 사랑하는 마음이나 부모를 사랑하는 마음을 경험하고 그것을 확대해 가기 위해서는 가족을 형성해야 하고, 그것의 확장개념으로 사회윤리를 만들게 된다. 따라서 결혼은 인간 사회의 기본 구성체를 만드는 것이므로, 사람이라면 누구나 마땅히 지켜야 할 사람의 도인 것이다.

78 제(帝)를 요임금으로 번역했다. 이것은 순임금 당시 황제를 지칭하는 말로, 요임금을 의미하기 때문이다. 요임금은 자신의 아들을 임금으로 삼은 것이 아니라, 순임금에게 자신의 자리를 선양했다.

79 순의 아버지인 고수와 그 아내이다.

80 이 이야기는『사기(史記)』에 기록되어 있다.

81 순임금의 이복동생으로, 순임금의 아버지인 고수와 계모 사이에 난 아들이다. 고수와 더불어 순임금을 괴롭혔던 대표적 인물이다.

82 주희의 주에 따르면 순이 거주한 곳에서 3년간 살면서 하나의 도시(都)를 이루었기 때문에 순을 일컬어서 도군(都君)으로 칭했다고 한다.

83 춘추시대 정(鄭)나라의 유명한 재상의 이름이다.

84 방(方)은 원래 방형, 즉 4각형을 말하는 것이다. 그런데 이것이 의미가 전치되어 주로 올바름이라는 의미로 사용되기도 한다. 위에서 방으로 속인다는 것은 바로 올바른 것의 가장 전형, 즉 도(道)를 의미하는 것이다.

해설

맹자는 앞의 구절을 이어, 유학에서 말하고자 하는 효의 특성과 그 구체적인 덕목을 순임금의 일화를 통해 말하고 있다. 앞에서 보았던 것처럼 순임금의 가정 환경은 대단히 불우하다. 아버지 고수는 매우 포악했던 인물로, 순임금을 괴롭혔던 부도덕한 아버지의 표상이다. 더불어 순임금의 계모와 그의 아들 상 역시 순임금을 괴롭게 했던 가족들이다. 이와 같은 불우한 환경에서 순임금이 행했던 효의 실천은 이후 유학에서 말하는 효의 대명사가 되었다.

맹자는 만장으로부터 '부모의 말에 순종해야 하는 사실'이 효라는 일반적 원리에 바탕한 질문을 받는다. 즉 '순임금이 아버지인 고수에게 결혼 사실을 알리지 않고 결혼한 것이 불효가 아닌지'에 대한 것이다. 맹자는 이와 같은 만장의 질문에 대해 '더 큰 윤리'의 측면에서 올바른 것을 행해야 한다는 사실을 강조한다. 효의 판단 기준이 부모의 말에 순종하는 것이 아니라, '윤리의 준거틀'에 맞는 것이어야 함을 말하고 있는 것이다. '사람으로서 결혼하지 않는 행동'은 마땅히 지켜야 할 사람의 도리를 어기는 것이다. [주]에서 밝혔던 것처럼 동양사회의 모든 윤리적·사회적 가치 기준은 가(家)에 기반하고 있으므로 가를 존속시키고 발전시키는 것은 사람으로서 행해야 할 가장 중요한 일이다. 그런데 그러한 윤리를 행하기 위해서 아버지에게 알릴 수 없는 상황에 처했다면 '순종'의 덕목보다 '더 큰 도리'에 따르는 것이 타당하다는 설명이다. 이것은 요임금이 고수에게 자신의 딸과 순임금이 결혼한다는 사실을 알리지 않은 이유이기도 하다.

그 다음의 질문은 아비와 배다른 동생 상이 순임금을 죽이려 했지만, 순임금은 '형님 생각이 나서 왔다'는 말에 자신을 도와 신하와 백성을 다스릴 것을 명하는 대목에 대한 것이다. 상이 자신을 죽이려 했다는 사실을 몰랐다면, 이것은 성인으로서의 총명함에 흠이 된다. 그러나 맹자는 여기에서 순간의 진심에 대해 즐거워하고 기뻐했다는 말로 대답을 한다. 즉 가족의 근심을 자신의 근심으로 삼고, 가족의 기쁨을 자신의 기쁨으로 삼는 성인의 기본적 삶의 자세를 설명하면서, 가족윤리의 확장으로서 사회윤리를 만들어 가는 유학의 기본 정신을 다시 한 번 보여주고 있다. 성인으로서 총명하여 상이 자신을 속인다는 사실을 알았다고 해도, 그것보다는 가족의 말을 믿고 그 말을 실현시키려 했던 그 모습이 더 중요하다는 사실을 강조한 것이다. 가족을 중심으로 윤리를 보존하는 것이 유학에서 얼마나 중요한지를 잘 알 수 있게 한다.

이렇게 보면 순임금의 효는 단순하게 순종이나 복종과 같은 일반적 책무에 얽매이는 것이 아니라, 아버지로 하여금 더 큰 윤리적 잘못을 범하지 않도록 스스로 단속하고 행동하는 데까지 이르고 있음을 알 수 있다. 이것은 효에 대한 자율적 의식으로, 아버지가 자신으로 인해 큰 윤리를 어김으로써 아버지에게 돌아갈 지탄이나 원성을 없애려는 모습을 통해 효가 어떠한 의미를 가져야 하는지를 잘 알 수 있게 한다. 더불어 효는 단순하게 아버지와 자식간의 일대일 관계에서 결정되는 것이 아니라, 사회적 윤리의 범주망 내에서 옳은 행동을 하는 데 있다는 사실을 강조한 것이기도 하다. 이처럼 유학의 효는 전체 윤리적 범주망 속에서 결정되는 개념으로, 자신이 처한 상황에서 탄력적인 행동으로 드러날 수 있다.

● 효도의 본질

맹자는 다음과 같이 말했다. "가장 큰 '섬김'은 무엇일까? 바로 부모를 섬기는 것이다. 가장 큰 '지킴'은 무엇일까? 바로 자신을 지키는 것[85]이다. 자신을 잃어 버리지 않고서 자신의 부모를 잘 섬긴 사람에 대해서는 들어본 적이 있지만, 자신을 잃어 버리고서 자신의 부모를 잘 섬긴 사람에 대해서는 들어본 적이 없다. 그러므로 무엇이 섬김이 되지 않겠는가만 부모를 섬기는 것이 섬김의 근본이고, 무엇이 지키는 것이 되지 않겠는가만 자신을 지키는 것이 지킴의 근본이다. 증자께서 증석(曾晳)[86]을 봉양할 때에는 반드시 (밥상에)술과 고기가 있었다. 밥상을 치울 때에는 반드시 '누구에게 주시겠습니까?'라고 청하였으며, '남은 것이 있는가?'라고 물으면 반드시 '있습니다'라고 대답했다. 증석이 죽은 후 증원

(曾元)[87]이 증자를 봉양하였는데, 반드시 (밥상에)술과 고기가 있었다. 밥상을 치우려고 할 때 '누구에게 주시겠습니까?'라고 청하지 않았으며, '남은 것이 있는가?'라고 물으면 반드시 '없습니다'라고 대답했으니, 이것은 그 음식을 다시 올리려고 해서이다. 이것을 일컬어서 입과 몸만 봉양한다고 하는 것이니, 증자 같은 경우는 그 뜻을 봉양한다고 할만하다. 부모를 섬기는 것은 증자와 같이 하는 것이 옳다."〈이루상-19〉

85 자신을 지킨다는 것은 자신의 선한 본성을 잃어 버리지 않고 그것을 지켜 간다는 의미로, 악에 빠지지 않고 도덕적으로 살아가는 삶의 자세를 말한다. 이러한 삶의 자세에 대해 주희는 "그 몸을 잘 지켜 불의에 빠지지 않는다"라고 해석했다.

86 증자의 아버지로, 이름은 점(點)이다.

87 증자의 아들이다.

해설

앞의 구절을 이어 맹자는 유학에서 말하는 효의 근본이 무엇인지를 밝히고 있다. 맹자는 효도의 첫 출발이 자신의 도덕적 지조를 잃지 않도록 지킴으로써 스스로를 불의에 빠뜨리지 않는 것이라고 말한다. 따라서 자신을 지키는 것은 스스로를 지켜가는 것이기도 하지만, 동시에 효도의 첫 출발이기도 하다. 자신의 도덕본성을 지키고 있어야 그것이 부모에게는 효로 드러날 수 있기 때문이다.

나아가 맹자는 부모를 섬길 때 가장 중요한 것은 '그 뜻을 봉양하는 것'이라고 말한다. 효의 근본은 행위에 있는 것이 아니라, '그 뜻을 봉양하는 것'에 있음을 의미하는 말이다. 이것은 증자가 그의 아버지인 증석을 섬길 때와 증자의 아들인 증원이 증자를 섬길 때의 차이에서 드러난다. 이 둘은 모두 술과 고기를 식탁에 올렸다는 점에서 봉양을 다하려고 했음을 알 수 있다. 다만 아버지가 남은 것이 있는가를 묻는 것은 그 음식을 다른 사람에게 주려는 '뜻'이 있는지를 확인하여, 그 뜻을 섬기려고 하는 것이다. 음식을 올리는 행위를 통해서 아버지의 '뜻'을 확인하고, 그 '뜻'을 지킬 수 있도록 하려는 모습에서 효도의 진정성을 찾고 있는 것이다.
그러나 증원은 음식을 아껴 다시 아버지에게 올리는 것에만 관심을 두었지 그 뜻을 섬기려 한 것은 아니다. 부모의 입과 몸을 즐겁게 하는 것만을 효도라고 생각했지, 그 뜻을 헤아려서 그것까지 섬기려 했던 것은 아니라는 의미이다. 유학에서 진정한 효란 단순하게 입과 몸을 즐겁게 하는 것이 아니라, 그 뜻을 헤아려서 그것을 지켜 나가려는 데 있다는 사실을 보여준다. 따라서 효는 정해진 특정한 행위 양상에 의해서 이루어지는 것이 아니라, 모든 사안에서 부모의 뜻을 잘 파악하고 그것을 지켜 주려는 노력을 통해서 이루어지는 것이다. 증자가 음식이 남았다고 하면서 누구에게 줄 것인지를 묻는 물음은 밥상 앞에서 아버지의 뜻을 파악하기 위한 노력으로, 이를 통해 그 뜻을 지키려 했다는 말이다. 증자의 이러한 효도야말로 진정한 효도인 것이다.

4. 도덕 수양과 교육

● 부동심

공손추가 "선생님께서 제나라의 재상에 오르셔서 도(道)를 행하신다면, 이로 인해 패자(覇者)[88]와 왕자(王者)[89]가 되더라도 이상할 것이 없으시겠습니다. 만약 이와 같다면 마음이 움직이지 않겠습니까?"라고 묻자 맹자는 "아니다. 나는 내 나이 사십에 이미 부동심(不動心)[90]했었다"라고 대답했다. 그러자 공손추는 다시 "만약 그와 같으시다면 맹분(孟賁)[91]보다 훨씬 더 뛰어 나십니다"라고 말하였는데, 이에 맹자는 "이것은 어려운 일이 아니니, 고자(告子)[92]도 나보다 먼저 부동심 했었다"라고 대답했다.
이에 공손추가 다시 "그리면 부동심하기 위한 방법이 있습니까?"라고 묻자, 맹자는 "있다"라고 대답하면서, 다음과 같이 말하였다. "북궁유(北宮黝)[93]가 용맹함을 기르는 방법은 피부가 찔려도 흔들리지 않고 눈동자도 피하지 않는 것이었다. 그래서 털끝만큼이라도 남에게서 좌절을 당하면, 그 사실에 대해 마치 시장과 조정에서 종아리를 맞는 것처럼 (모욕적으로)생각하였다. 이 때문에 갈옷을 입은 사람이나 관박(寬博)을 입은 사람[94]에게도 (모욕을)당하지 않을 뿐만 아니라, 전차를 만승(萬乘)이나 가지고 있는 대국의 군주에게도 (모욕을)당하지 않았다. 전차를 만승이나 가지고 있는 대국의 군주 찌르는 것을 마치 갈옷 입은 평범한 이를 찌르는 것처럼 여겨, 북궁유가 무서워하는 제후는 없었다. 또 좋지 않은 소리를 들으면 반드시 보복하였다. 이에 비해 맹시사(孟施舍)[95]가 용맹함을 기르는 방법은 '이기지 못한 것을 보고 마치 이긴 것과 같이 여기고, 적의 숫자를 헤아린 이후에 진격하며 승리를 생각한 후에 교전하니, 이것은 삼군(三軍)[96]을 두려워하는 것이다. 그래서 내가 어떻게 반드시 이길 수 있겠는가? 다만 두려움이 없을 수 있을 뿐이다'라고 하는 것이었다. 맹시사는 증자와 유사하고 북궁유는 자하와 유사하다. 이 두 사람의 용맹 가운데 누가 나은지는 알지 못하겠지만, 그러나 맹시사는 지키는 것이 절제되어 있다. 옛날에 증자께서 제자인 자양에게 '너는 용맹함을 좋아하느냐? 내가 일찍이 큰 용맹함에 대해서 부자(夫子)께 들은 적이 있다. 스스로 돌이켜 정직하지 못하면 갈옷이나 관박을 입은 사람이라도 두렵지 않겠는가! 그러나 스스로 돌이켜 정직하다면 비록 천만 명이 사람이라도 대적할 수 있다'라고 말씀하셨다. 맹시사가 지키려는 것은 기(氣)에 불과하므로, 증자가 지키려 했던 것의 절제되어 있음보다 못하다."

공손추가 "그러면 감히 묻겠습니다. 선생님의 부동심과 고자의 부동심(차이)에 대해 들을 수 있겠습니까?"라고 묻자, 맹자는 다음과 같이 대답했다. "고자는 '말을 이해하지 못하겠거든 그것을 마음에서 알려고 하지 말고, 마음에서 알지 못하겠거든 기(氣)를 통해 그것을 알려고 하지 말라'고 말했는데, 마음에서 알지 못하겠거든 기를 통해 그것을 알려고 하지 말라는 말은 그럴 수 있겠지만, 말을 이해하지 못하겠거든 마음에서 알려고 하지 말라는 것은 옳지 않다. 의지는 기를 통솔하는 장수이고 기는 몸에 꽉 들어차 있는 것이니, 무릇 의지는 지극한 것이고 기는 그 다음이다. 그러므로 '그 의지를 꽉 잡아서 그 기를 포악하게 하지 말라'고 했던 것이다." 공손추가 다시 "의지는 지극한 것이고 기는 그 다음이라고 하시고, 또 그 의지를 꽉 잡아서 기를 포악하게 하지 말라고 하신 것은 무슨 말씀입니까?"라고 묻자, 맹자는 "의지가 한결 같으면 기를 움직이게 하고, 기가 한결같으면 의지를 움직이게 한다. 지금 넘어지는 것이나 달리는 것은 기이지만[97], 이것이 도리어 그 마음을 움직이게 한다"라고 대답했다.

"그렇다면 감히 묻겠습니다. 선생님의 장점은 무엇입니까?"라고 묻자, 맹자는 "나는 내가 말하는 의미를 분명히 알며, 나의 호연지기(浩然之氣)[98]를 잘 기른다"라고 대답하였다. 그러자 공손추는 다시 "감히 다시 한 번 묻겠습니다. 무엇을 호연지기라고 합니까?"라고 묻자, 맹자는 다음과 같이 대답하였다. "말하기 어렵다. 호연지기는 지극히 크고 강하니, 정직함으로써 그 기를 잘 기르면서 해치지 않으면 천지 사이게 꽉 차게 된다. 호연지기는 의와 도가 배합되어 있는 것이니, 이것이 없으면 굶주리게 된다. 이 호연지기는 의로움을 모아서 생겨나는 것이니, 의로움이 (갑자기)엄습해서 그것을 취하는 것이 아니다. 그러므로 행하고 나서도 마음에 부족하다고 생각되는 점이 있으면, (호연지기는)굶주리게 된다. 그래서 나는 '고자는 의로움에 대해 알았던 적이 없다'고 했던 것이니, 이는 의로움을 마음 밖에 있는 것[99]으로 여기기 때문이다. 반드시 호연지기를 기르는 일에 종사하면서 미리 어떤 결과를 정해두지 말라. 마음에 잊지도 말고 그것을 억지로 조장하지도 말아서 송나라 사람이 그랬던 것처럼 하지 말라. 송나라 사람 중에 새싹이 자라지 못하는 것을 안타깝게 여겨 그것을 (조금씩)뽑아놓은 사람이 있었다. 그리고 그는 아무 것도 모른 채 집으로 돌아와서 주위 사람들에게 '오늘은 참으로 피곤하도다. 내가 새싹이 자라도록 도왔다'라고 말했다. (그 말을 들은)아들이 달려가 그것을 보았더니, 새싹이 말라 있었다. 세상 사람들 중에도 싹이 자라도록 억지로 조장하는 사람이 적지 않으니, 유익함이 없다고 해서 버려두는 사람은 새싹에 김을 매지 않는 사람이요, 억지로 도와서 자라도록 하는 사람은 새싹을 뽑아놓는 사람이니, 이는 유익함이 없을 뿐만 아니라 도리어 해를 끼친다."

공손추가 다시 "무엇을 가지고 지언(知言)[100]이라고 합니까?"라고 묻자, 맹자는 "치우친 말은 그것이 가려진 것을 알고, 음란한 말은 그것이 음란함에 빠져있는 것을 알며, 사특한 말은 그것이 괴리되었다는 것을 알며, 피해버리는 말은 그것이 궁함을 아니, 그것은 마음에서 생겨나 올바른 정치를 해치며, 정치에서 드러나 수 많은 일들을 해치게 되니, 성인께서 다시 살아오셔도 반드시 내 말을 따를 것이다"라고 대답하였다.〈공손추상-2〉

88 패자는 말 그대로 제패한 사람을 의미한다. 여기에서는 왕도정치를 행하여 제패한 사람을 의미하는 것이 아니라, 힘을 가지고 제패한 사람을 패자라고 한다. 왕도정치와 대비되는 개념으로 이해할 수 있다. 다만 여기에서 패자는 부정적 의미로 사용된 것은 아니다. 비록 왕도는 아니라고 해도, 그것이 여의치 못할 경우 이루어지는 통치인 것이다.

89 왕자는 왕도 정치를 행하는 사람을 의미한다. 이것은 도덕에 바탕한 정치행위를 의미하는 것으로, 힘과 권력을 패권을 차지한 패자와는 다른 것이다. 이후 유학에서는 이것을 최고의 이상적 정치형태로 규정하면서, 패도와는 분명한 차이를 두고 있다. 여기에 대해서는 2부의 왕자와 패자에 대한 내용을 참고하면 된다.

90 부동심은 '마음이 동요하지 않음' 정도로 번역할 수 있겠다. 그러나 이 말 역시 맹자 철학에서 도덕적인 자신감으로 인해 다른 작은 유혹에도 마음이 흔들리지 않는 것을 의미하는 개념으로 사용되었다. 이 때문에 번역하지 않고 명사화 시켜서 사용하였다.

91 맹분은 당시 용감한 사람의 대명사이다. 위(衛)나라 사람으로, 살아 있는 소의 뿔을 뽑을 정도로 용맹했다고 전해진다.

92 앞에서 맹자와 더불어 사람의 본성에 대한 논쟁을 많이 했던 인물이다. '생(生)을 일컬어 성(性)이라고 한다'는 말을 통해, 일상적 생의 본성과 삶의 양식을 본성으로 보았다.

93 사람 이름이다. 제(齊)나라 사람으로, 주희의 주에 따르면 유명한 자객이었다.

94 갈옷은 거친 옷을 의미하고, 관박은 헐렁한 옷을 의미한다. 갈옷과 관박을 입은 사람이란 천한 사람을 의미한다.

95 사람 이름이다. 제(齊)나라 사람으로, 주희의 주에 따르면 역전의 용사였던 사람으로 알려져 있다.

96 삼군(三軍)은 당시 군 편제에서 제후국이 가질 수 있는 군사를 의미한다. 일군(一軍)이 12,500명에 해당하는데, 육군(六軍)은 천자국이, 그리고 삼군(三軍)은 제후국이 가질 수 있는 군사 수이다. 여기에서 삼군은 군대의 수보다, 대군을 의미하는 말로 사용되었다.

97 일반적으로 마음의 의지에 따라 특정 행동이 나오지만, 사람이 넘어지거나 달려가는 행동은 기(氣)가 오로지 그것에 집중되어 있기 때문에 의지와 마음이 거기에 따라서 움직일 수 있다는 말이다. 기에 의해서 나오는 행동이 마음에까지 영향을 미칠 수 있음을 보여주는 것으로, 이 때문에 행동도 포악

하게 가져가지 않아야 한다는 말이 나오게 된다.

98 호연지기는 일반적으로 산과 들판에서 심신을 닦으면서 쌓게 되는 기로 알려져 있다. 하지만 맹자에게 있어서 호연지기는 산과 들판에 관련된 것이 아니라, 자신이 받은 도덕본성을 확대하여 천지에 꽉 차게 된 기운을 의미한다. 이 때문에 호연지기는 자신의 정직함을 길러가는 수양을 통해 이루어진다.

99 '의로움이 마음 밖에 있다'라는 비판은 맹자 스스로 '의로움이란 마음 속에 있는 것'이라고 생각하기 때문에 나온 것이다. '마음 밖'에 있다거나 혹은 '마음 속'에 있다는 의미는 의로움이란 '외부적 조건'에 의해서 생겨나고 결정되는 것인지 그렇지 않은지를 두고 벌어진 논쟁에서 나온 말이다. 맹자가 보기에 의로움이라는 도덕덕목은 사람이 가지고 있는 본성으로, 외부적 조건에 의해 결정되는 것이 아닌데 반해, 고자는 의로움이라는 도덕덕목이 외부의 환경과 조건에 의해서 만들어지고 결정된다는 입장에 서 있다.

100 지언(知言)은 흔히 '말을 안다'로 번역할 수 있다. 그러나 여기에서 맹자는 옳고 그른 말을 구분할 수 있는 능력이라는 의미로 사용한다.

해설

여기에는 맹자 철학의 몇 가지 중요 개념이 동시에 등장한다. 가장 대표적인 것이 '부동심(不動心)'이며, '호연지기(浩然之氣)'와 '지언(知言)'까지 제시되었다. 공손추는 맹자에게 제나라의 재상에 오르게 된다면 혹시 '마음이 움직이지 않겠는가(動心)'라고 묻는다. 그러나 맹자는 이와 같은 물음에 대해 자기 나이 사십에 이미 부동심을 이루었으므로, 이와 같은 유혹에도 마음이 움직이지 않을 것이라고 말한다. 여기에서 말하는 부동심은 특정한 유혹에도 흔들리지 않는 도덕적인 마음을 의미한다. 군자가 도달해야 할 가장 이상적인 경지를 '부동심'으로 설정함으로써, 수양을 통해 이루어야 하는 도덕적인 마음이 어떠한 것인지를 잘 보여주고 있다. 동시에 맹자는 스스로 이미 이러한 단계에 이르렀음을 드러내고 있다. 즉 내적인 도덕 수양을 통해 일상적인 유혹에는 흔들리지 않는 마음이 되었다는 말이나.

이러한 이유에서 맹자는 자신이 말하는 부동심이 단순하게 겁이 없는 용기나 혹은 특정 대상을 상대로 한 두려움 없는 상태가 아님을 분명히 한다. 맹자가 자신의 부동심이 북궁유나 맹시사와 다르다고 말하는 것은 이 때문이다. 공손추는 부동심을 '용기'와 같은 내용으로 이해했으며, 이로 인해 맹분이나 북궁유가 가지고 있는 용기와 부동심은 유사한 것이 아닌가라고 물었던 것이다. 그러나 맹자가 말하는 부동심은 도덕심에 근거해서 흔들리지 않는 마음으로, 이것 역시 용기의 일종이라고 말할 수는 있다. 그러나 이러한 용기는 몸과 신체를 통해서 익히는 것이 아니라, 마음의 도덕본성을 회복함으로써 가능한 것이다. 이와 같은 점 때문에 맹자는 부동심이 '기(氣)'를 지키는 절제와는 다르다고 말했다. 맹자는 이러한 부동심을 기르는 구체적 방법으로 '호연지기'와 '지언'을 제시하고 있다.

맹자는 자신의 논적인 고자가 말한 부동심과 자신이 말한 부동심의 차이를 설명하면서 이 점을 분명히 한다. 그는 고자가 '말을 이해하지 못하겠거든 그것을 마음에서 알려고 하지 말라'라고 한 것에 대해 잘못되었다고 말한다. 모든 것은 마음으로 귀결되며, 의지나 기는 마음의 통수 아래 있다고 생각했기 때문이다. 말은 곧 마음의 발현이므로, 말을 가능케 하는 것은 마음이다. 그런데 마음에서 알려고 하지 말라는 것은 결국 마음을 부정하는 것 밖에 되지 않는다.

이러한 입장에서 맹자는 자신의 장점(長點)에 대해 '호연지기를 잘 기른다'고 답한다. 맹자는 호연지기를 '의와 도'라는 개념과 동치시키면서, 정직함으로 호연지기를 기르게 되면 우주에까지 이러한 도덕본성이 가득 차게 된다고 말했던 이유는 여기에 있다. 사람이 가진 선한 본성을 기름으로써 우주의 마음에 이를 수 있다는 의미이다. 수양을 통한 선한 본성의 확장 필요성과 이를 통해 이룰 수 있는 궁극점이 어디인지를 잘 보여주고 있다.

다만 맹자는 이러한 본성이 '선천적'이기 때문에 그것을 인위적으로 기를 수 있는 것이 아니라는 사실을 분명히 한다. '조장(助長)'에 대해서 부정적 입장을 제기하는 것은 바로 이러한 이유에서이다. 억지로 마음을 일으키려 하는 것은 마치 싹을 빨리 키우고 싶어서 싹을 뽑아 올리는 것과 다르지 않다는 비유는 바로 여기에서 나온다. 이러한 입장에서 보면 호연지기란 인간이 선천적으로 가지고 있는 도덕본성에 따라 하루하루 자신의 도덕적인 기를 길러가는 것으로, 내면적인 도덕본성의 회복이자 확충이라고 말할 수 있다.

이와 더불어 맹자는 지언(知言) 역시 중요한 수양방법으로 제시한다. 이것은 남의 말을 분명하게 이해하고 그 속에서 도덕적인 시비를 분명하게 알 수 있는 능력을 말한다. 기본적으로 사람이 태어나면서부터 가지고 있는 양지, 즉 옳고 그름을 구분할 수 있는 선천적 도덕인식 능력에 의지하는 행위를 말하고 있는 것이다.

이와 같은 입장에 따르면 맹자의 수양은 사람이 가지고 있는 선천적인 도덕본성을 잘 붙잡고 그것을 발현시킬 수 있도록 하는 것이다. 호연지기를 기르는 것은 산과 들을 뛰어다니면서 이루는 것이 아니라, 사람이 가지고 있는 선한 본성을 우주에까지 키워가는 것이다. 그렇지만 이것은 인위적인 노력이나 행위에 따른 것이 아니라, 사람이 가지고 있는 본성이 그대로 발양될 수 있도록 보호하는 것이어야 한다. 이 때문에 맹자는 김을 매는 작업의 필요성은 인정하지만, 그렇다고 선천적인 본성을 키우기 위해 인위적으로 조장하는 것은 옳지 않다고 말했던 것이다. 수양이란 선천적인 선한 본성이 잘 자라도록 주위에 있는 김을 매는 작업이지, 인위적으로 선한 본성을 마음 밖으로 끌어내려는 작업은 아니라는 말이다.

어떤 행동과 생각이 선한지 악한지는 양지가 알고 있으며 그것에 따른 행동은 양능으로 인해 가능하다. 호연지기를 기르는 것은 바로 이러한 양지와 양능에 따르는 것이며, 이것을 자신 속에 충분하게 발양시켜 그것을 중심으로 자신의 삶을 영위할 수 있도록 만들어가는 것이다. 따라서 맹자의 수양론은 결국 사람이 가지고 있는 선한 본성이 잘 드러날 수 있도록 하는 것에 초점이 맞추어 져 있는 것이라고 말할 수 있다.

● 대장부(大丈夫)의 길

경춘(景春)[101]이 "공손연(公孫衍)[102]과 장의(張儀)[103]는 어찌 진실한 대장부(大丈夫)가 아니겠습니까? 한 번 노하면 제후들이 두려워하고, 가만히 있게 되면 천하가 조용해집니다"라고 말하자, 맹자는 다음과 같이 대답하였다. "그게 어떻게 대장부라 할 수 있겠습니까? 당신은 예를 배우지 않았습니까? 장부(丈夫)[104]가 관례(冠禮)[105]를 행하면 아버지가 훈계를 하게 됩니다. 또 여자가 출가를 할 때에는 어머니가 훈계를 하고, 시집에 갈 때에는 문까지 따라 나가 배웅 하면서 '너의 시집에 가서는 반드시 경계하고 조심하여 남편의 뜻을 어기지 말라'고 합니다. 이렇게 순종을 올바름으로 여기는 것이 부녀자의 도리이지요. (사람이)천하의 넓은 곳에서 거하며, 천하의 올바른 자리에 서 있고, 천하의 큰 도를 행하되, 뜻을 이루면 백성들과 더불어서 그 도를 실천하고, 뜻을 이루지 못했으면 홀로 그

도를 실천합니다. 부귀가 그 사람의 마음을 음란하게 하지 못하고, 빈천(貧賤)함이 그 사람의 마음을 변하게 하지 못하며, 협박과 무력이 그 사람의 마음을 굴복시키지 못하게 되면, 이러한 사람을 대장부라고 말합니다."〈등문공하-2〉

101 맹자와 동시대 인물로 종횡가(縱橫家) 사람이었던 것으로 알려져 있다. 종횡가란 외교술을 전문적으로 연구했던 사람들로, 합종 연횡을 맺게 하는 맹약(盟約)의 전문가들이었다.

102 위(魏)나라 사람으로, 장의(張儀)가 죽은 뒤 진(秦)나라의 재상이 된 사람이다. 이 역시 종횡가의 인물로, 전국시대 말기 합종연행을 이끌어 내는 데 대단히 능했다고 한다.

103 위나라 태생으로 소진(蘇秦)이라는 인물과 더불어 유명한 종횡가의 한 사람이다. 연횡책을 강구하여서 진나라의 혜왕을 도와 진을 대항하는 여러 나라들이 맹약을 파괴하고 진나라를 섬기게 했던 사람으로 유명하다. 변술과 책모에 능숙했다고 한다.

104 여기에서 장부는 일반적인 남성을 의미한다.

105 관례는 사내아이가 어른이 되었음을 알리는 예식이다. 관(冠)을 쓰는 행위는 더 이상 어린아이가 아님을 의미한다. 지금의 성인식과 유사한 의미를 가진다.

해설

현대사회에서 대장부라고 하면 씩씩하고 남자다운 사람을 의미한다. 이와 같은 입장은 2000년도 훨씬 더 이전 시대를 살았던 경춘 역시 마찬가지이다. 공손연과 장의를 대장부의 상징으로 생각하는 것은 지금 우리가 대장부라고 생각하는 개념과 크게 다르지 않은 듯 하다. 한 번 노하면 제후들이 두려워하고 가만히 있으면 천하가 조용할 정도로 영향력을 미치는 사람들이야말로 진정한 대장부라는 말이다. 그러나 맹자는 이와 같은 개념으로 대장부를 이해하는 것에 대해 비판적이다. 대장부는 관례를 행하고 난 이후의 남자들을 의미하지만, 맹자는 그것을 좀 더 적극적으로 해석하여서 '관례 때 부모가 가르치는 가르침에 따라 살아가는 사람'으로 이해한다. 여자에게 여자의 도리가 있는 것처럼 남자는 남자로서의 도리가 있고, 그러한 남자로서의 도리가 구비되어 있는 사람이 바로 '대장부'라고 말할 수 있다는 의미이다.

그렇다면 맹자가 바라보는 '남자의 도리'란 무엇일까? 맹자는 이에 대해 '천하의 넓은 자리에 거하면서 천하의 올바른 자리에 서고, 천하의 큰 도를 행하는 사람'이라고 말한다. 천하의 올바른 도리를 알고 그것을 실천하면서 살아가는 사람이라는 의미이다. 이렇게 보면 대장부란 '도덕적인 떳떳함'으로 무장되어 있는 사람으로, 사사로운 것에 의해 마음이 흔들리거나 사적인 욕망으로 인해 도를 행하지 못하는 사람과는 반대된다. 이러한 사람이 자신의 뜻을 이루게 되면 백성들과 더불어 그 도를 실천하고, 뜻을 이루지 못하더라도 홀로 그 도를 실천하는 것이다.

이렇게 되면 부귀가 그 사람의 마음을 음란하지 못하게 하고 가난하고 천한 것이 스스로를 비굴하게 하지 않으며, 협박과 무력으로도 그 사람을 굴복시킬 수 없게 된다. 대장부란 바로 이와 같은 사람이다. 도덕적으로 완성된 경지에 들어감으로써, 마음이 음란하거나 사사로운 욕망에 기울지 않는 경지에 도달한 사람인 것이다. 이러한 측면에서 보면 대장부의 용기는 그 사람이 가지고 있는 기질적 속성이 아니라, 도덕적 수양을 통해 완성되는 도덕적 용기라고 말할 수 있다.

● 자신의 마음을 보존하고 본성을 기름

맹자는 "자신의 (도덕)심(心)을 속이지 않고 따르는 사람[106]은 자신의 (선한)본성을 아는 사람이니, 자신의 본성을 알면 하늘의 이치를 안다. 자신의 (도덕)심을 보존하고 자신의 (선한)본성을 기르는 것은 하늘의 법칙을 지키는 방법이다. 요절(夭折)하는 것과 장수(長壽)하는 것을 다르게 여기지 않고 오직 자신을 닦으면서 천명을 기다리는 것이 곧 천명을 바로 세우는 것이다"라고 말하였다.〈진심상-1〉

106 원래는 '그 마음을 다하는 사람'이라고 번역되어야 하는데, 마음을 다한다는 것은 '자신의 선한 마음이 이끄는 그대로 따르는 것'을 의미한다. 이러한 맹자의 언명에는 '마음의 활동과 판단이 도덕본성에 따른 것'이라는 의미가 들어 있다. 이 때문에 그 다음 구절에서 '하늘이 준 본성을 안다'라고 했던 것이다.

해설

이 구절은 유학에서 말하는 도덕수양의 가능성과 당위를 동시에 설명한다. 사람은 선한 본성을 가지고 태어났으며, 마음은 바로 그러한 본성을 담고 있는 주체이다. 따라서 자신의 선한 마음을 따르는 사람은 그 속에 있는 인간의 선한 본성을 아는 사람이다. 이와 같은 맹자의 입장에서 보면 사람의 도덕 수양은 그렇게 어려운 것이 아니다. 사람의 마음 속에는 이미 선한 본성이 내재되어 있으므로, 자신의 도덕적 마음이 지시하는 대로 따라 행동하면 된다. 이 때문에 마음이 이끄는 대로 따라 가는 사람은 그 선한 본성을 아는 사람이라고 말했던 것이다.

그러나 쉽다고 해서 이러한 수양을 소홀히 해서는 결코 안 된다. 사람의 본성은 곧 하늘의 이치와 맞닿아 있으므로, 그 본성을 기르는 것은 곧 하늘의 법칙을 지켜가는 방법이 되기 때문이다. 이 때문에 맹자는 왜 인간이 도덕적으로 행위해야 하는가라는 물음에 대해 "그것은 하늘의 법칙이기 때문"이라고 대답한다. 명命은 바로 이러한 의미에서 제기된 개념이다. 요절하거나 장수하는 것은 하늘의 명이기 때문에 사람의 의지와 노력에 의해서 바뀌거나 달라질 수 있는 것이 아니다. 요절하는 것을 싫어하고 오래사는 것은 좋아하는 사람들을 향해, 맹자는 이 둘을 '다르게 여기지 말라'고 말하는 것은 이 때문이다. 이 모든 것은 명(命)이라는 관점에서 다를 것이 없다는 사실을 분명히 하고 있는 것이다.

따라서 이제 중요한 것은 하늘이 사람에게 준 '사람의 본성'을 닦으면서 천명을 기다리는 사람의 자세이다. 더구나 이러한 자세는 단순히 사람이 자신의 자세에 충실한 것에서 그치는 것이 아니라, 그것이 바로 사람으로서 '하늘의 법칙'을 지키는 방법이기도 하다. 하늘로부터 부여받은 본성을 닦아서 마음에 가득할 수 있도록 하고, 그것을 지켜가기 위한 '사람의 노력'이 중요함을 말하고 있는 대목이다. 이후 유학에서 '수양'이 강조되었던 것은 바로 이와 같은 입장에 근거한다.

● 공부의 본질 - 구방심(求放心)

맹자는 다음과 같이 말했다. "인함은 사람의 마음[107]이요, 의로움은 사람이 걸어야 할 길이다. 그 길을 버리고 따르지 않으며, 그 마음을 잃어버리고[108] 찾을 줄 모르니, 참으로 안타까운 일이다. 사람은 닭과 개가 도망가면 찾을 줄 알지만, 마음을 잃고서는 찾을 줄 모른다. 배움의 도는 다른 것이 없으니, 다만 잃어버린 마음을 찾는 것이다."〈고자상-11〉

107 이 말도 사람의 마음이 선한 본성에 근거해 있다는 입장에서 나온 것이다. '사람의 마음' 그 자체가 곧 인함이라는 맹자의 말은 사람의 본심(本心)에 대한 믿음이 내재해 있는 것으로, 이후 양명학에서는 중요하게 평가되는 말이다. 특히 맹자는 활동하는 사람의 선한 정감을 중요하게 생각함으로써, 선한 정감을 중심으로 한 도덕철학 형성에 중요한 영향을 끼치고 있다.

108 이것은 원래 방기심(放其心)을 번역한 것으로, 직역하면 '그 마음을 놓다'가 된다. 그런데 이 의미는 자신의 도덕본성에 바탕한 마음을 놓아 버리는 것이므로, '도덕적인 마음을 잃어 버리다'라는 의미로 번역했다.

해설

사람이 하늘로부터 부여받은 도덕 본성을 닦고 기르는 것은 하늘의 법칙을 지키는 길이자, 사람으로서 당연히 해야 할 일이다. 그렇다면 구체적으로 어떻게 해야 할까? 맹자는 여기에서 그 방법으로 '구방심(求放心)'을 제시한다. 그러면서 동시에 사람이 선한 본성을 가졌음에도 불구하고 현실적으로 악함이 발생할 수 있는 이유에 대해서도 설명한다.

사람은 태어나면서 누구나 선한 본성을 가지고 있지만, 현실에는 악이 존재하는 것도 사실이다. 맹자는 이렇게 된 이유에 대해 '선한 본성을 가진 마음을 잃어 버렸기 때문'이라고 말한다. 사람의 본래 마음인 인함이나 사람이 걸어야 할 본래 길인 의로움을 잃어 버리게 되면서 현실에서 악함이 발생하게 된 것이다. 맹자는 이것을 '방심(放心)'이라고 하여 '마음을 놓아 버린 상태', 즉 '마음을 잃어 버린 상태'로 규정한다. 악함의 원인이 '방심'에 있다는 의미이다.

이러한 이유에서 맹자는 다시 그러한 마음을 회복하는 방법으로 '놓은 마음을 다잡는 것', 즉 '구방심'을 강조한다. 선함을 회복하는 것이 대단히 거창하고 어려운 것이 아니라, 본래 가지고 있던 마음을 다시 찾아서 되돌려 놓는 것임을 분명히 한 것이다. '수양공부'라는 것이 복잡하고 어려운 것이 아니라, 원래부터 가지고 있는 자기 본성을 부여잡거나 혹은 회복시키는 것에 불과하다는 의미이다.

● 오륜(五倫)

후직(后稷)[109]이 백성들에게 경작하는 것을 가르쳐서 오곡을 심고 가꾸게 하시니, 오곡이 익어가면서 백성들이 잘 길러졌다. 사람에게는 (사람의)도리가 있으니, 배불리 먹고 따뜻한 옷을 입으며 편안하게 거처하기만 하고, 교육을 시키지 않으면 짐승에 가까워진다. 이 때문에 성인께서는 그것을 걱정하여 계(契)[110]에게 사도(司徒)라는 관직을 주어 인륜을 가르치게 했던 것이다. 그것은 곧 아버지와 자식 간에는 친애함이 있고(父子有親), 임금과 신하 간에는 의로움이 있으며(君臣有義), 부부간에는 서로 분별됨이 있고(夫婦有別), 나이 많은 사람과 나이 어린 사람 사이에는 순서가 있으며(長幼有序), 벗들 사이에는 신뢰가 있어야 한다(朋友有信)는 것이다. 〈등문공상-4〉

109 후직은 농사에 관한 일을 맡고 있는 관직명이면서, 동시에 주(周)나라의 선조인 기(棄)라는 인물을 지칭하는 말이기도 하다. 이렇게 기와 후직이라는 이름이 동일의미로 사용된 것은 기가 당시 농관을 맡았기 때문으로 전해진다.

110 계(契)는 순임금의 신하로 사도라는 관직을 맡아, 백성을 가르치는 일을 했다.

해설

이 내용은 우리가 잘 알고 있는 오륜(五倫)에 대한 것이다. 유교의 기본 이념은 개인의 도덕적 완성을 바탕으로, 사람과 사람 사이의 올바른 관계를 이루는 것이다. 도덕본성에 근거한 도덕적 관계를 통해 이상적 사회를 만들려고 했다는 말이다. 지금까지 주로 개인의 도덕본성과 그것을 바탕으로 한 수양에 초점을 맞추어 왔다면, 이 내용은 이를 바탕으로 사람과 사람 사이의 관계 방식을 규정하고 있다. 유학의 교육 내용은 바로 이러한 관계 방식에 대한 것이며, 여기에 따라 사람들이 행동할 수 있도록 하려는 것이다. '교육'의 궁극적 목적이 '사람다운 사람'을 만들려는 것이며, 그 구체적인 내용이 사람과의 관계 방식 속에서 드러날 때 지금처럼 '오륜'을 통해 드러나야 한다는 의미이다.

이러한 이유에서 맹자는 지금까지 사람다운 사람을 위한 전제조건인 '사람의 선한 본성'을 강조해왔다면, 여기에서는 그것이 전수될 수 있는 '교육'을 강조한다. 맹자는 우선 교육을 받지 않은 사람에 대해 '짐승에 가까운 사람'으로 규정함으로써, '사람이 사람다움을 성취해 가는 조건'을 '교육'에서 찾는다. 맹자는 교육을 통해 사람 사이의 다양한 관계 양상에 따른 도덕적 항목을 기르고, 이를 통해 사람다움에 이를 수 있다고 생각했던 것이다. 유학에서 교육을 강조하고, 교육을 통해 '사람됨'을 강조하는 것은 바로 이와 같은 이유에서이다.

이를 바탕으로 맹자는 교육시켜야 구체적인 내용으로 다섯 가지 기본 윤리를 제시한다. 그것은 부자간의 친애함과 군신간의 의로움, 부부간의 분별됨, 장유(長幼)간의 순서, 그리고 붕우(朋友)간의 신뢰이다. 사람의 도리는 이와 같은 덕목들을 지킬 줄 아는 것이며, 이러한 도덕덕목을 현실적 생활규범으로 만들어 놓은 것이 바로 예이다. 이와 같은 도리들은 사람과 사람 간의 관계 양상에 대한 고민의 산물인 것이다. 이것은 유학의 궁극적 덕목인 인함이나 의로움과 같은 것들이 사람들과의 관계 방식 속에서 오륜으로 발현된 것임을 알 수 있게 한다.

특히 여기에서 우리가 눈여겨 볼 대목은 관계의 첫 출발점을 '부자간'에서 찾고 있다는 점이다. 흔히 오륜과 함께 사람과의 관계를 규정하는 말로 많이 사용되는 삼강(三綱)에서는 군위신강(君爲臣綱)을 가장 먼저 설정함으로써, 유학에서 가장 중요한 관계양상을 군신간의 관계에서 찾고 있다. 이것은 한(漢)나라 이후 유학이 국교화 되면서 지배이데올로기로의 기능이 우선되었음을 보여주는 대목이다. 가족 관계를 규정하는 덕목인 효(孝)의 발현으로써 충(忠)이 강조되었던 공자·맹자의 입장과는 차이가 있는 것이다. 맹자는 부모와 자식 사이의 관계 방식을 확대해 가면 이웃 어른과 임금에까지 이를 수 있다고 생각하여서, 부모와 자식간의 관계를 가장 먼저 설정하고, 이것을 확대하여 군신간의 관계로 나아가고 있다. 오륜에서 부자유친이 가장 먼저 등장하는 이유이며, 그 뒤를 이어서 군신유의가 나오는 이유이다. 가(家)를 더 우선시 하고, 그것을 통해 국(國)의 통치이념을 만들어 내려 했던 맹자의 기획이 잘 드러나 있는 대목이다.

● 교육과 치국(治國)

맹자께서 "인(仁)한 말을 잘 하는 것보다는 그 사람의 인한 행동이 소문으로 들려서[111] 사람들에게 깊이 들어가는 것이 낫고, 정치를 잘 하는 것보다는 교육을 잘해서 백성들의 마음을 얻는 것이 낫다. 정치를 잘 하게 되면 백성들은 왕을 두려워하지만[112], 교육을 잘 하게 되면 백성들은 왕을 사랑한다. 또한 정치를 잘 하게 되면 백성들의 재물을 얻겠지만, 교육을 잘 하게 되면 백성들의 마음을 얻는다"라고 말씀하셨다.〈진심상-14〉

111 인언(仁言)과 인성(仁聲)에 대한 번역이다. 인성은 '인한 소리'라는 의미가 아니라, 그 사람의 인한 행동으로 인해 그것이 소문으로 들려오는 '소리'를 의미한다.

112 당시 정치를 잘 한다는 것은 법을 잘 운용하여, 잘 했을 때 상을 주고 못했을 때에는 벌을 내리는 방식이다. 이 경우 백성들은 왕을 두려운 존재로 볼 수밖에 없으며, 백성들의 행위는 마음에서 우러나는 것이 아니라 두려움을 피하기 위한 것일 수밖에 없다.

해설

인언(仁言)은 인에 대해서 말만 하는 것이라면, 인성(仁聲)은 그 사람의 인한 행동이 칭송을 받아 소문으로 들리는 것을 의미한다. 인언은 '말'이고, 인성은 '행동의 결과로 들려오는 소문'인 것이다. 맹자는 인함이 가지고 있는 특성상 그것에 대해 말을 많이 하는 것은 의미가 없다고 생각했다. 인함은 사람이 행동으로 옮김으로써, 그 사람의 행위에 대한 칭찬이 소문으로 들려올 정도가 되어야 비로소 인함이라는 도덕덕목이 실현된다는 의미이다. 인함의 실현을 실천의 영역에서 찾고 있는 말이다. 동시에 그것은 자신이 내적으로만 그렇게 하는 것이 아니라, 다른 사람들에게 감동을 줌으로써 그것이 저절로 소문이 날 수 있도록 영향을 줄 수 있어야 한다는 의미까지 포함하고 있다.

이처럼 맹자는 백성을 다스릴 때 법과 원칙에 따라 이루어지는 '정치적 방법'보다 '교육을 통해 백성들의 감화를 이끌어 냄으로써 스스로 행동하게 하는 방법'이 훨씬 더 좋다는 사실을 강조한다. 정치적인 방법을 통해서 하는 행동은 상을 바라거나 혹은 '형벌을 두려워 해서 나오는 것'이기 때문에 '순수한 도덕적 덕목에 따른 행동'이라고 볼 수 없다. 그러나 교육을 통해 스스로 자신이 가지고 있는 도덕본성에 대해서 인정하고 그것에 따르는 행동의 중요성을 강조하게 되면, 백성들은 오로지 올바른 인간됨을 향해 스스로 행동할 수 있게 된다. 백성들을 잘 가르쳐서 강상의 윤리를 알게 되면 임금을 사랑하고 존경하게 되며, 이것이 바로 임금이 백성들의 마음을 얻는 것이라고 말할 수 있다. 마음에서부터 우러난 행동을 하는 것과 형식적으로 그렇게 행위할 수밖에 없어서 따르는 것을 구분하고, 마음에서 우러난 행동을 할 수 있게 하는 구체적인 방법을 말하고 있는 것이다. 이와 같은 측면에서 보면 맹자가 말하는 왕도정치의 시작은 백성들을 잘 교육시켜서 그들 스스로 도덕적으로 행동하게 하는 데 있다고 말할 수 있다.

5. 군자(君子)의 길

● 대인과 소인

공도자(公都子)[113]가 "모두가 (동일한 본성을 가진)사람인데 어떤 사람은 대인(大人)이 되고, 어떤 사람은 소인(小人)이 되니 왜 그렇습니까?"라고 묻자, 맹자는 "대체(大體)[114]를 따르면 대인이 되고, 소체(小體)[115]를 따르면 소인이 된다"라고 대답하였다. 그러자 공도자가 "모두가 사람인데 어떤 사람은 대체를 따르고 어떤 사람은 소체를 따르는 것은 왜 그렇습니까?"라고 물었다. 이에 맹자는 다음과 같이 대답하였다. "귀와 눈이라는 기관은 생각을 하지 않기 때문에 사물에 의해서 가려지니, 사물(외부의 사물)과 사물(귀와 눈과 같은 사물)이 만나게 되면 서로 끌려갈 뿐이다.[116] 마음이라는 기관은 사려(思慮)할 수 있으니,[117] 사려하면 그것을 얻고 사려하지 못하면 얻지 못한다. 이것은 하늘이 나(인간)에게 부여한 것이니, 먼저 그 대체를 세운다면 소체가 그것을 빼앗을 수 없다. 이것이 대인이 되는 이유이다."〈고자상-15〉

113 맹자의 제자 이름이다.

114 대체(大體)는 말 그대로 '큰 실체' 혹은 '큰 본체'로 번역되는데, 맹자는 이를 사람이 하늘로부터 부여받은 선한 본성이라는 개념으로 사용한다. 대체에 따른다는 것은 도덕본성에 의해 이루어지는 판단에 따른다는 의미로, 모든 행동이 도덕 본성의 판단에 따라 이루어져야 한다는 의미가 들어 있다.

115 소체(小體)는 대체와 댓구를 이루는 개념으로, '작은 본체'로 번역된다. 사람이 가지고 있는 일상적 감각기관과 그것을 통해서 얻어지는 인식들을 의미하며, 이것은 도덕적 판단에 따르는 대체와 반대된다. 눈에 보기 좋고 귀에 듣기 좋은 것에 따라 판단하고 행동하는 사람을 소체에 따르는 사람이라고 말할 수 있으며, 맹자는 여기에 따라 살아가는 사람을 소인이라고 생각했다.

116 '물교물즉인(物交物則引)'을 번역한 말로, 맹자는 생각의 기능이 없는 모든 것을 '사물(物)'로 보면서 이렇게 말했다. 즉 귀나 눈과 같은 기관은 생

각의 기능이 없기 때문에 이것 역시 물(物)이며, 좋은 소리나 색깔을 가진 다양한 사물들 역시 물(物)이다. 결국 소체인 귀나 눈과 같은 기관은 사려하지 못하므로, 좋은 소리를 내는 물이나 보기 좋은 물에 끌려갈 수 밖에 없다는 사실을 말한 것이다. '선한 본성을 가지고 그것을 판단할 수 있는 능력을 가진 마음'을 제외하고는 모두 이 범주에 들 수밖에 없다.

117 여기에서 '사려'는 '생각한다'는 의미로, 마음이라는 존재는 다른 기관에 비해 능동성을 가지고 있는 것으로, '선악을 판단할 수 있는 능력'을 가진 존재임을 말하려고 하는 대목이다. 따라서 여기에서는 사려는 단순하게 '생각한다'라는 의미보다 '선악을 판단한다'는 의미로 이해하는 것이 더 타당할 것이다.

해설

이 내용은 후대 성리학자들에게 중요하게 받아들여진다. 특히 마음이 가진 선악 판단 능력을 학문의 중심 이론으로 삼는 상산학과 양명학자들에게 있어서 이 말은 학문의 골격을 이루는 중요한 대목이 되었다. 맹자는 대체와 소체를 구분하고, 이 둘 중 무엇을 따르는가에 따라 사람을 대인과 소인으로 구분한다. 대체란 하늘이 사람에게 부여한 선한 본성을 의미하는 것으로, 마음이 가지고 있는 선악에 대한 판단 능력이다. 대인이란 바로 이와 같은 선한 본성에 근거한 마음을 따르는 사람으로, 도덕적인 판단에 따른 행동을 가장 우선시 하는 사람이다. 이른바 도덕적으로 완성된 경지에 이른 사람으로, 군자와 같은 개념으로 사용될 수 있다.

그런데 맹자가 보기에 일반 사람들은 도덕적인 판단을 우선시하는 것이 아니라, 일상적 감각기관에 의존해서 판단하는 경우가 많다. 그런데 문제는 이 같은 감각기관이 스스로 선과 악을 판단할 수 있는 '사려'의 기능을 갖고 있지 못하기 때문에 각각의 인식기관이 좋아하는 판단에 머물 수밖에 없다는 사실이다. 예컨대 눈은 보기 좋은 것을 좋아하고 귀는 듣기 좋은 소리를 좋아하며, 입은 맛있는 음식을 좋아할 수밖에 없다. 따라서 이와 같은 인식의 기능은 사람으로 하여금 도덕적 판단보다는 그 감각기관이 좋아하는 것을 따를 수밖에 없게 하며, 여기에서 만들어지는 것이 바로 물욕(物欲)이다. 맹자가 말하는 소체(小體)란 바로 이와 같은 것이다. 일반적으로 많은 사람들은 이와 같이 소체가 좋아하는 것을 따르게 되며, 이것은 마음이 가지고 있는 선한 본성을 가려 버리는 결과를 낳게 된다. 즉 소체가 대체를 가리는 것이다. 맹자는 이와 같은 사람을 일컬어서 소인이라고 했다.

따라서 대인과 소인을 나누는 기준은 사람의 마음이 본래부터 가지고 있는 선한 본성을 발현시키고 그것에 따라서 행동하는가, 그렇지 않으면 일상적 감각기관에서 얻어지는 정감에 따라 행동하는가에 달려 있다. 이 같은 기준은 신분이나 부에 따라 대인과 소인을 나누는 일상적 입장과는 다른 것으로, 도덕적 본성에 따라 행위 하는지 여부를 가지고 대인과 소인을 나누는 것이다. 이것은 맹자가 사람을 평가하는 기준이 어디에 있는지를 명확하게 보여주는 것이며, 동시에 유학이 지향하는 근본적인 특징들을 확인할 수 있는 대목이다.

● 군자다움의 조건

맹자는 다음과 같이 말하였다. "군자가 일반 사람들과 다른 것은 (하늘로부터 부여받은 선한)마음을 보존[118]하기 때문이니, 군자는 인으로써 마음을 보존하고 예로써 마음을 보존한다. 인한 사람은 다른 사람을 사랑하고, 예가 있는 사람은 다른 사람을 공경한다. 다른 사람을 사랑하는 사람은 다른 사람으로부터 항상 사랑받고, 다른 사람을 공경하는 사람은 항상 다른 사람으로부터 공경을 받는다. 어떤 사람이 자신을 도리에 어긋나게 대할 때 군자는 반드시 먼저 스스로를 돌아보면서 '내가 인하지도 않고 예의도 없는 모양이다. 그렇지 않았다면 어떻게 이러한 일이 있을 수 있는가'라고 (반성)한다. 스스로 돌아보아 인하게 행동했고, 또 스스로를 돌아보아 예의를 갖추어 행동했음에도 불구하고 여전히 자신을 도리에 어긋나게 대한다면, 군자는 반드시 스스로를 돌아보면서 '내가 필시 마음에서 성실하지 못한 부분이 있다'라고 한다. 스스로를 돌아보아 성실하게 했음에도 불구하고 자신을 도리에 어긋나게 대하면 그제서야 군자는 '이 사람이 참으로 몹쓸 사람이니, 짐승과 무엇이 다른가? 짐승에게 무엇을 꾸짖겠는가?'라고 한다.

이 때문에 군자는 죽을 때까지 하는 걱정은 있어도 일시적인 걱정은 없다. 내가 걱정하는 바가 있으니, 그것은 다음과 같다. '순임금도 사람이고 나 역시 사람인데, 순임금은 천하에 본받을만한 사람이 되어 후세에까지 전해지거늘 나는 아직도 향인(鄕人)[119]을 면치 못하고 있구나.' 이것은 참으로 걱정할만한 일이다. 이렇게 걱정하면 어떻게 해야 하는가? 순임금과 같이 행할 뿐이다. (이것말고)군자가 걱정하는 것은 없으니, 인함이 아니면 어떤 일이든 하지 않고 예가 아니면 어떠한 행동도 하지 않을 뿐이다. 일시적인 걱정이 있다고 해도 군자는 걱정하지 않는다."〈이루하-28〉

118 '존심(存心)'을 번역한 말로, 이후 성리학사에서 마음 공부를 상징하는 '존심(存心)·양성(養性)'공부라는 말은 여기에서 출발한다. '마음을 보존한다'라고 번역한 것은 '하늘이 사람에게 준 도덕 본심을 보존하는 것'이 '존심'이기 때문이다.

119 향인(鄕人)은 시골의 평범한 사람을 의미하는 것으로, 여기에서는 순 임금처럼 세상에 자기의 이름을 떨친 사람의 반대말로 쓰였다.

해설

이 구절은 바로 앞에서 말한 〈군자와 소인〉의 내용과 연관되어 있다. 여기에서 맹자는 군자의 조건을 '하늘이 부여한 선천적인 마음'을 보존하는 것에서 찾고 있다. 즉 대체(大體)의 보존을 군자가 되는 제1조건으로 삼고 있는 것이다. 나아가 여기에서 맹자는 앞 장에서 말한 대체가 무엇인지를 명확하게 밝히고 있다. 군자란 인이나 예와 같은 구체적인 도덕성을 자신의 마음 속에 그대로 보존하고 있는 사람이라는 말을 통해 대체의 구체적 의미가 인이나 예와 같은 도덕 덕목임을 알 수 있다. 특히 이러한 인과 예에 따른 행동은 다른 사람들로 하여금 자신을 인과 예로 대할 수 있게 하는 중요 조건으로, 자신의 선한 행동이 완성되는 지점은 타인이 자신을 선한 행동으로 대할 때라고 말할 수 있다.

이 때문에 맹자는 다른 사람이 자신을 대함에 있어서 도리에 어긋나면 그 사람을 질책하기 전에 먼저 자신이 스스로 다른 사람을 인과 예로 대했는지를 점검하라고 말한다. 그리고 인과 예로 대했음에도 불구하고 여전히 도리에 어긋난다면, 그러한 인과 예에 스스로 성실했는지를 다시 점검해 보라고 말한다. 타인으로부터 받는 대우가 자신으로부터 출발한 것은 아닌지 반드시 점검해 보아야 한다는 말이다. 그리고 이렇게 했음에도 불구하고 그 사람이 자신을 여전히 도리에 어긋나게 대한다면, 그 사람을 더 이상 '사람이 아닌 것으로 판단'해도 된다. 타인에 대한 판단의 신중함과 모든 결과를 자신의 도덕적 본성으로부터 찾아나가는 원칙에 대한 강조이다.

이러한 입장에서 맹자는 군자에 대해 평생토록 인과 예를 실행하지 못할까 걱정하는 사람이지, 일상적인 사람이 걱정하는 '일시적인 걱정거리'는 없는 사람이라고 말한다. 물론 사람이기 때문에 일시적인 걱정거리가 없을 수는 없겠지만, 그러나 그것은 군자가 걱정하는 걱정거리는 아니다. 군자는 자신 속에 있는 인함과 의로움을 한시라도 보존하지 못할까 걱정하며, 이것은 일시적인 걱정거리가 아니라 평생토록 지속되는 걱정거리인 것이다. 이러한 입장에서 맹자는 자신의 걱정거리에 대해 '순임금도 사람이고 나도 사람이다. 그런데 순임금은 천하에 본받을만한 사람이 되어 후세에 전해지는데, 자신은 그렇지 못하다'라고 말했던 것이다. 그리고 이러한 걱정거리를 해소하는 구체적인 방법으로 순임금처럼 행위하는 것을 든다. 군자의 걱정은 바로 이렇게 스스로 성인됨을 성취하지 못하는 것에 있으며, 그러한 걱정거리를 없애기 위해 평생 순임금처럼 행동해가는 방법을 제기하고 있는 것이다. 군자는 걱정이 없지 않지만, 그러한 걱정이 일반 사람들이 일시적으로 걱정하는 것과는 달라야 한다는 말이다.

● 성인됨의 가능성

조교(曹交)[120]가 "사람은 다 요임금이나 순임과 같은 성인이 될 수 있다고 했다는데, 그런 적이 있는가?"라고 묻자, 맹자는 "그렇습니다"라고 대답하였다. 이에 조교가 다시 "내가 들으니, 문왕은 키가 10척이요, 탕임금[121]은 9척이라고 하는데, 지금 나는 9척 4촌이나 되지만, 곡식만 축내고 있으니[122] 어찌 하며 좋겠는가"라고 물었다. 그러자 맹자는 다음과 같이 대답했다. "어찌 여기에 상관이 있겠습니까? 또한 (요임금이나 순임금께서 행한)그것을 실천하기만 하면 됩니다. 만일 어떤 사람의 힘이 오리 새끼 한 마리를 이길 수 없다면 힘이 없는 사람이고, 백균[123]을 든다고 한다면 힘이 있는 사람입니다. 오확(烏獲)[124]이 들었던 짐을 든다면 이 또한 오확과 같은 사람이 되니, 어찌 이기지 못함을 걱정하겠습니까? 자기가 하지 않을 뿐입니다. 천천히 걸어서 자기보다 나이 많은 사람 뒤에 가는 것을 '공경함'이라 하고, 빨리 걸어서 자기보다 나이 많은 사람을 앞질러 걷는 것을 '공경하지 않음'이라고 하니, 천천히 걷는 것이 어떻게 사람들이 할 수 없는 것이겠습니까? 자기가 하지 않는 것일 뿐입니다. 요순의 도는 부모에 대해 효도하고 나이 많은 사람들을 공경하는 것일 따름입니다. 당신께서 요임금이 입던 옷을 입고 요임금의 말을 외우며 요임금의 행동을 하신다면 요임금과 같은 사람이지만, 걸왕[125]이 입던 옷을 입고 걸왕의 말을 외우며 걸왕의 행동을 행한다면 걸왕과 같은 사람일 뿐입니다."〈고자하-2〉

120 사람이름으로, 당시 조(曹)나라 임금의 동생으로 알려져 있다. 그러나 맹자 때 이미 조나라가 없어졌기 때문에, 실제 조교는 누구를 지칭하는지 알 수 없다고 의문을 제기하는 학자들도 있다.

121 상(商)나라(고대 왕조인 은나라의 처음 이름)를 창건한 왕으로, 하나라의 마지막 임금이었던 걸(桀) 임금을 무너뜨렸다. 이 역시 문왕처럼 걸 임금에게서 떠난 백성들의 마음을 모은 임금으로 인식되어, 성인 가운데 한 명으로 추앙받았다.

122 키와 겉모습은 성인을 닮았지만, 자신은 성인이 되지 못하고 있음을 비유해서 한 말이다. 이 말은 모두가 성인이 될 수 있다는 맹자의 말에 대한 빈정거림으로 이해된다.

123 균(鈞)은 무게 단위이다. 1균이 대략 30근쯤 되므로, 1근을 600g으로 환산하면 18kg에 해당하는 무게이다. 100균이면 약 1800kg에 해당하는 무게이다.

124 사람 이름이다. 매우 힘 센 사람이었다고 한다.

125 중국의 고대 왕조인 하(夏)나라의 마지막 왕으로, 은나라의 마지막 왕인 주(紂)임금과 더불어 폭군의 대명사로 사용된다.

해설

이 구절은 모든 사람들이 요순과 같은 성인이 될 수 있다고 말한 것에 대한 부가설명이다. 조교는 맹자가 모든 사람이 성인이 될 수 있다고 한 것에 대해 반문하면서, 문왕이나 탕왕과 같이 자신도 유사한 외모를 가지고 있는 사람인데, 왜 곡식만 축낼 뿐 성인은 되지 못했는지를 묻는다. 이것은 모든 사람이 성인이 될 수 있다는 맹자의 말에 대한 빈정거림으로 보인다. 그러자 맹자는 조교의 이 같은 말에 대해 성인이란 '될 수 없는 것'이 아니라, 되려고 하지 않아서 그러한 것이라고 말한다.

성인이 되는 것은 '어려운 길'이 아니라, 사람이 가진 자연스러운 길이다. 그럼에도 불구하고 누군가 그것을 할 수 없다고 말하는 것은 마치 백균이나 되는 물건을 들 정도로 힘이 센 오확이라는 사람이 오리 한 마리 들 수 없다고 말하는 것과 같다. 사람이 육상 선수보다 빨리 뛰기는 힘들지만 나이 많은 노인보다 늦게 걷는 것은 힘들지 않다. 어른을 공경하는 마음만 있다면 누구나 노인보다 천천히 걸을 수 있는 것이다. 이처럼 사람이 성인이 되는 것은 백균을 들어야 하거나 육상선수보다 빨리 뛰어야 할 정도로 힘든 일이 아니라, 마치 백균을 들던 사람에게 오리 한 마리를 들라고 하는 것이나 노인보다 더 천천히 걷는 정도와 같은 쉬운 일이라는 말이다. 이 때문에 맹자는 스스로 요(堯)임금처럼 행동하면 요임금이 되고 걸임금처럼 행동하면 걸임금이 될 수밖에 없다는 사실을 강조한다. 조교가 요임금과 다른 것은 스스로 요임금처럼 행동하지 않기 때문이지, 그렇게 할 수 없기 때문은 아니라는 말이다.

● 군자의 본성

맹자께서 다음과 같이 말씀하셨다. "영토를 넓히고 백성이 많아지는 것은 군자도 바라는 일이기는 하지만, (군자가)즐거워하는 것은 이러한 것들이 아니다. 천하의 한 가운데 서서 온 천하 백성들이 편안할 수 있도록 하는 것은 군자가 즐겁게 여기는 것이기는 하지만, 그 본성이 원하는 것은 여기에 있지 않다. 군자가 본성으로 여기는 것은 (그의 이상이)천하에 크게 실행되더라도 더 늘어나지 않으며, 비록 곤궁하게 살아도 줄어들지 않으니, 그것은 타고난 분수가 정해져 있기 때문이다. 군자의 본성은 인의예지(仁義禮智)로, 마음에 뿌리를 두고 있으니, 그것으로 생겨난 기색은 얼굴에 맑디 맑게 드러나고 등에도 가득하여 온몸으로 뻗어 가니, 말하지 않아도 온 몸으로 깨달아지는 것이다."〈진심상-21〉

해설

원래 군자(君子)란 군(君)의 아들(子), 즉 임금의 아들로, 다음 세대에 임금이 될 사람을 의미하는 말이었다. 그런데 이 용어가 유학의 창시자인 공자(孔子)에게 오면 '군자가 될 자격이 있는 사람'이라는 의미로 바뀌었는데, 그 구체적인 자격은 바로 '백성을 다스릴 정도의 도덕적 수양을 한 사람'이다. 다스릴 수 있는 자격을 '혈연'에 두는 것이 아니라, 그 사람이 가지고 있는 '도덕성'에서 찾았던 것이다. 이렇게 되면서 군자는 도덕적으로 완성된 인격을 의미하는 말로 바뀌었고, 맹자에게 오면서 더욱 분명하게 그 의미의 치환이 이루어졌다. 맹자 역시 군자라는 용어를 '도덕적으로 남을 다스릴 수 있는 자격을 가진 사람'이라는 의미로 이해하고 있으며, 이것은 내성외왕(內聖外王), 즉 내적으로 완성된 인격인 성인에 이른 이후에 남을 다스릴 수 있다는 유학의 논의에 근거하고 있다. 이 때문에 맹자는 영토가 넓어지고 백성들이 늘어나는 것은 일반적으로 임금(君)들이 바라는 일이고 군자 역시 그것을 바라지 않는 것은 아니지만, 군자는 그것을 '즐거워하는 대상'으로 보지는 않는다고 말한다. 나아가 천하의 백성들이 안정될 수 있도록 나라를 다스리는 것 역시 모든 임금들이 즐거워하는 것이고, 군자 역시 이것을 즐거워하지 않는 것은 아니지만, 그 본성이 원하는 것은 거기에 있지 않다고 생각했다.

군자는 하늘로부터 부여받은 자신의 본성에 따라서 행동하는 사람으로, 그 본성에 따른다는 것은 곧 '인의예지'에 따라 행동하는 것임을 맹자는 분명히 한다. '그 분수가 정해져 있다'는 맹자의 말은 우리가 흔히 말하는 일상적 의미의 '분수'가 아니라, 하늘로부터 부여받은 본성을 의미한다. 군자는 일상적 즐거움에 따르는 사람이 아니라 '선한 본성'에 따르는 사람이라고 말할 수 있는 것은 이 때문이다. 맹자는 군자가 될 수 있는 본성을 모든 사람들이 가진 선한 도덕적 본성에서 찾고 있으며, 그것은 특정한 상황과 여건에 따라 바뀌는 것이 아니라고 말한다. 그리고 그 대상과 의미 역시 변하지 않기 때문에 군자는 단지 그것을 몸으로 실현해갈 따름이다. 결국 군자의 본성이란 영토가 늘어나거나 줄어들어도 그것에 구애받지 않고, 백성의 많고 적음에도 구애받지 않으며, 다만 도덕성에 따라 온 몸으로 그것을 실천하는 사람이라고 말할 수 있다.

● 군자의 즐거움 - 군자삼락

맹자께서 "군자에게는 세 가지 즐거움이 있지만 천하에서 왕노릇 하는 것은 여기에 들어 있지 않다. 부모가 모두 생존해 계시고 형제가 아무 일 없는 것이 첫 번째 즐거움이요, 위로는 하늘에 부끄럽지 않고 아래로는 사람들에게 부끄럽지 않는 것이 두 번째 즐거움이며, 천하에 뛰어는 인재를 얻어 그를 교육하는 것이 세 번째 즐거움이다. 군자에게는 세 가지 즐거움이 있지만, 천하에서 왕노릇 하는 것은 여기에 들어 있지 않다"라고 말씀하셨다.〈진심상-20〉

해설

이 구절은 이후 맹자의 풍모를 대표하는 구절로 인식되어, 사람들은 이 구절 자체를 '군자삼락(君子三樂)'이라는 말로 불렀다. 여기에서 맹자는 군자에 대해 '천하에서 왕노릇 하는 것에 대해 기뻐하지 않는 사람'으로 규정한다. 모든 사람들이 꿈꾸는 이상향의 마지막 단계인 '왕노릇 함'에 대해 맹자는 기뻐할 사안이 아니라고 말하고 있는 것이다. 타인을 다스리는 사람인 군자가 왕노릇 하는 것을 즐거워하지 않는 것은 자신의 본성에 따라 행동하는 것을 좋아하는 사람이기 때문이다. 그렇다면 군자는 구체적으로 무엇을 즐거워하고, 어떻게 행동하기를 바라는 것일까? 거기에 대한 답이 바로 이 구절에 나와 있다. 군자의 즐거움은 일상적인 사람들의 즐거움과는 다르다. 맹자는 첫 번째 즐거움을 '부모와 형제의 안녕'에서 찾고 있다. 이 말은 특히 사회 관계망의 기본을 가(家) 윤리에서 찾고 있는 맹자의 입장이 잘 반영되어 있는 것으로, 그들의 존재로 인해 자연스럽게 경험하고 체험

하는 도덕적 정감이 자신에게 깊이 뿌리 내리기를 바라는 것이다. 그리고 그들의 안녕을 통해서 얻는 그 즐거움을 가 이외의 사람들에게까지 확장해 갈 수 있다. 맹자가 보기에 이것이야말로 하늘이 사람에게 준 최고의 즐거움 가운데 하나인 것이다.

군자의 두 번째 즐거움은 자신의 삶이 하늘과 사람들에게 부끄럽지 않은 것으로, 이것은 도덕적 완성단계에 이른 삶에 대한 자부심을 의미한다. 군자의 기쁨은 자신의 삶이 도덕적으로 하늘과 사람들에게 부끄럽지 않은 것에 있으며, 이를 위해 평생을 수양하며 살아가는 것이다. 이렇게 됨으로써 '하늘과 사람에게 부끄럽지 않았을 때' 스스로 얻는 '도덕적 즐거움'이 바로 두 번째 즐거움인 것이다.

군자의 세 번째 즐거움은 바로 영재를 얻어서 자신이 누리고 있는 즐거움을 전수해 주는 것이다. 당시 교육이란 지금과 같은 지식이나 기술 교육이 아니라, 도덕적 교화를 목적으로 한다. 도덕적으로 완성된 삶은 군자 자신의 즐거움이자 수양이다. '교육'은 바로 이러한 즐거움과 수양의 방법을 전하는 것으로, 이를 통해 도덕적 즐거움의 '확대 재생산'이 이루어질 수 있다. 군자의 즐거움에 '교육'이 한 자리를 차지하게 된 이유이다.

이와 같은 입장에서 보면 군자의 즐거움은 도덕적 당위의 출발점이 되는 가의 안녕과 자신의 삶이 도덕적으로 떳떳한 것, 그리고 그러한 삶을 확대·재생산해 가는 것에 있다고 말할 수 있다. 특히 모든 사람의 목적인 '왕노릇 하는 것'은 이와 같은 도덕적 즐거움의 대상이 되지 않으며, 이러한 이유로 인해 맹자는 그것이 군자의 즐거움이 아니라고 말했다.

● 대인의 조건

왕자인 점(墊)[126]이 맹자에게 "선비는 무엇을 일로 삼습니까?"라고 물었다. 이에 맹자는 "뜻을 숭상합니다"라고 대답했다. 그러자 점이 "'뜻을 숭상 한다'는 것은 무엇을 말하는 것입니까?"라고 다시 물었다. 이에 맹자는 "오직 인함과 의로움을 추구하는 것뿐입니다. 한 사람이라도 죄없는 사람을 죽이는 것은 인함이 아니며, 자기의 소유가 아님에도 그것을 가지려고 하는 것은 의로움이 아닙니다. 선비는 어디에 거해야 할까요? 인함이 있는 바로 그곳입니다. 선비는 어떠한 길을 걸을까요? 바로 의로움을 행하는 것입니다. 인함이 있는 곳에 거하고 의로운 길을 따른다면, 대인(大人)으로서 할일이 갖추어진 것입니다"라고 대답했다.〈진심상-33〉

126 제나라 왕의 아들이다.

해설

맹자는 이 구절에서 어떤 사람이 '대인'인지에 대해 말하고 있다. 이미 앞에서 지속적으로 논의되었던 것처럼, 대인은 한 마디로 인함에 거하고 의로움을 따르는 사람이다. 대인이 평생에 걸쳐서 일삼는 일은 인함에 거하려 노력하고, 의로운 길을 따라 행하려는 것임을 분명히 하고 있는 대목이다. 선비가 숭상해야 하는 뜻은 바로 이와 같은 도덕적 뜻이다. 맹자는 왕자인 점에게 대인이 되어 이러한 뜻을 가지고 정치를 해야 한다는 사실을 권하고 있다.

이러한 이유에서 맹자는 당시 대인이라고 불리는 사람들이 쉽게 타인의 목숨을 빼앗고 그 소유를 갈취하는 행동에 대해 강한 비판적 입장을 취한다. 인한 사람은 단 한 사람이라도 죄없는 사람을 죽이지 않으며, 의로운 사람은 자신의 소유가 아닌 것을 결코 탐내지 않기 때문이다. 대인을 관직이나 지위의 입장에서 바라보는 것이 아니라, 그 사람의 도덕적 성취 여부에 따른 것임을 보여주고 있는 대목이다. 인함에 거하고 의로운 길을 걷는 사람이 바로 '대인'인 것이다. 맹자의 이러한 개념 규정에 따라 이후 대인은 관직이나 지위에 관련된 의미가 아니라, 군자와 동치되는 개념으로 사용되었다. 대인과 소인을 도덕적 기준으로 대비시키는 것은 바로 이러한 이유에서이다.

제2부

왕도정치와 이상사회

1. 왕도정치의 가능근거
2. 왕도정치의 내용
3. 왕도(王道)·패도(覇道)와 이단
4. 체벌과 정벌
5. 왕도정치의 완성
6. 올바른 처세의 길

제 2 부

왕도정치와 이상사회

1. 왕도정치의 가능근거

● 선한 본성과 왕도정치

제선왕(齊宣王)[127]이 맹자에게 "제환공(齊桓公)과 진문공(晉文公)[128]의 일에 대해 들을 수 있겠는가?"라고 물었다. 그러자 맹자는 "중니(仲尼)의 문도[129]들 가운데에는 제환공과 진문공의 일을 말한 사람이 없습니다. 이 때문에 후세에 전해진 것이 없어서 저는 아직 듣지는 못했습니다. 다만 그만두지 말고 말 하라고 하신다면, 왕도(王道)에 대해서는 말씀을 드리겠습니다"라고 대답했다. 이에 제선왕은 맹자에게 "덕이 어느 정도가 되어야 왕도 정치를 행할 수 있겠는가"라고 물었다. 이에 맹자는 "백성을 보호하면서 왕도 정치를 행하게 되면 이것을 막을 사람이 없습니다"라고 대답했다. 그러자 제선왕이 "과인과 같은 사람도 백성을 보호할 수 있겠는가"라고 물었다. 이에 맹자는 "하실 수 있습니다"라고 대답하자, 제선왕은 다시 "어떠한 이유에서 내가 할 수 있다는 것을 아는가?"라고 말했다.

이에 맹자는 다음과 같이 말했다. "신이 호흘(胡齕)에게서 다음과 같은 내용의 이야기를 들었습니다. 왕께서 당상(堂上)[130]에 앉아계시는데 소를 끌고 당 아래로 지나가는 사람이 있었습니다. 왕께서 이것을 보시고는 '소를 어디로 끌고 가는가'라고 물으시자, 그 사람이 대답하기를 '(소를 죽여서 그 피로)새로 만든 종의 틈을 바르려는 의식을 행하려고 합니다(釁鍾)'[131]라고 했습니다. 그러자 왕께서는 '그 소를 놓아 주어라. 내가 차마 죄도 없이 두려워서 벌벌 떨면서 사지로 나가는 모습을 볼 수 없다'라고 하셨습니다. 이에 소를 끌고 가던 사람이 대답하기를 '그렇다면 흔종(釁鍾)을 폐지하오리까'라고 하자, 왕께서는 '어떻게 폐할 수 있겠는가? 양으로 바꾸어라'고 하셨다고 합니다. 저는 잘 알지 못합니다만, 이러한 일이 있었습니까?" 그러자 왕이 "그러한 일이 있었다"라고 대답하자, 맹자는 "이 마음이면 왕도 정치를 행하시기에 충분하십니다. 백성들은 모두 왕께서 재물을 아껴서 그렇게 하신 것이라고 생각하겠지만, 저는 진실로 왕께서 소를 보고는 차마 죽이지 못하셨음을 알고 있습니다"라고 말하였다.

왕이 "그러하도다. 진실로 그렇게 비난하는 백성들이 있을 수 있겠다. 그렇지만 비록 제나라가 좁고 작은 나라라고 하더라도 내가 어떻게 소 한 마리를 아끼겠는가. 이것은 죄도 없이 두려워서 벌벌 떨면서 사지(死地)로 나가는 소를 차마 볼 수 없었기 때문에 그것을 양으로 대신하라 한 것이다"라고 말하자, 맹자는 "왕께서는 백성들이 왕께서 소 한 마리를 아까워했다고 생각하는 것에 대해 이상하게 여기지 마소서. 작은 양을 가지고 큰 소와 바꾸었으니 저들이 어떻게 그것을 알 수 있겠습니까? 왕께서 만약 소가 죄 없이 사지로 나아가는 것을 측은하게 여기셨다면 소와 양을 어떻게 선택할 수 있었겠습니까?"라고 말했다. 왕이 웃으면서 "이것이 진실로 어떠한 마음이던가? 내가 재물을 아껴서 소를 양으로 바꾼 것이 아니건만, 당연히 백성들은 내가 재물을 아낀다고 말하겠구나"라고 말했다.

그러자 맹자는 다음과 같이 말씀하셨다. "나쁜 것은 없습니다. 이것이 바로 인함을 펼치는 것이니, 소는 (그 앞에서 눈으로)보았지만 양은 보지 못했기 때문입니다. 군자는 짐승들이 살아 있음은 보지만 그 죽는 것은 차마 보지 못하며, (죽는)소리를 들으면 차마 그 고기를 먹지 못하니, 이 때문에 군자는 푸줏간을 멀리 합니다."

왕이 기뻐하면서 "『시경(詩經)』에 '다른 사람이 가지고 있는 마음을 내가 헤아린다'라는 말이 있는데, 이것은 선생을 두고 한 말이다. 내가 그것을 행하고 난 뒤 돌이켜 그 이유를 찾았지만 내 마음을 알지 못했는데, 선생이 말해 주니 내 마음에 가슴뭉클함이 있다. 이 마음이 왕도에 부합되는 이유는 무엇인가?"라고 물었다.

그러자 맹자는 "왕에게 어떤 사람이 '내 힘은 백균(百鈞)이나 되는 무게를 충분하게 들 수 있지만 하나의 깃털은 들지 못하며, 내 눈의 밝기는 추호(秋毫)[132]의 끝을 볼 수 있지만 수레에 실려 있는 나무섶은 보지 못합니다'라고 아뢰었다면 왕께서는 이것을 인정하시겠습니까?"라고 물었다. 그러자 왕은 "할 수 없다"라고 말했다. 이에 맹자는 다시 "그렇다면 지금 왕의 은혜가 짐승에게는 미치는데, 그러한 공효가 유독 백성들에게는 이르지 못하니 왜 그렇습니까? 한 자락의 깃털을 들지 못하는 것은 힘을 쓰지 않기 때문이고, 수레에 실려 있는 나무섶을 보지 못하는 것은 밝게 볼 수 있는 능력을 사용하지 않기 때문이며, 백성들이 보호를 받지 못하는 것은 왕께서 (소에게도 베풀었던)은혜를 사용하지 않기 때문입니다. 그러므로 왕께서 왕도를 실현하지 못하는 것은 하지 않는 것일지언정, 할 수 없는 것이 아닙니다."〈양혜왕상-7〉

127 주희(朱熹)의 집주(集註)에 따르면, 제선왕은 성이 전(田)이고 이름은 벽강(辟彊)이다.

128 제나라 환공과 진나라 문공은 춘추시대의 패권을 행사했던 대표적인 인물들이다. 제선왕은 이들의 사적을 듣고 그것을 적용시켜 보려했던 것이다. 맹자는 왕도정치를 말하기 위해 이들의 패도에 대해서는 아는 바가 없다고 잘라 버린다.

129 중니(仲尼)는 공자의 자(字)로, 공자 문하의 사람들을 의미한다.

130 당상(堂上)은 '집 위' 혹은 '집 안' 정도의 의미를 갖는데, 여기에서 당(堂)은 주로 왕이나 대부와 같은 사람들이 집무를 보는 자리를 의미한다. 조선에서는 이 말을 차용하여 당상관(堂上官)이라는 말이 있었는데, 임금과 더불어 당상에 올라 함께 국정을 논할 수 있는 정3품 이상의 고위 관료들을 의미한다.

131 흔종(釁鍾)이란 종을 새로 만들고 나면 짐승을 잡아 피를 내어서 틈이 난 부분에 바르는 것으로, 일종의 제사의식이다. 따라서 여기에서 소는 제사의 희생(犧牲)으로 쓰일 재물이라는 사실을 알 수 있다.

132 추호란 말은 그대로 번역하면 '가을의 터럭'이다. 동물들의 털은 가을이 되면 매우 가늘어져서 보기가 어렵다고 한다. 그만큼 작고 가늘다는 의미로, 이러한 것을 볼 수 있을 정도로 밝은 눈을 가지고 있음을 말하는 것이다.

해설

이 구절은 맹자의 핵심 사상 가운데 하나인 '왕도정치'의 가능근거를 설명하는 대표적인 내용이다. 동시에 맹자는 이 구절을 통해 왕도정치의 실현이 어렵지 않다는 사실을 강조면서, 그러한 가능성에도 불구하고 왜 왕도정치가 실현되고 있지 않은지에 대해 말하고 있다.

그러면 먼저 맹자가 말하고 있는 왕도정치의 가능근거는 무엇일까? 맹자는 이 가능근거에 대해 왕이 당상에 있으면서 희생에 쓰일 소를 측은하게 바라보았던 이야기를 가지고 시작한다. 왕은 희생으로 쓰일 소가 죄도 없이 벌벌 떨면서 죽음을 향해 가는 것을 당상에서 보면서 측은한 마음이 들어서 그 소 대신 양으로 희생을 바꾸라고 명령한다. 백성들은 왕의 이러한 명령이 희생이 쓰일 소가 아까워서 그랬다고 했지만, 맹자는 왕이 가졌던 그 마음에 주목하였다. 죽음을 향해 가는 소의 눈을 보고서는 차마 희생으로 사용하지 못했던 그 마음이 바로 왕이 태어나면서부터 본래부터 가지고 있었던 '측은지심(惻隱之心)'으로, 이러한 마음은 왕 뿐만 아니라 모든 사람들이 가지고 있는 선한 본성이다. 왕이 소를 희생으로 쓰지 못하게 했던 것은 바로 이 마음에 따른 것으로, 왕이 이 같은 측은지심을 가졌다는 사실을 맹자는 증명하고 있다. 문제는 이것을 백성들에게 적용시킬 수 있는지에 대한 것이다.

그렇다면 이와 같은 마음의 적용 가능성은 어떠할까? 맹자는 여기에 대해 어렵지 않다는 사실을 분명히 한다. 그것은 마치 백균의 무게를 들 수 있는 사람에게 흩날리는 깃털을 하나 들라는 것과 마찬가지라는 것이다. 맹자는 왕으로부터 소에게 자신의 측은한 마음이 미칠 정도의 마음이 있음을 확인 받았다. 그런데 맹자가 보기에 이와 같은 마음은 짐승인 소에게까지 미치는 것보다는 사람에게 미치기가 훨씬 쉬운 것으로, 소에게까지 그러한 마음이 미쳤다면 사람에게 그러한 마음이 미치는 것은 쉬운 일이다. 가는 실을 볼 수 있는 사람이 큰 나무 섶을 보지 못하는 것과 같고, 백균을 드는 사람이 흩날리는 깃털 하나를 들 수 없다고 말하는 것과 같다는 맹자의 입장은 여기에서 나온 것이다.

이와 같은 맹자의 입장에 따르면, 왜 왕도정치가 실현되지 않는지도 분명해 보인다. 맹자는 왕도정치가 실현되지 않는 현실에 대해 '할 수 없는 것이 아니라, 하지 않았기 때문에 그러한 결과가 온 것'으로 규정한다. 소에게까지 미친 측은한 마음을 백성에게 미치게 하는 것은 왕이 하려고만 하면 바로 할 수 있기 때문이다. 결국 지금 백성들이 보호받지 못하는 것은 왕이 왕도정치를 행할 수 있는 선한 본성도 가졌고 그것을 행할 충분한 능력도 가지고 있지만, 왕이 그것을 행하지 않았기 때문에 나온 결과라는 말이다. '하늘로부터 부여받은 선한 본성'을 백성들에게 그대로 실현하는 것, 이것이 바로 '왕도정치'이기 때문이다.

● 생활의 안정

맹자는 다음과 같이 말했다. "지금 왕께서 정치를 하실 때에 인함을 널리 베푸신다면, 천하의 관리들이 모두 왕의 조정에서 일하고 싶게 하고, 농사짓는 사람들이 모두 왕의 들에서 농사짓고 싶게 하며, 장사하는 사람들이 모두 왕의 시장에 물건을 맡기고 싶게 하고, 길을 지나는 사람들이 모두 왕의 길을 통해 지나가고 싶게 할 수 있습니다. 또 세상 사람들 가운데 자기 군주를 원망하는 모든 사람들이 왕에게 달려와서 하소연 하려고 할 것이니, 이와 같다면 누가 막을 수 있겠습니까?"

그러자 (제선)왕은 "나는 어리석어서 이 같이 할 수 없을 것 같으니, 원컨대 선생께서 나의 뜻을 도와 밝게 나를 가르쳐 주시오. 내가 비록 불민하지만 그것을 시험해 보리다"라고 말하였다. 이에 맹자는 다음과 같이 말했다. "일정한 생업이 없어도 (도덕적으로)변치 않는 마음을 가지고 있는 것은 오직 선비라야 가능합니다. 일반 백성들은 일정한 생업이 없으면 이로 인해 변하지 않는 마음도 없어집니다.[133] 만약 변하지 않는 마음이 없어지면 흐트러져서 한쪽으로 치우치게 되고, 사특한 쪽으로 옮겨가는 것을 막을 수 없게 됩니다. 이렇게 (백성들이)죄에 빠진 이후에 그것을 가지고 백성들에게 형벌을 가하게 되면 이것은 백성들을 (죄에 빠지게)그물질 하는 것입니다. 다른 사람들을 인함으로 대해야 할 위치에 있으면서 백성들을 그물질하는 것이 어떻게 옳은 일이겠습니까?

이 때문에 현명한 임금은 백성들의 생업을 만들어 주되, 반드시 위로는 부모를 섬기기에 충분하고 아래로는 아내와 자식을 양육하기에 충분할 수 있도록 해 줍니다. 풍년에는 1년 내내 배부르고, 흉년에는 굶어 죽는 것을 면하게 합니다. 그러한 이후에 백성들을 움직여서 선한 행동을 하게 하니, 백성들이 왕의 명령을 따르기가 쉽습니다. 지금은 백성들에게 생업을 만들어 주지만, 위로는 부모를 모시기에 부족하고 아래로는 아내와 자식을 양육하기에도 부족합니다. 풍년에 들어도 1년 내내 고생하고 흉년이 들면 굶어 죽는 것을 면하지 못합니다. 자신과 가족들을 죽음으로부터 건지기에도 부족한데, 어느 겨를에 예의를 익히겠습니까? 왕께서 왕도정치를 행하려 하신다면, 어째서 근본으로 돌아가지 않으십니까?
다섯 이랑[134] 정도의 밭을 가지고 있는 집에서 뽕나무를 심게 되면[135] 오십된 노인이 비단옷을 입을 수 있고, 닭이나 돼지 개 등을 칠 때 그 때를 놓치지 않게 되면 칠십된 된 노인이 고기를 먹을 수 있습니다. 백 이랑[136]의 밭에 농사지을 시기를 빼앗지 않으면[137] 여덟 식구 정도의 집안이 굶주리지 않게 되고, 학교에서 배운 것을 지켜서 부모에게 효도하고 나이 많은 이를 공경하는 덕목을 거듭 행하게 되면 머리가 반백인 사람[138]이 길거리에서 짐을 지거나 이지 않게 될 것입니다. 늙은 사람이 비단옷을 입고 고기를 먹으며, 일반 평민들이 굶주리거나 추위에 떠는 것이 없게 한 이후에도 천하를 다스리는 왕이 되지 못한 사람은 지금까지 없었습니다."〈양혜왕상-7〉

133 이 말은 매우 유명한 말로, 소출이 있건 없건 항상 같은 도덕심을 유지할 수 있는 것은 '선비'라는 말이다. 여기에서 선비는 도덕적 수양을 통해 마음을 일정하게 유지할 수 있는 사람으로, 소출이 없으면 도덕심도 유지할 수 없는 일반인들과는 다르다. 그런데 왕도정치는 이와 같은 일반 백성들을 대상으로 하며, 따라서 소출을 만들어 주지 못하면 도덕심을 유발시켜 내는 정치 역시 불가능하다.

134 무(畝)를 '이랑'으로 번역한 것인데, 당시에는 토지의 넓이를 재는 단위로 사용되었다. 한 이랑(一畝)이 지금 단위로 약 52평 정도이므로, 다섯 이랑이면 대략 260평 정도 된다.

135 양잠을 해서 비단을 생산할 수 있다는 의미이다.

136 농번기에 전쟁이나 기타의 일로 백성들을 동원하게 되면 농기를 놓치는 경우가 종종 있었다. 이 경우 그 이듬해의 곡식을 백성들이 거둘 수 없기 때문에 당연히 기근으로 이어질 수밖에 없다. 이 때문에 전쟁을 해도, 농번기를 피하는 것이 당시 군주의 중요한 덕목 가운데 하나였다.

137 백 이랑의 밭은 당시 한 가구의 성인 남자가 배당받은 사전(私田)으로 약 5천여 평에 해당한다.

138 머리가 반백인 사람으로, 나이 많은 늙은이를 지칭한다.

해설

이 구절 역시 왕도정치를 위한 가능조건을 말하고 있다. 우리는 앞의 구절에서 왕도정치의 가능성을 모든 사람들이 가지고 있는 도덕본성에서 찾고 있으며, 그것을 시행할 수 있는 가능성 역시 어렵지 않다는 사실을 확인했다. '도덕본성'과 그것에 따르는 행동이 바로 왕도정치의 출발임을 확인했다면, 여기에서는 이를 실현하기 위한 첫 번째 조건이 무엇인지를 말하고 있다.

맹자는 선비와 일반인들을 구분하면서, 도덕적으로 항상 도덕적 마음 상태를 가지고 있을 수 있는 사람과 그렇지 않은 사람에 대해 말한다. 선비는 경제적 조건에 따라 도덕적 의지와 행동에 달라지지 않는 사람인 반면, 대부분의 일반인들은 그렇지 않다. 대인이나 선비와 같이 도덕적으로 완성된 인격에 도달해 있는 사람들을 제외한 대부분의 일반인들은 최소한의 먹고사는 문제가 해결되지 않을 경우 도덕적인 행동을 할 수 없다. 도덕적 행동을 할 수 있게 하기 위해서는 가장 먼저 최소한의 의식주를 해결해 줄 수 있어야 한다는 의미인데, 이것은 왕도정치의 첫 단계가 경제적 기반을 갖추어 주는 것이어야 함을 의미하는 말이다.

이와 같이 최소한의 의식주도 해결되지 않을 경우 선비를 제외한 대부분 백성들의 마음은 의식주를 해결하기 위한 쪽으로 치우치게 되며, 이렇게 될 경우 마음은 사욕에 빠져 도적질과 같은 악을 행할 수밖에 없다. 맹자는 이렇게 죄를 지은 백성들을 왕이 처벌하게 되면, 이것이 바로 '백성들을 그물질 하는 것'과 같다고 말한다. 즉 백성들로 하여금 악한 길로 갈 수밖에 없도록 몰아넣고, 그곳에서 다시 백성들을 벌하는 것과 다를 바 없다는 의미이다. 백성들의 사특함과 도적질의 궁극적 원인이 최소한의 의식주도 해결해 주지 못한 왕에게 있음을 분명히 하고 있는 대목이다. 언제 굶어 죽을지를 걱정하는 사람들에게 인함이나 예와 같은 도덕덕목은 의미가 없다는 말이기도 하다.

이와 같은 이유에서 맹자는 왕도정치를 실현하기 위해 우선 백성들이 생업을 종사해서 위로는 어른을 섬기고 아래로는 아내와 자식을 양육할 수 있도록 해야 한다고 말한다. 농사나 목축을 해야 할 때를 놓치지 않게 하고, 뽕나무를 심어서 비단 옷을 생산할 수 있도록 함으로써, 풍년에는 풍성하고 흉년에도 굶어죽지는 않도록 해야 한다. 농번기에는 군사를 동원하지 않고 풍년이 들었다고 더 많은 세금을 거두어 들이지 말며, 흉년에는 곳간을 풀어서 백성들을 구제해야 한다. 이렇게 된 이후에 비로소 학교에서 인함과 의로움 등의 도덕을 가르침으로써, 사람다운 삶을 살 수 있도록 하는 것이다. '사람됨을 실현하기 위한 교육'의 전제조건이 '최소한의 의식주에 대한 보장'에 있음을 보여주는 대목이다. 선함은 바로 이러한 기반 위에서 받은 교육을 통해 가능하다. 따라서 맹자가 말하는 왕도정치의 첫 걸음은 선한 도덕본성의 발견과 더불어서 일반 백성들이 배불리 먹고 따뜻하게 삶을 영위할 수 있도록 만들어 주는 데 있다.

● 왕도정치의 시작

양혜왕이 "과인은 나라를 잘 다스리는 데 온 마음을 집중하고 있다. 강 안쪽 지방에 흉년이 들면 강 동쪽으로 그 백성들을 이주시키고, 강 동쪽의 곡식을 강 안쪽 지방으로 옮겨 주었으며, 강의 동쪽에 흉년이 들어도 또한 그렇게 했다. 그런데 이웃 나라의 정치를 살펴보면 과인처럼 마음을 쓰는 사람이 없는데도 불구하고 이웃나라의 백성들이 줄어들지도 않고 과인의 백성들 또한 늘어나지 않으니 왜 그런가?[139]"라고 물었다. 이에 맹자는 "왕께서 전쟁을 좋아하시니, 전쟁에 비유 해 보겠습니다. 둥둥 북소리가 울리고 전투가 시작되었는데, 병사가 갑옷과 창을 모두 버리고 도망가기 시작합니다. 어떤 사람은 백보를 도망가다가 멈추고, 어떤 사람은 오십보를 도망가다가 멈추었습니다. 그런데 오십보를 도망가다가 멈춘 사람이 백보를 도망가다가 멈춘 사람을 보고 (더 많이 도망갔다고)비웃는다면 어떻겠습니까?[140]"라고 말했다. 그리자 양혜왕은 "아니될 말이로다. 백보를 도망간 것이 아닐 뿐이지, 그 역시 도망간 것이다"라고 대답했다.
그러자 맹자는 다음과 같이 말했다. "왕께서 이러한 이치를 아신다면 백성들이 이웃나라보다 많기를 바라지 마십시오. 농사철을 어기지 않게 하면 곡식은 이루다 먹을 수 없을만큼 많을 것이고, 촘촘한 그물을 연못에 넣지 못하게 하면[141] 물고기는 이루 다 먹을 수 없을만큼 많을 것이며, 도끼 든 사람들로 하여금 때에 맞추어서 산림(山林)에 들어가게 하면[142] 재목은 이루 다 쓸 수 없을 만큼 많을 것입니다. 곡식과 물고기가 다 먹을 수 없을 만큼 많고 재목이 다 쓸 수 없을 만큼 넉넉하다면 이것은 백성들로 하여금 살아 있는 사람을 부양하고 죽은 사람을 장사지내는 데 있어서 조금의 서운함도 없게 하는 것이니, 살아 있는 사람을 부양하고 죽은 사람을 장사지내는 데 있어서 조금의 서운함도 없게 하는 것이 왕도정치의 시작입니다. 다섯 이랑 정도의 밭을 가지고 있는 집 주위로 뽕나무를 심으면 오십 된 노인이 비단 옷을 입을 수 있고, 닭·돼지·개 등과 같은 가축을 기를 때 그 시기를 잃지 않도록 하면 칠십 된 노인이 고기를 먹을 수 있습니다. 백 이랑이나 되는 밭을 경작할 때 그 시기를 잃지 않도록 하면 여러 식구를 가진 가구가 굶주리지 않게 됩니다. 이렇게 된 이후에 학교[143]의 교육을 엄격하게 실시하여 부모에 효도하고 연장자에게 공경하는 덕목들을 실행하게 하면 머리가 반백인 노인이 길 위에서 짐을 지지 않을 것입니다. 칠십 된 노인이 비단 옷을 입고 고기를 먹으며, 일반 백성들이 주리거나 추위에 떨지 않게 하면 천하를 다스리는 왕이 되지 못할 사람이 없습니다. 개와 돼지가 사람이 먹을 양식을 먹어도 제지할 줄 모르고, 길에 굶어 죽어가는 사람이 있는데도 나라의 곡식을 풀 줄 모른 채, 사람이 죽으면 '내 죄가 아니라 올해가 흉년이기 때문이다'라고 하니, 이것은 사람을 찔러 죽이고는 '내가 죽인 것이 아니다. 칼이 죽인 것이다'라고 말하는 것과 무엇이 다르겠습니까? 왕께서 올해의 흉년에 모든 잘못를 미루지 않으신다면, 천하의 백성들이 왕께로 몰려 올 것입니다"〈양혜왕상-3〉

139 당시에는 백성이 늘어나는 것을 대단히 중시하였는데, 이것은 부국(富國)의 개념이 '백성들의 수'에 의해서 결정되기 때문이다. 실제 백성의 수는 농지 경작의 범위를 넓혀서 그 나라 경제의 근간이 되고, 전쟁이 나면 백성들의 수가 곧 군사의 수가 된다. 당시 어떤 왕이 훌륭한 정치를 하면 많은 백성들이 그 나라의 백성이 되겠다고 옮겨가는 것이 일반적이었으며, 이러한 이유에서 왕은 "왜 백성의 수가 늘지 않는지"를 묻고 있는 것이다.

140 이 구절이 '오십보 백보'라는 유명한 고사를 낳았다. 전쟁에서 오십보 도망

간 사람이나 백보 도망간 사람은 똑 같다는 의미로, 오십보 도망간 사람이 백보 도망간 사람을 비웃을 자격이 없다는 말이다.

141 아주 작은 물고기까지 잡지 못하게 한다는 의미이다. 지금도 어족 자원 보호를 위해서 일정 정도 이하의 촘촘한 그물을 사용하지 못하게 하는 것과 같은 이치이다.

142 여기에는 벌목의 시기를 정하여 준다는 의미도 있겠지만, 그것보다 더 중요한 것은 어느 정도 자란 나무만을 벌목하게 한다는 의미이다. 산림자원을 보호함으로써 나라의 재목을 안정적으로 공급할 수 있는 정책을 펴야한다는 말이다.

143 상서(庠序)를 학교로 번역했다. 이것은 국가에서 지방에 설치한 교육 기관의 이름이다. 조기(趙岐)에 따르면 은(殷)나라 때에는 교육기관의 이름이 상(庠)이었고, 주(周)나라 때에는 서(序)라고 했다는데 확실한 설은 아니다.

해설

이 내용 역시 앞의 구절과 같다. 맹자는 백성을 위해 힘을 쓰고 있다는 양혜왕의 말에 대해서 이웃나라와 오십보 백보에 불과하다는 사실을 분명히 한다. 양혜왕은 자신의 정치에 대해 스스로 백성들을 위해 온 힘을 다 쏟는다고 자평한다. 흉년이 나면 백성들을 옮기고 곡식을 흉년이 든 곳으로 옮기는 정치를 하고 있다는 것이다. 그런데 왜 부국강병의 상징인 백성들이 늘어나지 않고 있는지를 묻는다. 이 물음에 대해 맹자는 왕의 정치가 백성들을 탄압하는 나라와 큰 차이가 없다는 말을 하기 위해서 오십보 백보라는 비유를 든다. 비록 흉년이 들면 백성들을 이주시키고 곡식을 전달해 주기는 하지만, 양혜왕의 정치가 왕도정치가 아니기 때문에 이웃 나라의 정치보다 50보 정도 덜 도망간 것에 불과하다는 지적이다. 양혜왕이 지금까지 펼친 정치는 정치의 근본이 바뀌지 않은 상태에서 단지 옆의 나라보다 학정(虐政)이 조금 덜한 정치를 시행하는 정도에 불과하다는 비판이기도 하다. 왕도정치로의 근본적 선회를 주문하고 있는 것이다.

이를 위해 맹자는 앞의 구절에서 확인했던 것처럼 왕도정치의 기본이 되는 '경제적 여건'을 먼저 닦으라고 주문한다. 백성들의 의식주가 보장될 수 있는 기본적인 경제정책이 '왕도정치'의 차원에서 이루어져야 한다는 말이다. 때에 맞추어 가축을 기르고 농사를 지을 수 있도록 보장하는 것, 산의 풍성한 재목과 추위에 헐벗지 않도록 비단을 생산할 수 있도록 해 주어야 하는 것 등은 이러한 이유에서 '왕도정치'의 한 단면을 이루게 된다. 이렇게 되어서 늙은 사람이 따뜻한 옷을 입고 맛있는 고기를 먹을 수 있게 되고, 죽은 사람에 대한 장례를 치를 때 자신의 마음에 유감이 남지 않을 수 있게 되어야 비로소 왕도정치를 이룰 수 있는 기반을 형성했다고 말할 수 있다. 이후 학교 교육을 엄격하게 실시하여 효제(孝悌)와 같은 도덕덕목을 교육시키고, 그것을 행할 수 있도록 유도함으로써 왕도정치를 실현시킬 수 있다.

이처럼 맹자의 왕도정치는 '도덕정치'만을 강조하는 것이 아니다. 물론 그것이 궁극적으로는 도덕성이 완전하게 실현된 정치형태를 지향하고 있지만, 이를 위해 우선 인간의 선한 본성이 살아 움직일 수 있는 토양으로서의 의식주를 요구하고 있다. 백성들이 풍년에는 풍성한 수확을 올릴 수 있고 흉년에는 굶어 죽지 않을 수 있도록 정치를 편다면, 이웃나라 백성들이 왕에게로 몰려올 것이라고 말한 이유는 여기에 있다. 이후 그들을 교육시켜, 자신의 본성을 발현할 수 있도록 함으로써, 비로소 왕도정치의 궁극을 이룰 수 있다.

2. 왕도정치의 내용

● 왕도정치의 부재상황

양혜왕이 "과인은 겸허하게 가르침을 받고 싶다"라고 말하자, 맹자는 "사람을 죽임에 있어서 몽둥이로 죽이는 것과 칼로 죽이는 것에 차이가 있습니까?"라고 물었다. 그러자 왕은 "차이가 없다"라고 대답했다. 이에 맹자는 다시 "그렇다면 (사람을 죽임에 있어서)칼로 죽이는 것과 정치를 잘못해서 죽이는 것에 차이가 있습니까?"라고 묻자, 왕은 또한 "차이가 없다"라고 대답했다. 그러자 맹자는 다음과 같이 말했다. "임금님의 푸줏간에는 살찐 고기가 있고 마굿간에는 살찐 말들이 있음에도 백성들은 굶주린 형색을 하고 들에는 굶어 죽은 시체들이 나뒹굴고 있다면 이것은 짐승들을 몰아 사람들을 잡아먹게 하는 것[144]입니다. 짐승끼리 서로 잡아 먹는 것에 대해서도 사람들이 싫어하는데, 백성들의 부모가 되어서 정치를 행하면서 짐승들을 몰아 사람들을 잡아먹게 한다면 백성의 부모다움[145]이 어디에 있는 것입니까? 공자께서는 '처음으로 장례식에서 순장에 쓰는 인형(俑)[146]를 만든 사람은 그 후손이 끊어질 것이다'라고 하셨는데, 이는 사람의 형상을 만들어 장례에 사용했기 때문입니다. 그런데 하물며 어떻게 백성들을 굶어 죽게 할 수 있습니까?"〈양혜왕상-4〉

144 '짐승을 몰아서 사람을 잡아먹게 한다'는 말은 실제 짐승들로 하여금 사람을 잡아먹게 한다는 의미보다는 살진고기를 비축하고 말을 살찌우기 위해 백성들로부터 많은 세금을 받음으로써 궁극적으로 백성들을 굶어 죽게 한다는 의미로 이해할 수 있다. 짐승들이 백성을 잡아먹는 것과 다르지 않다는 것이다.

145 맹자는 왕을 '백성들의 부모'라고 말함으로써, 부모와 자식간에 이루어져야 할 정감이 임금과 백성 사이의 윤리로 확대되어야 한다는 사실을 밝히고 있다. 국가에 대한 충(忠)이나 임금이 백성들을 사랑하는 마음은 결국 가정 윤리의 확대에 다름 아니라는 의미이다.

146 용(俑)이란 사람을 순장하는 대신에 넣는 사람 모양의 인형을 말한다. 공자나 맹자가 살았던 당시 산 사람을 묻는 순장은 없어졌지만, 순장 그 자체의 풍속은 남아 있어서 사람을 닮은 인형으로 순장을 대신했다.

해설

맹자는 정치에 대해 자신이 원하는 대답을 기대하는 양혜왕에게 대단히 가혹하고도 직설적으로 자신의 입장을 표명한다. 맹자는 당시의 정치적 상황에 대해 한 마디로 '잘못된 정치로 인해 짐승들을 몰아 사람들을 잡아먹게 된 상황'으로 규정한다. 물론 짐승들이 직접 사람들을 잡아먹는 현실은 아니지만, 결국 왕들이 살찐 고기와 살찐 말을 갖기 위해 백성들을 굶겨 죽이는 현실이므로, 이것을 이와 같이 표현했던 것이다. 나아가 이러한 모습은 백성들을 칼로 찔러 죽이는 것이나 다를 바 없다는 사실을 분명히 함으로써, 당시 정치적 행태들이 백성들을 죽음으로 내모는 것이라고 비판한다. 왕도정치가 부재한 당시의 상황이 어떠한지를 단번에 알 수 있게 한다.

특히 맹자는 이와 같은 현실을 보면서, 왕의 도덕적 자각을 일깨우는 방법으로 백성과 왕의 관계를 가족의 확대로 이해한다. 가정에 부모가 있다면, 나라에서 그 부모 역할은 왕이 해야 할 몫이라는 의미이다. 당시의 가혹한 학정은 부모가 자기 자식들의 목숨을 앗아 말을 살찌게 하는 것과 다름이 없는 현실이라고 말할 수 있다. 이와 같은 현실을 바탕으로 맹자는 그것이 얼마나 무서운 결과를 초래할 수 있을지에 대해서도 분명하게 경고한다. 순장을 할 때 사람의 생명을 죽이지 않기 위해 사람 모형의 인형을 만들었던 사람이라고 해도, 사람이 사람 모양 한 것을 죽였기 때문에 그 후손이 없을 정도인데, 자식과 같은 백성을 굶겨 죽게 만드는 군주는 어떠할지 짐작 가능하다는 말이다. 백성들을 자식과 같이 바라보고, 그들과 아픔을 함께 하면서 그것을 극복하려는 왕도정치의 회복이 왜 중요한지를 드러내고 있다.

● 인정(仁政)

양혜왕이 다음과 같이 말했다. "우리 진(晉)[147]나라가 천하에서 가장 강했다는 사실은 노선생께서도 잘 알 것이다. 그런데 과인의 대에 이르러 동쪽으로는 제(齊)나라에게 패배하여 나의 큰 아들이 죽었고[148], 서쪽으로 진나라에게 700리에 달하는 땅을 빼앗겼으며, 남쪽으로는 초(楚)나라에게 패배하여 치욕을 당하였다. 과인은 이것이 부끄러워서 원컨대 죽은 사람들을 위해 한 번 설욕하려고 하니, 어떻게 하면 가능하겠는가?"

그러자 맹자는 다음과 같이 대답했다. "땅은 사방으로 백리만 되어도 왕노릇을 할 수 있습니다.[149] 왕께서 만약 백성들에게 인(仁)한 정치를 베푸셔서 형벌을 잘 살펴 시행하시고 세금을 적게 거두신다면, 백성들은 밭을 깊이 갈고 김을 잘 매게 되며[150], 장정들은 쉬는 날이 되면 효제(孝悌)와 충신(忠信)과 같은 덕목을 수양하게 될 것입니다. 이렇게 하여 집안에 있을 때에는 부모와 형제를 섬기고 집 밖에 나가서는 나이든 사람이나 윗사람을 섬기게 하면, 이들로 하여금 몽둥이를 만들어서라도 진나라와 초나라의 견고한 갑옷과 예리한 병기에 맞서게 할 수 있을 것입니다. 반면 진나라와 초나라 왕들은 백성들이 농사지어야 할 때를 빼앗아, 백성들로 하여금 밭갈고 김매어 그 부모를 봉양할 수 없게 하고 있어서, 부모는 추위에 떨면서 굶주리고 형제와 처자식들은 뿔뿔이 흩어지고 있습니다. 이처럼 그들이 백성들을 도탄에 빠뜨릴 때 왕께서 가서 정벌하면 누가 왕과 대적하겠습니까? 그러므로 '인한 사람에게는 대적할 자가 없다'[151]라는 말이 있으니, 왕께서는 부디 의심하지 마시기 바랍니다."〈양혜왕상-5〉

147 진나라에는 원래 위씨(魏氏)·한씨(韓氏)·조씨(趙氏)의 세 권문세가가 있었는데, 이 세 권문세가가 합심하여 진을 멸망시키고 그 영토를 셋으로 나누어 가졌다. 이러한 이유에서 이것을 삼진(三晉)이라고도 했다. 혜왕의 나라는 원래 위(魏)나라를 물려받았는데, 위나라를 당시에 양(梁)나라라고도 불렀다. 이러한 이유에서 양나라의 혜왕임에도 불구하고 자신의 나라를 진이라고 불렀던 것이다.

148 양혜왕 30년 제나라와가 쳐들어와서 태자 신(申)을 잡아갔는데, 결국 돌아오지 못하고 죽었다.

149 백리는 대략 40Km 정도로, 한 나라가 들어서기에는 작은 땅이다. 굳이 백리를 언급한 것은 주나라를 세웠던 주문왕이 사방 백리의 작은 영토를 가지고 인정(仁政)을 베풀어 천하를 다스린 적이 있기 때문이다.

150 백성들이 농사를 잘 지어서 생산량이 늘어난다는 의미이다.

151 '인자무적(仁者無敵)'을 번역한 말로, 특히 인한 정치를 펴는 왕을 대적할 나라가 없다는 의미이다.

해설

양혜왕은 당시 열국들에게 사방으로 핍박을 받아 작아진 나라의 현실을 부끄러워하면서, 그것을 설욕할 수 있는 구체적 방편을 찾기 위해 맹자에게 질문하고 있다. 그러나 맹자는 나라의 크고 작음에 상관없이 '천하를 다스리를 왕'이 될 수 있다는 사실을 밝히고 있다. 그 구체적인 답이 바로 왕도정치이다. 이를 위해 맹자는 형벌을 잘 살펴서 시행하고 세금을 적게 거두는 인정(仁政)을 강조한다. 이렇게 되면 백성들은 경작을 잘 해서 경제력이 커지고, 쉬는 날에는 학교에서 효제나 충신과 같은 도덕덕목을 공부할 수 있게 된다. 이러한 백성들은 진정으로 나라를 지키고 보호하기 위해 몽둥이를 깎아서라도 진나라와 초나라 병사들의 예리한 무기에 맞서게 되므로, 나라의 크기와 상관없이 강국이 될 수 있다.

특히 맹자는 당시 진나라나 초나라 역시 엄청난 학정(虐政)을 시행하고 있으므로, 인정을 베풀면서 그 두 나라를 정벌하게 되면 진나라와 초나라의 백성들도 양혜왕을 반기게 될 것이라고 말한다. 백성들이 학정에 시달리다 보면 그 옆나라에서 왕도정치를 행하는 왕이 자신의 나라를 정벌해 주기를 바라게 되기 때문이다. 더불어 그 옆 나라의 백성들은 모두 그 나라를 탈출해서 왕의 백성이 되기를 청한다는 의미도 있다. 이렇게 되면 사방에서 백성들이 몰려와서 왕의 백성이 되고자 할 것이니, 이와 같은 나라를 결코 대적할 수는 없다. 맹자가 "인한 사람에게는 대적할 자가 없다"라고 말했던 것은 이러한 이유에서이다. 백성들이 마음으로 왕을 받아들이기 때문에 몽둥이마저도 큰 위력을 발휘할 수 있게 되고, 백성들이 급격하게 몰려 들기 때문에 결코 그 나라를 대적할 수 없다. 맹자는 이처럼 인정의 결과가 어떻게 드러날 수 있는지를 보여줌으로써, 왕도정치의 당위와 필요성을 말하고 있다.

● 인정(仁政)과 선왕의 도

맹자께서 다음과 같이 말씀하셨다. "이루(離婁)[152]의 밝은 눈과 공수자(公輸子)[153]의 뛰어난 솜씨로도 규구(規矩)[154]를 사용하지 않으면 네모난 방형과 둥근 원형을 완성시킬 수 없으며, 사광(師曠)[155]이 아무리 귀가 밝다 해도 육률(六律)을 사용하지 않으면 오음을 바로잡을 수 없다.[156] 그렇듯 요임금과 순임금의 도(道)를 가지고도 인한 정치를 하지 않으면 천하를 고르게 다스릴 수 없다. 지금인(仁)한 마음을 가지고 있고 인하다는 평판까지 났지만 백성들이 그 혜택을 입지 못하여 후세가 본받을 수 없게 된 것은 선왕의 도를 행하지 않기 때문이다. 그러므로 '선한 마음만 가지고서는 좋은 정치를 할 수 없고, 법만 갖추어 놓는다고 해서 저절로 (정치가)행해지지는 않는다'라고 말했던 것이다. 이를 가지고 『시경(詩經)』에서는 '잘못되지도 않고 잊어 버리지 않고 옛 법을 따른다'라고 했던 것이니, 선왕의 법을 따라서 잘못된 사람은 없다.
성인이 밝은 시력을 다 사용하고도 규구나 준승(準繩)[157]과 같은 도구를 사용하여 방형과 원형, 평평함과 바름을 만들어 놓으시니 이루 다 사용할 수 없을 정도로 넉넉했다. 또한 예민한 청력을 모두 사용하고도 육률과 같은 도구를 사용하여 오음을 바로 잡으시니 이루 다 사용할 수 없을 정도로 넉넉했다. 이렇듯 어진 마음과 선한 생각을 모두 사용하고도 '불인인지정(不忍人之政)'[158]에 따라 정치를 하니, 인함이 천하를 덮었다. 그러므로 '높은 것을 만들 때에는 구릉을 이용하고, 낮은 것을 만들 때에는 반드시 하천과 연못을 이용하라'는 말이 있으니, 정치를 하면서 선왕의 도에 따르지 않으면 지혜롭다고 할 수 있겠는가? 이 때문에 오직 인한 사람만이 마땅히 높은 지위에 있어야 하니, 인하지 않은 사람이 높은 지위에 있으면 이것은 그 악함을 여러 사람들에게 퍼뜨리는 것이다. 윗사람이 도로써 (백성들을)헤아려 주지 않고 아랫사람은 법을 지키지 않으며, 조정에서는 도를 믿지 않고 장인들은 척도를 믿지 않으며, 군자(君子)는 의롭지 않은 행동을 하고 소인들은 법을 지키지 않으면서도 나라가 보존되는 것은 요행이다. 그러므로 '성곽이 완전하지 못하고 병사들이 많지 않은 것이 나라의 재앙이 아니며 논과 밭이 개간되지 못하고 재화가 모이지 않는 것이 나라의 해로움이 아니다. 위 사람이 예(禮)가 없고 아랫사람이 배우지 못하면, 나라를 해치는 백성이 나와 며칠이 못가서 망하게 된다'라는 말이 있는 것이다."〈이루상-1〉

152 사람의 이름이다. 중국 고대의 황제(黃帝) 때 사람으로, 시력이 백보 밖을 볼 수 있을 정도로 밝았던 사람이라고 한다.

153 사람의 이름으로, 본래 이름은 반(班)이다. 노나라 때 세공(細工)의 명인이었다.

154 규(規)는 원형을 그리는 자로 지금의 콤파스에 해당하며, 구(矩)는 네모

모양을 쓰는 데 사용하는 연장으로 곡척으로 번역하기도 한다. 이처럼 규구는 동그라미와 네모 모양을 그리기 위해 사용하는 연장인데, 이후 전이 되어 표준이나 기준, 법도 등을 의미하는 말로 사용되었다.

155 사람의 이름이다. 진(晉)나라의 악사로, 평공(平公) 때 악태사(樂太師)를 지냈던 인물이다. 음(音)에 대해 대단히 예민했던 사람으로, 뛰어난 청각의 소유자로 알려져 있다.

156 오음, 즉 궁(宮)·상(商)·각(角)·치(徵)·우(羽)인 다섯 가지 음계를 바로잡고 조절하는 것이 육률(六律)이다. 음(陰)과 양(陽)에 각각 여섯 가지씩 있어서 합하면 12율인데, 그 가운데 양에 속하는 여섯 가지를 육률이라고 하고 음에 속하는 것은 육궁(六宮)이라고 한다.

157 준(準)은 기준으로, 평평함을 잡는 것이며, 승(繩)은 먹줄을 튕겨서 가로선을 바르게 그을 수 있게 하는 것을 말한다.

158 이미 앞에서 보았던 것처럼 '차마 하지 못하는 마음'으로 백성들을 대하는 정치를 말한다. 즉 백성들이 굶는 것을 차마 보지 못하는 마음, 백성들이 길거리에 뒹구는 것을 차마 보지 못하는 마음 등이 바로 이러한 실례이다.

해설

여기에서 맹자는 왕도정치의 구체적 내용으로 '불인인지정(不忍人之政)'을 제시한다. 이것은 이미 앞 장에서 보았던 것처럼 '사람으로서 차마 할 수 없는 마음'을 정치로 확장시킨 것이다. 그러나 맹자는 단순히 인한 마음만을 가지고 있다고 해서 왕도정치가 행해질 수 있는 것은 아니라고 말한다. 인한 마음이 '인한 정치'로까지 이행되어야 하는데, 여기에서 중요한 것은 '마음'이 아니라 그러한 정치를 행했던 '선왕의 도'를 따르는 것이다. 이것은 마치 아무리 좋은 눈과 기술을 가지고 있더라도 규구를 대고 원이나 정사각형을 그리는 것과 같고, 아무리 좋은 귀를 가지고 있어도 육률을 따르는 것과 같다. 다시 말해 선왕의 도는 마치 규구나 육률과 같은 것이어서, 인정(仁政)을 행함에 있어서 가장 중요한 잣대가 된다는 말이다. 따라서 인정을 행하기 위해서는 선왕이 행했던 도를 정확하게 알고, 그것에 따라 자신의 인한 마음을 펼쳐가야 한다.

이와 같은 맹자의 말은 자신의 철학이 자칫 주관적인 관념을 따라가는 철학으로 오해될 수 있는 가능성을 바로 잡기 위한 것이다. 맹자의 철학은 마음이 가진 도덕본성과 그에 따른 양지의 활동에 기반하고 있다. 그러나 이것은 개인의 마음과 양지의 활동성에 의지하기 때문에 객관적 잣대 없이 개인의 판단에 모든 것을 맡겨버릴 수 있는 가능성을 가지고 있다. 맹자는 바로 이러한 문제를 정확하게 짚고 있다. 아무리 선한 본성을 하늘로부터 부여받았다고 하더라도, 먼저 도(道)를 실현시켜 갔던 선왕의 도에 맞추어서 검증을 받은 후에 그에 따라 행할 것을 권고하고 있다. 이렇게 되면 비록 눈이 밝지 않아도 규구에 따라 항상 똑바른 원과 방형을 그릴 수 있는 것처럼 마음의 판단이 흐려져도 항상 왕도정치를 행할 수 있게 된다. 선왕의 도를 따라 정치를 행함으로써 왕도정치의 객관성을 확보할 수 있어야 한다는 의미이다.

더불어 맹자는 현인(賢人)의 정치를 강조한다. 인한 사람만이 통치자의 자리에 있어야 한다는 말이다. 맹자는 인하지 않은 사람이 높은 자리에 있을 때에는 악함을 여러 사람들에게 전파하여 나라 전체에 도가 없어지고, 이것은 궁극적으로 나라가 보존될 수 없는 상황에까지 이를 수 있다고 말한다. 나라의 재앙은 영토의 적음이나 흉년과 같은 데 있는 것이 아니라, 인하지 않은 사람이 높은 자리에 있는 것이라는 말이다.

● 요임금의 왕도정치

맹자는 다음과 같이 말했다. "규구는 네모난 방형과 둥근 원형의 표준이며, 성인은 인륜(人倫)의 표준이다. 군주가 되고자 한다면 군주의 도리를 다하여야 하고, 신하가 되고자 한다면 신하의 도리를 다하여야 하니, 이 두 가지는 모두 요임금과 순임금에게서 본받아야 한다. 순임금이 요임금을 섬기는 것처럼 군주를 섬기지 않으면 그 군주에게 불경한 것이요, 요임금께서 백성들을 다스리던 것처럼 백성들을 다스리지 않는다면 그 백성을 해치는 것이다. 공자께서는 '길은 두 가지 뿐이니, 인하거나 인하지 않거나 할 따름이다'라고 말씀하셨다. 백성들의 포악함이 심하면 군주 자신은 시해를 당하고 나라는 망하며, 심하지 않으면 군주 자신은 위태롭고 나라의 영토는 줄어든다. 이름에 유(幽)자나 여(厲)자가 들어

가면 효자나 자애로운 후손이 있어도 백세토록 고칠 수 없다.[159]"

맹자는 또 다음과 같이 말했다. "삼대(三代)가 천하를 얻은 것은 어질었기 때문[160]이고, 천하를 잃은 것은 어질지 못했기 때문[161]이다. 나라가 기울거나 흥하는 것, 보존되거나 망하는 이유 또한 이와 같다. 천자(天子)가 어질지 않으면 사해를 보존하지 못하고, 제후가 어질지 않으면 사직(社稷)을 보호할 수 없으며, 경이나 대부 같은 귀족들이 어질지 못하면 종묘를 보존하지 못하고, 하급관리나 백성들이 어질지 못하면 자기 한 몸을 보존하지 못한다. 지금 사람들은 죽거나 망하는 것을 싫어하면서도 어질지 않은 것을 좋아하니, 이것은 취하는 것을 싫어하면서도 억지로 술을 마시는 것과 같다."〈이루상-2~3〉

159 유는 어둡다는 뜻이며, 여는 포악하다는 뜻이다. 주나라를 망하게 했던 유왕과 여왕에게서 비롯된 것으로, 이후 포학(暴虐)한 임금에게 붙는 시호가 되었다. 이 때문에 이름에 이러한 글자가 들어가면 포학한 임금이라는 사실을 알 수 있으며, 이것은 후대도 바꿀 수 없는 역사적 평가이다.

160 삼대(三代)는 일반적으로 고대 중국의 왕조를 의미하는 것으로, 하나라와 상(은)나라, 그리고 주나라이다. 맹자의 시기가 주나라의 해체 이후 진나라로 통일되기 전 단계에 있었으므로, 그 이전의 세 통일왕조를 말하고 있는 것이다. 맹자는 이들이 천하를 얻은 이유, 즉 하나라의 요임금·순임금·우임금과 상나라의 탕왕, 그리고 주나라의 문왕·무왕이 통일왕조를 이룰 수 있었던 것은 다른 이유가 아니라 인한 정치에 있다는 사실을 강조한 것이다.

161 천하를 잃었다는 것은 왕조를 망하게 했다는 의미로, 하나라의 걸왕, 상나라의 주왕, 주나라의 유왕과 려왕 등에 의해 왕조가 교체되었음을 말하고 있는 대목이다.

해설

왕도정치의 실질적 내용이 인함의 정치라는 사실을 다시금 강조하고 있는 구절이다. 규구가 원형과 방형을 그리는 기준이 되듯이 성인은 인륜의 잣대가 된다고 말한 맹자는 왕도정치의 실현을 위해 그들이 행했던 인정(仁政)을 행하라고 주문한다. 공자의 말을 인용한 맹자는 모든 사안이 인함에 근거한 것인가 불인함에 근거한 것인가에 따라 나누어질 수 있으며, 그 중요한 기준은 바로 요임금과 순임금의 행동에 있다는 사실을 분명히 하고 있다. 이러한 입장에서 맹자는 순임금이 요임금을 섬겼던 것처럼 신하의 도리를 다하고, 요임금이 백성을 다스렸던 것처럼 왕노릇 할 것을 주문하는데, 그 기준은 바로 요임금과 순임금이 가지고 있었던 어진 마음이다. 왕의 인함 여부에 따라 나라의 흥망성쇠가 달려 있다는 사실을 분명히 하고 있는 것이다. 특히 왕의 정치는 후대에 반드시 기억되고 바꿀 수 없기 때문에 재위에 있을 때 인정(仁政)을 펼치는 것이 중요하다.

결국 나라가 망하고 흥하는 것은 경제력이나 군사력, 또는 정치력에 달려 있는 것이 아니라, 정치를 행하는 왕의 인함과 그렇지 않음에 달려 있다는 말이다. 맹자는 이러한 자신의 입장을 논증하기 위해 삼대의 왕조가 일어날 수 있었던 것은 각 왕조를 창건했던 왕들이 어질었기 때문이며, '삼대가 망했던 것은 마지막 왕들이 어질지 않았기 때문이라는 분석을 제시하고 있다. 이와 같은 입장에서 보면 인함은 개인의 도덕적 완성이라는 차원을 넘어 한 나라의 흥망성쇠까지 좌우할 수 있다. 맹자가 왕도정치의 구체적인 내용을 '인함'에서 찾았던 이유는 바로 여기에 있다.

● 백성의 마음

맹자는 다음과 같이 말했다. "걸왕과 주왕[162]이 천하를 잃었던 것은 백성들을 잃었기 때문이니, 백성을 잃었다는 것은 백성들의 마음을 잃었다는 말이다. 천하를 얻는데 도가 있으니, 그 백성을 얻으면 천하를 얻는다. 백성들을 얻는 데에도 도가 있으니 백성들의 마음을 얻으면 백성을 얻게 된다. 그 마음을 얻는 데에도 도가 있으니, 원하는 바를 주어서 모이게 하고, 싫어하는 것을 그들에게 시행하지 말아야 한다. 백성들이 인한 사람에게 돌아가는 것은 마치 물이 아래로 흘러가는 것과 같으며 짐승이 들로 달아나는 것과 같다. 그러므로 연못을 위해 고기를 몰아 주는 것은 수달이요, 나무 숲을 위해 참새를 몰아주는 것은 매이며, 탕왕과 무왕을 위해 백성들을 몰아다 주는 것은 걸왕과 주왕이다. 이제 천하의 군주들 가운데 인함을 좋아하는 사람이 있으면, 제후들이 모두 그를 위해 백성들을 몰아 줄 것이니, 비록 왕노릇 하지 않으려고 해도 하지 않을 수 없다."〈이루 상-9〉

162 걸왕은 하나라의 마지막 왕이고 주왕은 은나라의 마지막 왕으로, 모두 패주의 대표적인 인물들이다.

해설

맹자는 앞의 구절을 이어서 지속적으로 나라의 흥망성쇠 원인이 통치자의 '인함'에 따른 것임을 강조한다. 여기에서 맹자는 백성들이 인한 군주에게 몰리는 것은 마치 물이 위에서 아래로 흐르는 것과 같이 자연스러운 현상이라고 말한다. 정치를 중심으로 백성들을 몰아가는 것이 힘에 의해 이루어지는 것이라면, 인한 군주의 정치는 백성들을 그곳으로 모으는 자연스러운 힘이다. 따라서 군주의 가장 중요한 덕목은 백성들을 인함으로 대하는 것이며, 궁극적인 부국강병의 길도 여기에 있다. 이렇게 되면 어떠한 임금도 천하를 다스리는 왕이 될 수 있다.

특히 맹자가 보기에 불인한 군주는 인한 군주에게로 백성들의 마음을 몰아다 주는 몰이꾼과 다르지 않다. 참새가 나무 숲을 좋아하기도 하지만, 매가 있으면 더욱 빠르게 나무 숲을 찾아가게 되며, 물고기가 연못을 좋아하기도 하지만, 수달이 있으면 더욱 빠르게 연못을 찾아가게 되는 것처럼, 백성들이 인한 군주를 좋아하지만 불인한 군주가 있으면 더욱 빠르게 그 마음이 인한 군주에게로 치달아 가게 되는 것이다. 걸주와 같은 패주들은 결국 탕왕이나 무왕에게 백성들을 몰아다 준 몰이꾼과 같은 역할을 했다는 맹자의 말은 이러한 입장에서 나온 것이다. 백성을 얻기 위해서는 반드시 인한 정치를 해야 하며, 불인한 경우 인한 임금에게 자신의 백성을 몰아다 주는 역할에 그칠 뿐이다.

● 백성을 다스리는 도

맹자께서 다음과 같이 말씀하셨다. "아랫자리에 있으면서 윗사람에게 (인정을) 받지 못하면 백성들을 다스릴 수 없다. 윗사람에게 인정을 받는 데에는 방법이 있으니, 벗에게 신임을 받지 못하면 윗사람에게 인정을 받을 수 없다. 벗에게 신임을 받는 데에는 방법이 있으니, 부모를 섬겨 기뻐하지 않으면 벗에게 신임을 받을 수 없다. 부모를 기쁘게 하는 데에는 방법이 있으니, 자신을 반성하여 진실되지 않으면 부모를 기쁘게 할 수 없다. 자신을 반성하고 진실하게 하는 데에는 방법이 있으니, 선에 대해 밝게 알지 못하면 자신을 진실하게 할 수 없다. 그러므로 진실함 그 자체는 하늘의 도이고, 진실함을 추구하는 것은 사람의 도이다. 지극히 진실하면서도 (남을)감동시키지 못하는 사람은 없으니, 진실하지 않으면 남을 감동시킬 수 없다."〈이루상-12〉

해설

이 구절은 '남을 다스리는 방법'에 대해 말하고 있다. 맹자는 백성을 다스릴 수 있는 기본 조건은 윗사람에게 인정을 받는 것이라고 말한다. 그런데 이렇게 윗사람에게 인정받기 위해서는 먼저 벗에게 인정을 받아야 하고, 벗에게 인정을 받기 위해서는 부모를 섬겨 기쁘게 해야 한다. 부모를 섬겨서 기쁘게 하려면 스스로 진실해야 하는데, 그렇게 하기 위해서는 자신의 마음이 본래부터 가지고 있는 '선함'을 아는 것이 중요하다. 다시 말해, 자신의 마음이 가지고 있는 선함을 알게 되면 저절로 부모를 기쁘게 하고 벗에게 인정을 받으며, 이것은 궁극적으로 자신의 윗사람에게 인정받게 되는 결과를 낳게 된다. 타인으로부터의 인정은 결국 자신의 선함으로부터 시작되고, 궁극적으로는 개인의 선함으로 귀결된다는 말이다.

그런데 선함은 하늘이 사람에게 내려 준 본성이므로, 선한 덕목의 하나인 진실함 그 자체는 하늘의 도이다. 진실함 그 자체를 사람이 어떻게 할 수 있는 것은 아니라는 말이다. 따라서 하늘이 내려준 선함을 알려고 노력하는 것이 바로 사람의 자세이고, 하늘이 내려준 진실함을 추구하고 실천하는 것이 바로 사람이 추구해야 할 도리인 것이다. 하늘의 도는 이미 사람에게 주어져 있기 때문에 사람은 '사람의 도'인 진실함을 추구할 뿐이라는 의미이다. 왕도정치는 이처럼 자신의 몸을 성실하게 하는 데에서 출발하며, 그것은 궁극적으로 자신의 선한 본성을 알고 진실함으로 그것을 추구하는 것이다.

● 군주의 의로움과 바름

맹자는 "(등용된)인물의 잘못[163]을 모두 지적할 필요가 없고, (잘못된)정사(政事)[164]에 일일이 간여할 필요도 없다. 오직 대인만이 군주의 마음 속에 있는 잘못을 바로잡을 수 있다. 군주가 인(仁)하기만 하면 (모든 일에서)인하지 않음이 없고, 군주가 의로우면 (모든 일이)의롭지 않음이 없으며, 군주가 바르면 (모든 일이)바르지 않음이 없으니, 한 번 군주의 마음을 바르게 하면 나라가 바르게 된다"라고 말했다. 〈이루상-20〉

163 여기에서 인(人)을 '등용된 인물'로 번역했다. 이것은 전체 큰 틀에서 군주의 중요성을 말하는 것이기 때문에 군주가 등용한 인물에 대해서 일일이 잘못을 지적할 필요가 없다는 것이다.

164 각주 163)과 같은 이유에서 이것을 '잘못된 정사'로 번역했다.

해설

왕의 개인적 도덕회복이 단순한 개인의 도덕회복에 그치는 것이 아니라, 그 자체가 왕도정치임을 역설하고 있다. 정치의 옳고 그름이 군주 한 사람에게 달려 있음을 의미하고 있는 말이다. 맹자의 이와 같은 입장 제기는 당시 정치의 특성을 반영한 것으로, 군주 한 사람이 정치에 미치는 영향이 절대적이기 때문이다. 현대처럼 제도나 법에 의한 정치가 이루어지는 것이 아니라, 군주 한 사람의 통치 이념에 따라 모든 것이 바뀔 수 있기 때문이다. 이 때문에 맹자는 사람을 잘못 등용하는 것이나 정책을 잘못 시행하는 것과 같은 구체적인 것은 부차적인 요소로 이해한다. 결국 군주가 올바른가 그렇지 않은가에 따라 모든 것이 결정되므로, 군주를 올바르게 만드는 것이 가장 중요하다. 아무리 법이 좋아도 중요한 것은 그 법을 운용하는 '사람'에게 있다는 현대의 금언이 떠오르는 대목이다.
이 때문에 맹자의 왕도정치는 철저하게 군주를 '인하게 만드는 데' 목적을 둔다. 군주 한 사람의 인함은 곧 그 나라의 인함이 되기 때문이다. 임금의 자식에게 성왕의 도를 가르치고, 이를 통해 인함을 기를 수 있도록 했던 것은 바로 이와 같은 이유에서이다. 특히 조선의 왕세자 교육은 이와 같은 원칙에 따라 진행되었으며, 군왕 교육의 궁극적 목적은 인함을 가르치는 것이었다. 이러한 이유에서 유학은 혈육으로 이어지는 왕의 자리는 어쩔 수 없다고 해도, 차기 왕의 자리에 가야할 왕자를 도덕적으로 단련시켜 왕도정치를 실행할 수 있도록 하는 것에는 최선을 다했다.

● 예에 따른 군주와 신하의 관계

만장(萬章)이 "선비들은 제후(諸侯)[165]를 알현하지 않는다고 했는데, 어떤 이유가 있습니까?"라고 묻자 맹자는 "도성 안[166]에 있는 사람들을 '시정(市井)의 신하(市井之臣)'[167]라고 부르고, 도성 밖[168]에 있는 사람들을 '초망(草莽)의 신하'[169]라고 부르는데, 모두 일반 백성들이다. 일반 백성들은 예물을 올려서 신하가 되지 않으면 감히 제후를 알현하지 않는 것이 예(禮)이다"라고 대답했다. 그러자 만장이 다시 "일반 백성들은 군주가 불러서 부역을 시키면 가서 부역을 하면서도, 군주가 그를 보고자 해서 부르면 가서 알현하지 않는 것은 왜입니까?"라고 묻자 맹자는 "가서 부역을 하는 것은 옳은 일이지만, 가서 알현하는 것은 옳지 못한 일이기 때문이다"라고 대답한 후 도리어 "군주가 일반 백성을 보고자 하는 것은 왜이겠는가?"라고 물었다. 그러자 만장은 "견문(見聞)이 넓고 어진 사람이기 때문입니다"라고 대답했다. 그러자 맹자는 다음과 같이 말했다. "견문이 넓기 때문이라면 (스승으로 불렀다는 말인데), 천자도 스승은 함부로 부르지 못하는 법[170]인데 하물며 제후가 그렇게 할 수 있겠는가? 또 어진 사람이기 때문이라면, 나는 아직 (제후가)어진 사람들을 보고 싶어서 그를 불렀다는 소리를 들어본 적이 없다. 옛날에 노나라 무공(繆公)이 자주 자사를 만나서[171] '옛날에 전차가 천승(千乘)이나 되는 강한 나라의 군주가 선비와 벗했다고 하는데, 여기에 대해서 어떻게 생각하시는가?'라고 묻자, 자사께서는 불쾌하게 여기면서 '옛날 사람들이 말했던 것은 그를 (스승으로)섬겼다는 말이지, 어떻게 벗했다는 말이겠습니까'라고 말했던 적이 있다. 자사께서 불쾌하게 여겼던 것은 '지위로 보면 그대는 군주요 나는 신하이므로 어떻게 감히 군주와 벗을 할 수 있겠으며, 덕으로 보면 그대는 나를 (스승으로)섬기는 사람이니 어떻게 나와 벗할 수 있겠는가'라고 생각했기 때문일 것이다. 전차가 천승이나 되는 나라의 군주가 벗하기를 요구해도 될 수 없는데, 하물며 함부로 부를 수 있단 말인가!"〈만장하-7〉

165 제후는 봉건제에서 각 지역을 다스리는 왕으로, 천자(天子)가 어떤 지역의 봉지(封地)를 맡기면 그 지경의 왕으로서 독립적인 행정과 사법 및 군사권을 행사한다. 춘추시대는 이러한 왕들간의 이익과 세력다툼으로 인해 혼란함이 가중된 시대였다.

166 '재국(在國)'을 이렇게 번역했다. 국(國)은 제후가 다스리는 지경을 의미하는 것으로, 당시는 주로 성을 쌓아서 도성을 형성하고, 도성 밖으로 농지들이 만들어져서 전체 나라의 지경이 형성되었다. '도성'은 주로 성 안에 형성된 지경을 의미한다.

167 이것을 시민(市民)으로 번역하기도 한다. 여기에서 신하라는 말은 벼슬을 한다는 의미보다는 도성 안에 머물러 있는 백성 전체를 임금의 신하로 본다는 의미에서 쓴 것이기 때문에, '도성 안에 있는 백성'으로 이해할 수 있다.

168 재야(在野)를 이렇게 번역했다. 이것은 앞의 주 166)에서 나온 국(國)의 반대 개념으로, 도성 밖을 의미한다.

169 '시정의 신하'와 반대되는 말로, 풀이 우거진 곳에 사는 백성들이라는 의미이다. 도성 밖에서 농사를 짓는 백성들을 말한다.

170 스승으로 모시는 사람이라면 천자라도 찾아가서 묻는 것이 예였으며, 따라서 견문이 넓어서 그를 스승으로 생각한다면 부르지 않고 찾아갔어야 한다는 말이다.

171 노나라 무공 때에 공의자가 재상으로 있었고, 자류와 자사가 신하로서 보필한 적이 있었다.

해설

여기에서 맹자는 왕도정치를 실현하는 군주가 군신간의 관계 및 스승과의 관계를 어떻게 설정해야 할지를 말하고 있다. 그는 기존 질서를 중요하게 받아들여, 먼저 군신간의 관계가 가지고 있는 엄격함에 대해 인정한다. 부역을 위해 백성들이 왕의 부름에 응할 수는 있어도, 직접 알현하는 것은 예가 아니라는 맹자의 말은 이러한 입장이 반영된 것이다. 제후 아래에 있는 선비(士)계급의 사람들이 함부로 제후를 알현해서는 안 된다는 논리 역시 여기에 바탕하고 있다. 군주에 대한 아랫사람으로서의 예가 있으며, 그러한 예를 따라야 한다는 사실에 대해서도 인정하고 있는 것이다.

그렇지만 맹자는 동시에 군주가 함부로 할 수 없는 사람이 있다는 사실도 분명히 한다. 왕도정치는 덕을 통해서 이루어지는데, 그 덕을 가르치는 스승에 대해서는 군주도 결코 함부로 부를 수 없다. 견문이 넓고 덕이 높은 사람이 단지 신하라면 그 신하가 군주를 알현하지 않는 것이 예이고, 그 견문과 덕을 군주가 배우려 한다면 군주 역시 부르는 것이 아니라 가서 뵙는 것이 예라는 말이다. 이러한 이유에서 맹자는 어진 사람과 더불어 '벗하려는 노나라 무공'에 대해서 위와 같이 말했던 것이다. 자사가 무공의 신하라면 신하와 군주가 벗할 수 없고, 거꾸로 무공이 자사를 스승으로 불렀다면 그 역시 '벗할 수 있는 상대'가 아니라 스승으로 대해야 한다는 의미이다.

이와 같은 맹자의 입장은 전제군주의 절대적 통치하에 있었던 당시 상황을 감안하면 파격적이다. 아무리 군주라고 하더라도 왕도정치를 행하는 데 있어서 예로 대해야 할 대상이 있음을 보여주고 있는 것이다. 예에 따라 초빙하고 예를 갖추어 찾아가 배워야 할 대상이 군주에게도 있다는 사실이며, 이러한 예의 실현은 왕도정치에 있어서 대단히 중요한 항목임을 강조한 것이다.

● 선함을 기르는 정치

맹자는 "선함으로 다른 사람을 복종시키려고 하는 사람[172]은 다른 사람을 복종시킬 수 없으니, 선함으로 다른 사람을 길러준 이후에야 천하를 복종시킬 수 있다. 천하가 마음으로 복종하지 않은 채 천하를 다스리는 왕이 된 사람은 아직까지 없었다"라고 말했다.〈이루하-16〉

172 여기에서는 자기 선함의 뛰어남을 남에게 강요함으로써, 남을 복종시키려 한다는 뜻으로 이해할 수 있다.

해설

맹자는 '선함으로 다른 사람을 복종시키려 하는 사람'은 결코 다른 사람을 복종시킬 수 없다고 말한다. 이것은 선함의 특성이 자기 선함을 통해 다른 사람을 복종시킬 수 있는 것이 아니기 때문이다. 선함은 선하지 않은 사람에게까지 영향을 주거나 의미를 갖게 하지는 않는다. 따라서 왕도정치가 실현되려면 자신이 선함을 남에게 강권해서 되는 것이 아니라, 선하지 않은 사람을 선하게 만들어야 한다. 그래야 그 사람이 선함에 복종될 수 있다. 왕도정치란 바로 이와 같은 것이다. 왕이 아무리 선하다고 하더라도 백성들이 선하지 않으면, 그것은 선함으로 백성들을 복종시키려는 행위에 불과하다. 왕도정치는 자신의 선함만큼 백성들이 선해질 수 있도록 정책과 교육을 통해 길러 주는 것이 우선되어야 한다는 말이다. 이를 통해 백성들이 왕의 선함에 복종될 수 있어야 비로소 왕도정치가 실현될 수 있다. 왕도정치의 구체적 내용이 선함을 기르는 교육에 있어야 하는 것은 바로 이러한 이유에서이다.

3. 왕도·패도와 이단

● 왕도와 패도의 구분 - 의로움과 이로움

맹자가 양혜왕을 알현하자, 왕이 "노선생께서 천리길을 멀다하지 않으시고 와 주셨으니, 앞으로 우리나라에도 이로움(利)이 있지 않겠는가?"라고 말했다. 그러자 맹자는 다음과 같이 대답했다. "왕께서는 하필이면 '이로움'을 말씀하십니까? 오직 인함과 의로움이 있을 뿐입니다. 왕께서 '어떻게 하면 내 나라를 이롭게 할까'라고 하시면, 대부(大夫)들은 '어떻게 해야 나의 가(家)[173]를 이롭게 할까'라고 하며, 선비들이나 일반 백성들은 '어떻게 해야 나 자신을 이롭게 할까'라고 합니다. 이처럼 위 아래가 서로 이로움을 추구하면 나라가 위태로워 질 것입니다. 만 대의 전투용 마차를 가질 정도의 큰 나라[174]에서 그 임금을 시해하는 자는 반드시 천 대의 전투용 마차를 가진 가이며, 천 대의 전투용 마차를 가질 정도의 나라에서 그 임금을 시해하는 자는 반드시 백 대의 마차를 가진 공(公)·경(卿)·대부의 집안입니다. 만승(萬乘)의 나라에서 천승(千乘)을 취하는 것이나, 천승의 나라에서 백승을 취하는 것이 많지 않은 것은 아니나, 진실로 의로움을 뒤로 하고 이로움을 먼저 생각한다면 빼앗지 않고서는 만족하지 않습니다. 그러나 인하면서 그 부모를 버리는 사람은 없으며, 의로운 사람이 그 임금을 뒤에 두는 사람도 없습니다. 왕께서는 또한 인함과 의로움을 말씀하서야 하는데, 하필 이로움을 말씀하십니까?"〈양혜왕상-1〉

173 일반적으로 왕(王)은 나라의 일인자이다. 중국 천하가 천자의 통치를 받는다면, 각 제후국들은 천자가 봉한 왕(제후)의 통치를 받기 때문이다. 그리고 대부(大夫)는 가(家)의 일인자이다. 그러나 이 당시 가는 지금 우리가 흔히 생각하는 가정과 의미 차이가 있다. 일반적으로 가는 10촌 이내의 가족관계를 의미하는 것으로, 5대조가 같은 사람들이 하나의 공동체를 이룬 경우이다. 보통 10촌이 넘어서면 분가(分家)를 한다. 따라서 가는 상당한 정도의 구성원을 가진 씨족 공동체로, 이를 중심으로 사회를 이루었던 당시에서는 한 지역을 의미하기도 한다. 그리고 이와 같은 씨족 공동체는 국(國)을 형성하는 기본 집단이 되기도 한다. 따라서 대부가 가를 다스릴 수

있다는 것은 하나의 지역을 맡아서 다스릴만하다는 의미가 된다. 이것은 『대학』에서 말하는 제가(齊家)에서의 가가 가지고 있는 의미이기도 하다.

174 만승지국(萬乘之國)을 번역한 말이다. 만승(萬乘)이란 전투용 마차가 만대라는 말인데, 그 만큼 많은 전투력을 보유한 나라라는 말이다. 당시에 한 나라가 동원할 수 있는 전투용 마차의 수는 곧 그 나라의 부와 군사력을 나타내는 지표로, 만승지국이면 대국(大國)의 반열에 속했다. 당시 국력은 땅의 넓이나 백성의 수, 전투력을 측정할 수 있는 장비의 보유 현황에 달려 있었다.

해설

이 구절은 『맹자』의 가장 첫 구절에 나오는 말로, 맹자 철학의 기본 이념을 한 눈에 알 수 있게 한다. 여기에서 중요한 것은 의로움(義)과 이로움(利)에 대한 맹자의 입장이다. 맹자가 양혜왕을 알현했을 때, 양혜왕은 맹자에게서 자기 나라에 이로운 정책에 대해서 듣고 싶었다. 이것은 전국(戰國)시대라는 혼란한 상황에서 나라의 생존을 유지하고 다른 나라를 제패할 수 있는 방법에 대해 묻고 있는 것이다. 패자(覇者)로서의 위업을 달성해 보려는 욕심에서 나온 물음인 것이다.

하지만 맹자는 이와 같은 혜왕의 물음 대해 '물음이 잘못되었다'고 지적한다. 자신은 나라를 이롭게 하기 위한 사람이 아니라, 나라를 인함과 의로움으로 다스릴 수 있는 방법을 말하는 사람이기 때문이다. 나아가 왕의 정치 역시 '내 나라를 이롭게 할 방법'을 찾는 것이 아니라, '내 나라를 인함과 의로움으로 다스리는 방법'을 찾아야 한다는 사실을 말하는 것이기도 하다. 이것은 맹자의 정치가 근본적으로 이로운 방법이 아니라 도덕성에 기반한 인한 정치를 표방하고 있기 때문이다.

이와 같은 이유에서 맹자는 '이로움'을 강조하는 나라의 폐해에 대해 말한다. 만승지국에서 제후를 시해하는 것은 '천승지가(千乘之家)'라는 맹자의 말은 춘추전국시대의 실상을 극명하게 보여준다. 이와 같은 현상은 자기 나라의 이익만을 생각하는 제후 밑에는 자기 가의 이익만을 생각하는 대부가 있기 때문에 나타나는 것으로, 맹자는 춘추전국시대의 혼란상이 이로 인해 만들어졌다고 보았다. 따라서 맹자가 보기에 왕으로서 피해야 할 것은 '이로움'이며, 추구해야 할 것은 인함과 의로움이다. 왕은 자기 나라를 이롭게 함으로써 패업을 달성하게 되는 패자이기 보다, 인함을 펼쳐서 왕도정치를 실현할 수 있는 왕자(王者)가 되어야 한다는 것이 맹자의 입장이다.

● 왕자와 패자

맹자는 다음과 같이 말했다. "힘을 가지고 인함을 빌린 사람은 패자(霸者)[175]이니 패자는 반드시 대국(大國)을 소유해야 한다. 이에 비해 덕을 가지고 인을 행하는 사람은 왕자(王者)[176]이니 왕자는 대국을 필요로 하지 않는다. 탕왕께서는 70리에 불과한 나라를 가지고 (정치를)하셨고, 문왕께서는 100리에 불과한 나라를 가지고 (정치를)하셨다. 힘을 가지고 다른 사람을 복종시키는 사람에게는 (다른 사람이)진심으로 복종하는 것이 아니라, 힘이 부족해서 복종한다. 그러나 덕을 가지고 다른 사람을 복종하게 하는 사람에게는 (다른 사람들이)마음 속으로 기뻐하면서 진심으로 복종하니, 70명의 제자가 공자에게 복종한 것과 같다. 그래서 『시경』에서는 '서쪽에서나 동쪽에서, 그리고 남쪽에서 북쪽에서 복종하지 않는 사람이 없었다'라고 했으니, 바로 이것을 말한 것이다." 〈공손추상-3〉

175 패자는 천하를 제패한 왕을 지칭한다. 원래 이 의미는 부정적인 것이 아니었으나, 맹자에게 오면 왕도정치를 행하는 왕자(王者)에 비해 도덕적이지 않은 것으로 이해되었다. 물론 왕도가 아니라면 패도라도 필요에 따라 인정하는 모습을 보여주지만, 맹자가 근본적으로 원하는 것은 바로 왕도정치이다. 이 때문에 한 대(漢代) 이후 왕도와 패도에 대한 논쟁이 벌어지기도 했다.

176 왕도정치를 행한 왕을 지칭한다. 이것은 유교정치 철학의 가장 완성된 형태를 구가했던 인물을 의미하는 것으로, 맹자가 지향하는 정치가이다.

해설

이 구절은 한대 이후 왕도·패도 논쟁의 중요한 이론적 기반이 되며, 나아가 역사적으로 많은 왕조에서 이전 시대의 왕을 평가하는 기준이 되기도 했다. 맹자는 패자에 대해 '힘을 가지고 인함을 빌려온 사람'이라고 말한다. 패자도 보기에는 인함의 정치와 유사한 성격을 갖지만, 그 근본은 무력에 바탕하고 있다는 말이다. 따라서 패도정치 아래에서의 백성들은 왕의 인함에 감복해서 복종하는 것이 아니라, 패자에 비해 힘이 없기 때문에 어쩔 수 없이 복종한다. 패자가 힘을 유지할 수 있는 대국을 운영해야 하는 이유이다. 결국 패자들이 행하는 다스림의 근본은 힘에 있다.

이에 비해 왕자(王者)는 덕을 가지고 인을 행하는 사람이다. 왕도정치의 기본이 덕에 기반한 정치라는 사실을 알 수 있는 대목이다. 왕자에 대한 백성들의 복종은 힘이 없기 때문이 아니라, 마음 속으로 그 사람에게 복종하는 것을 진심으로 기뻐하기 때문이다. 이 때문에 왕도정치의 실현자는 나라가 대국이어야 할 필요도 없으며, 땅이 넓을 필요도 없다. 스스로 성인이 되면 많은 사람들이 감복하여 자신을 따라오게 되며, 이것이 정치로 적용되면 많은 나라의 백성들이 자신에게 귀결되어 올 수밖에 없다. 나라를 다스리는 행위가 이처럼 자연스럽게 이루어 지는 것이 바로 왕도정치의 결과이다.

● 왕자의 백성들

맹자는 다음과 같이 말했다. "패자의 백성들은 즐거워 하지만, 왕자(王者)의 백성들은 밝디 밝다.[177] 그래서 (왕자의 백성들은)죽여도 원망하지 않으며, 이롭게 해 주어도 그것을 군주의 공(功)으로 여기지 않는다. 그러므로 백성들은 날마다 선한 쪽으로 옮겨가면서도 누가 그렇게 만드는지 알지 못한다.[178] 무릇 군자는 지나가는 곳마다 교화되며, 마음에 보존하는 것마다 신묘[179]하여서 위아래로 천지(天地)와 더불어 함께 작용을 한다. 그러므로 군자에 대해 작은 보탬[180]이나 한다고 말하겠는가?"〈진심상-13〉

177 '호호(皞皞)'를 '밝디 밝다'로 번역했다. 그러나 이것은 얼굴 색이나 마음이 밝다는 의미가 아니라, 도덕적 가치에 기반한 삶의 양상이나 사고 등이 밝디 밝은 것을 말하는 것이다. 패자의 백성들은 임금의 힘에 대해 즐거워하지만, 왕자의 백성들은 그 도덕성이 삶과 얼굴에 드러난다는 의미이다.

178 원래 이 부분은 번역이 정확하지 않다. '부지위지(不知爲之)'는 '그렇게 되는 것, 혹은 그렇게 하는 것을 알지 못한다' 정도로 번역되는데, 이 부분에 대해서 주희는 '누가 그렇게 만드는지를 알지 못한다'로 주를 달고 있다. 여기에서는 주희의 주를 따랐다.

179 신(神)을 신묘함으로 번역했다. 군자가 마음에 두고 있는 어떠한 일을 하려는 것(마음에 보존하는 것)이 일반인들이 마음에 두고 어떠한 일을 하려는 것과 달리 신묘하다는 말이다. 일상인들의 기준으로 군자의 마음을 측량할 수 없다는 의미이다.

180 왕도정치는 세세하게 잘못된 부분과 모자라는 부분을 채워나가는 것이 아니라, 하늘이 인간에게 준 도덕본성의 흐름에 따르면서 천지의 이치와 합일되는 것이므로 '보탤 것이 없다'라는 의미로 사용한 것이다.

해설

이 글에서 맹자는 패도를 행하는 군주의 백성들과 왕도를 행하는 군주의 백성들을 비교한다. 맹자는 패자의 백성들 역시 넓고 강한 국가 아래서 즐거워한다고 말한다. 이것은 비록 패도가 힘에 의한 정치이지만, 그 형식은 인함을 표방하는 정치와 닮았기 때문이다. 특히 대국 국민으로서의 자부심이나 부국강병을 통한 자신감 등은 그 백성들을 즐겁게 할 수 있다. 비록 왕도정치는 아니라고 하더라도, 패도정치가 비교적 성공한 정치로 이해될 수 있었던 이유이다.

그러나 왕자의 백성들은 '밝디 밝은 형상'을 유지한다. 밝디 밝은 것은 성공한 정치나 대국국민으로서의 자부심에서 오는 것이 아니라, 도덕적 가치에 바탕한 삶의 자신감과 올바른 사고의 밝음이 얼굴로 드러난 상태이다. 이러한 나라에서는 군주에 대한 강한 도덕적 믿음이 사회 유지의 근본이 된다. 이 때문에 군주가 누구를 죽여도 그에 대한 합당한 이유가 있을 것이라는 믿음을 가지고 있으며, 따라서 원망이 없다. 또한 백성들을 이롭게 하여도 그들이 이롭게 해달라고 바라지 않기 때문에 그 자체를 공(功)이라고 생각하지도 않는다. 그러면서도 이러한 정치가 하늘의 이치를 실현하는 것이기 때문에 백성들은 그에 따라 저절로 선함으로 옮겨가게 되고, 가는 곳마다 선하게 교화된다. 맹자는 바로 이와 같은 정치를 왕도정치로 규정하며, 이것은 궁극적으로 군주의 도덕적 완성과 그것의 정치적 실현을 통해서 이루어진다고 생각했다.

● 이단의 폐해

공도자가 "외부 사람들이 모두 선생님더러 논쟁하기를 즐긴다고 하는데, 어째서입니까?"라고 물었다. 그러자 맹자는 다음과 같이 대답했다. "내가 어찌 논쟁을 즐기겠는가? 어쩔 수 없어서 한다. 천하에 사람이 살기 시작한지가 이미 오래되었는데, 그 동안 한 번 다스려지면, 한 번 어지러워지기도 했다.[181] 요임금 때에는 물이 역류하여 나라 한 가운데로 범람하면서 뱀과 용이 거기에 서식하니 백성들이 정착할 수가 없었다. 그래서 낮은 곳에 사는 사람들은 둥지를 만들고 높은 곳에 사는 사람들은 굴을 파고 살았다. 『서경』에 '큰 물이 나로 하여금 경계하게 하였다'[182]고 했으니, 여기에서 '큰 물'은 홍수(洪水)를 말한다. (순임금께서)우왕(禹王)[183]으로 하여금 홍수를 다스리게 하시니, 우왕이 땅을 파서 물을 바다로 유입시키고, 뱀과 용을 몰아 수초가 우거진 곳으로 밀어 냈다. 그러자 물이 땅 중간을 따라 흐르게 되었는데, 양자강(楊子江)과 회수(淮水), 황하(黃河), 한수(漢水)가 바로 그것이다.[184] 물이 험하게 흐르지 않게 되고 막고 있는 것이 없어지면서, 새와 짐승이 사람을 해치는 경우가 적어지니, 사람들이 비로소 평지에 살게 되었다.

요임금과 순임금이 돌아가시고 난 후 성인의 도가 쇠퇴하여 폭군들이 대대로 이어서 나왔다. 그들은 백성의 집을 파괴하여 웅덩이와 못을 만드니 백성들이 편안하게 쉴 곳이 없었고, 농지를 파 엎어서 정원을 만드니 백성들이 옷과 음식을 얻을 수 없었다. 게다가 옳지 않은 학설과 포악한 행동들이 곳곳에서 일어나고, 임금을 위한 동산[185]과 더러운 연못, 늪지[186]가 많아지면서 다시 짐승들이 출몰하기 시작하니, 주(紂)왕에 이르러 천하가 또 다시 크게 어지러워졌다. 주공(周

公)[187]께서 무왕을 도와 주(紂)를 베고, 엄(奄)나라를 정벌하기 시작한 지 3년 만에 그 군주를 토벌하고 비렴(飛廉)[188]을 바다 끝까지 몰아가서 죽이니, 나라를 멸망시킨 것이 50개였다. 호랑이와 표범, 코뿔소, 코끼리 등을 몰아 멀리 쫓으시니, 천하 사람들이 매우 기뻐하였다. 그래서 『서경』에는 '크게 드러나셨다. 문왕의 가르침이여! 크게 계승하셨다. 무왕의 위엄이여! 우리 후인들을 도와 계도해 주시되 모두 정도로써 하고 잘못이 없으셨다'라고 기록되어 있다.

이후 세대가 점점 쇠하고 도가 미미해지면서, 부정한 학설과 포악한 행위들이 (다시)일어나서, 신하가 군주를 시해하고 자식이 아버지를 죽이는 일이 있었다. 공자께서는 이것을 걱정하여 『춘추』를 지으시니[189] 『춘추』는 천자(天子)가 할 일을 다루고 있다. 이 때문에 공자께서는 '나를 알아 주는 것도 오직 『춘추』이며, 나를 죄주는 것도 오직 『춘추』이다'라고 말씀하셨다.

성왕(聖王)은 나오지 않고 제후들은 방자해 지니, 곳곳에 사는 선비들이 제 멋대로 논의를 만들어 내다보니 양주(楊朱)[190]와 묵적(墨翟)[191]의 말이 천하에 가득하게 되었다. 그래서 천하의 모든 말은 양주의 말에 찬동하거나 아니면 묵적의 말에 찬동하였다. 양주는 자신만을 위하는 사람이니 이는 임금을 부정하는 것이고, 묵적은 세상 사람 모두를 똑 같이 사랑해야 한다고 하니 이는 어버이를 부정하는 것이다. 어버이와 임금을 부정한다면, 이것은 짐승과 다르지 않다. 공명의(公明儀)는 '임금의 푸주간에는 살찐 고기가 있고 마굿간에는 살찐 말이 있는데도, 백성들은 굶주린 기색이 있고 들에는 굶어 죽은 시체가 뒹군다면 이는 짐승을 몰아 사람을 잡아 먹게 하는 것이다'라고 말했다. 양주와 묵적의 도가 종식되지 않는다면 공자의 도가 드러나지 못하니, 이는 옳지 않은 학설이 백성을 속여 인의(仁義)를 따르는 올바른 도를 막아 버리는 것이다. 인의의 도가 막히면 짐승을 몰아 사람을 잡아먹게 하며, 이후에는 사람들이 서로를 잡아 먹게 될 것이다. 나는 이것을 걱정하여 이전에 있었던 성인의 도를 보호하고 양주와 묵적의 학설을 막아 옳지 않은 말들을 추방함으로써 잘못된 학설이 나오지 않게 하려 한다. (옳지 않은 학설은)마음에서 나와 일을 해롭게 하며, 일에서 나와 정치를 해롭게 하니, 성인이 다시 나와도 내 말을 바꾸지는 않을 것이다.

옛날에 우임금께서 홍수를 막자 천하가 평온해졌고, 주공이 오랑캐들을 정복하고 맹수를 몰아내자 백성들이 편안해졌으며, 공자께서 『춘추』를 완성하시자 난신적자(亂臣賊子)[192]들이 두려워했다. 『시경』에는 '융적(戎狄)[193]이 정벌되고 형서(荊舒)[194]가 다스려지니, 우리에게 감히 대적할 자가 없다'라고 했으니, 아버지가 없고 임금이 없는 것은 주공께서도 응징하셨다. 나 또한 사람의 마음을 바로잡고 사설(邪說)을 종식시키며, 잘못된 행실을 막고 방자한 말을 몰아 내어 세분 성인[195]을 계승하려고 하니, 어떻게 논쟁하는 것을 좋아하겠는가? 어쩔 수 없어서 그렇게 하는 것이다. 지금 말로 양주와 묵적을 막을 수 있는 사람이 성인의 문도이다."〈등문공하-9〉

181 이 말은 정말로 한 번만 다스려지고 한 번만 어지러워졌다는 말이 아니라, 한 번 다스려지면 한 번 어지러워지는 것이 반복되었다는 의미이다. '다스려졌다는 것'은 제대로 된 정치가 행해졌다는 의미이며, 어지러워졌다는 것은 백성을 괴롭게 하는 학정이 행해졌다는 의미이다.

182 『서경(書經)』, 「대우모(大禹謨)」에 있는 이야기이다.

183 우왕은 중국 고대의 첫 왕조인 하(夏)나라의 3대 임금으로, 요순을 이었다. 특히 중국에서는 치수(治水)의 왕으로 알려져 있다. 중국 최초의 태평성대를 우임금기까지 포함하여, '요순우 시대'라고 말하기도 한다.

184 원래 강(江)·회(淮)·하(河)·한(漢)이라고 기술된 것을 이렇게 번역하였다. 이것은 중국의 대표적인 네 개 강을 가리키는 것으로, 각각 양자강·회수·황하·한수가 그것이다. 맹자는 강이 형성되어 이렇게 흘렀던 이유를 우임금의 치수 결과로 보았다.

185 이것은 원유(園囿)를 번역한 것으로, 원(園)은 주로 꽃이나 식물을 아름답게 심어 놓은 곳이고, 유(囿)는 동물이 노니는 곳이다. 임금이 자신만 즐기려고 만든 공원을 말한다.

186 패택(沛澤)을 이렇게 번역했다. 패(沛)는 초목이 무성한 곳이고 택(澤)은 물이 모여 드는 곳으로, 늪지를 말한다.

187 주공은 주(周)나라를 세웠던 주 무왕의 동생이다. 주나라는 무왕에 의해서 건립되지만, 주나라의 정책과 질서를 만들었던 것은 주공이다. 특히 주공은 무왕이 나라를 세우고 얼마되지 않아 사망한 후 어린 조카를 천자로 세우고 섭정을 하면서 '봉건제'를 만들어 주나라를 제도적으로 안정시킨다. 이 같은 봉건제는 장자 우선 승계를 원칙으로 한 질서체계로 이것은 이후 동양 사회의 중요한 계급 승계 원칙으로 자리잡았다. 공자는 춘추시대의

혼란함이 주공이 세운 이 같은 원칙이 무너졌기 때문이라고 생각했으며, 이것을 복원하기 위해서 계급 승계에 따른 예를 강조했다. 이러한 원칙에 따라 주공도 스스로 조카가 성장하자 섭정을 거두고 노(魯)나라의 제후가 되었다.

188 사람이름으로, 은나라의 마지막 임금인 주(紂)가 총애했던 신하이다.

189 『춘추』는 공자가 지은 역사책으로, 흔히 춘추시대라는 것은 이 책 속에 기록되어 있는 시대를 의미한다. 이 책에서 공자는 역사적 사실을 기록하면서 그것에 대해 다양한 평가를 내렸다. 이를 통해 어떤 사람의 행동은 역사적으로 평가를 받는다는 의식을 갖게 했는데, 이렇게 역사적 사실의 기술 과정에서 평가를 내리는 것을 '춘추대의(春秋大義)'라고 했다. 동양에서 유난히 기록문화가 발달하고, 특히 역사적 평가를 중시했던 이유는 바로 여기에 있다. 맹자 역시 공자가 『춘추』를 지었던 이유를 여기에서 찾고 있다.

190 전국시대 위(衛)나라 사람으로 개인주의를 특히 강조했던 사람이다.

191 겸애설(兼愛說)을 주장했던 묵가학파의 창시자이다.

192 난신적자(亂臣賊子)는 말 그대로 '도를 어지럽히는 신하와 도를 해치는 사람'이라는 의미로, 한 시대를 어지럽히고 해치는 사람들을 일컫는 말이다.

193 융적(戎狄)은 서쪽과 북쪽의 오랑캐를 일컫는 말이다. 흔히 서융(西戎), 북적(北狄)이라고 한다. 참고로 동쪽 오랑캐는 동이(東夷), 남쪽 오랑캐는 남만(南蠻)이라고 했다.

194 형서는 중국 남방의 오랭캐로, 남만과 같은 말이다.

195 세분 성인은 앞에서 말한 우임금과 주공, 그리고 공자를 가리킨 것이다.

해설

이 구절에는 맹자가 지식인으로서 가지고 있는 시대에 대한 우환의식과 책임의식이 잘 드러나 있다. 특히 맹자는 자신의 이러한 시대정신이 개인이 가진 단순한 의식이 아니라, 요(堯)·순(舜)·우(禹)로부터 주공을 거쳐 공자로 이어지는 '다스림의 역사'에 근거한 도통의식임을 분명히 한다. 중국의 역사는 한 번 다스려지면 다시 어지러워지고, 그것이 심해지면 다시 다스려지는 반복의 역사이다. 그리고 다스려질 때마다 그것을 가능케 했던 성인이 출현했다. 이와 같은 성인의 계보는 우왕으로부터 주공, 그리고 공자로 이어지고 있다. 우왕은 홍수로 괴로움을 겪는 백성들을 구제하였고, 주공은 오랑캐와 맹수들을 정복하여 백성들을 평안하게 하였으며, 공자는 『춘추』를 지어 난신적자들을 물리침으로써 백성들이 올바르게 될 수 있도록 하였던 것이다. 이와 같은 다스려짐의 계보는 맹자가 바라보는 중국 성인의 계보이며, 이것이 이후 성리학에서 중요하게 받아들여지는 도통(道統)의식이다. 맹자 스스로도 바로 당시대를 바라보면서 도통을 자임하고 있는 이유도 여기에 있다.

맹자는 자신의 시대 역시 '어지러운 시기'로 규정한다. 그 이유는 공자의 도가 쇠하게 되면서 양주와 묵적이라는 이단 사설이 횡횡하고 있기 때문이다. 당시 모든 논의들은 양주의 설이 아니면 묵적의 설로 귀결될 정도였는데, 맹자가 보기에 이것은 옳지 못한 학설이다. 양주는 위아론(爲我論)을 제기하는데, 이것은 개인의 행복을 가장 중시하는 입장이다. 이에 비해 묵적은 겸애설(兼愛說)을 주장하는데, 이것은 모든 사람들을 똑 같이 사랑해야 한다는 입장이다. 맹자는 이와 같은 양주에 대해 '임금을 부정하는 논의'라고 비판하고, 묵적에 대해서는 '어버이를 부정하는 논의'라고 비판한다. 여기에는 맹자 철학, 나아가 유학의 중요한 입장이 들어 있다.

앞에서 언급했듯이 공자로부터 맹자로 이어지는 원시유학은 사회 질서의 기반을 '가(家)'에서 찾는다. 실제로 아버지가 자식을 사랑하고 자식이 아버지에게 효도하며, 동생이 형을 공경하는 것은 논리적인 설득을 필요로 하지 않는다. 이것은 너무나 당연한 전제이며, 인간이라면 누구나 가지는 정감이다. 맹자는 이것을 '선천적 도덕본성'으로 규정했다. 이러한 이유에서 맹자는 가 윤리를 중시하면서, 윤리의 첫 시발점을 부자간의 친애함에서 찾는다. 그리고 이러한 부자간의 윤리는 조금만 더 확장해 가면 그대로 사회 윤리로 이행할 수 있다고 생각했다. 가정에 아버지가 있듯이 나라에 임금이 있으므로, 아버지를 친애하듯 임금을 대하면 그것이 바로 충(忠)이다. 그리고 가정에서 형을 공경하는 마음 자세를 이웃의 나이 많은 사람들에게로 확장해 가면 그것이 바로 공경이라는 덕목이 된다. 따라서 맹자의 사회윤리는 가 윤리에 근거하고 있으며, 동시에 가 윤리는 반드시 사회윤리로 확장되어야 한다. 가 윤리가 모든 사회 및 국가 윤리의 기본이며, 동시에 이러한 윤리는 반드시 사회로 확장되어야 한다. 유학에서 친소(親疎)가 분명한 것은 이러한 이유이며, 예(禮)의 원칙과 형식 역시 여기에 근거한다.

이와 같은 입장에서 보면 양주는 자신만을 사랑하여 가(家)의 윤리를 사회나 국가로 확장시키지 못하게 하는 사람이다. '가'에만 머물러 있으면서, 임금과의 관계 양상을 만들지 못하게 함으로써 사회를 구성하기 힘들게 하는 것이다. 이것은 결국 개인의 욕망들이 충돌하여 혼란한 사회가 일어날 수밖에 없도록 만드는 결과를 낳는다. 맹자가 양주를 이단으로 보는 이유이다. 이에 비해 묵적은 사회 윤리의 기반이 되는 근거를 인정하지 않는 것이다. 자기 아버지와 다른 사람의 아버지를 '똑 같이 사랑하는 것'은 사람의 정리상 불가능하고, 또 그래서도 안 된다. 유학에서는 논리적으로 증명할 필요가 없는 아버지에 대한 사랑이 사회로 확장되어 그 사회의 윤리를 만들어 낸다. 그런데 아버지에 대한 사랑과 다른 사람에 대한 사랑을 똑 같이 하라는 말은 이 같은 윤리의 기초를 없애는 것이다. 이렇게 되면 사회 윤리 역시 무너질 수밖에 없다. 이것이 바로 맹자가 묵적을 이단으로 규정하는 이유이다.

맹자는 이와 같이 양주와 묵적의 혼란한 논의 앞에서 그 사회를 바르게 만드는 것은 곧 자신의 '책임'이라고 생각한다. 이것은 그로 하여금 논변을 통해 양주와 묵적의 사상을 막고, 유학의 도를 바로 세우게 한다. 맹자의 이 같은 우환의식과 책임의식은 그대로 우왕과 주공, 그리고 공자의 도를 자신이 이었다는 '도통의 자임(自任)'이며, 이것은 이후 많은 유학자들을 통해 전승된다. 특히 이 같은 맹자의 도통의식은 성리학의 성립에 중요한 영향을 미친다. 성리학의 성립은 진나라 이후 통일 왕조를 이루는 당나라 때부터 시작되어, 남송시기 주희에 의해 완성되는데, 이 때 특히 유학은 불교·도교 등과의 사상적 각축을 벌이면서 성리학으로 변모된다. 이 과정에서 당시 유학자들은 불교와 도교를 이단으로 배척하고, 맹자 이후 끊어진 유학의 도를 잇는다는 시대적 소명의식을 강하게 가졌다. 이후 주자학이 강한 도통의식과 이단배척 정신을 이론적 모토로 삼게 된 이유이다.

● 이단의 특징

맹자께서 다음과 같이 말씀하셨다. "양주(楊朱)는 '나만을 위할 것(爲我)'을 주장하여 자신의 터럭 하나를 뽑으면 천하가 이롭다고 해도 결코 하지 않았다. 묵적(墨翟)은 모든 사람을 똑 같이 사랑한다고 하여, 이마를 갈아 내고 발꿈치가 닳아 없어진다고 해도 천하가 이롭다면 그렇게 하였다. 자막(子莫)[196]은 양주와 묵적 이론의 중간을 잡았으니, 그 중간을 잡으면 도에 가까운 듯 하지만 권도[197]가 없다면 이것은 한 쪽을 고집하는 것과 같다. 한 쪽에 대한 집착을 나쁘게 여기는 까닭은 올바른 도를 해치고, 하나를 고집하여 나머지 백 가지를 버리게 만들기 때문이다.〈진심상-26〉

196 자막은 노나라의 현인으로, 양주와 묵적의 이론 중간을 취하였다. 이러한 점을 단순하게 보면 유학과 유사하지만, 맹자는 중간만을 고집하는 것도 옳지 않게 여겼다.

197 권도(權道)에서 권은 저울로 재는 것을 말한다. 다시 말해 그때 그때 상황과 원칙을 저울로 재어서 올바름을 선택하는 것으로, 상황에 따라 원칙이 달라질 수 있다. 예컨대 예(禮)의 원칙에 따르면 제수(弟嫂)의 손은 잡지 않아야 한다. 하지만 물에 빠진 상황이라면 권도를 발휘해서 손을 잡고 건져 주는 것이 올바른 도이다. 여기에서는 단순한 중간적 입장이 아니라, 원칙을 전제하고 그 원칙을 상황에 따라 적용해야 한다는 말이다.

해설

이 구절은 양주와 묵적, 그리고 자막에 대한 평가와 아울러, 그들이 왜 이단인지를 설명한다. 앞에서도 보았던 것처럼 양주는 위아론(爲我論)을 주장하는데, 여기에 대해 맹자는 '자신의 터럭 하나만 뽑으면 천하가 이롭게 된다고 해도 뽑지 않을 사람'이라고 평가한다. 이에 비해 묵적은 겸애설(兼愛說)을 주장하는 데 여기에 대해 맹자는 '이마를 갈아내고 발꿈치가 닳아 없어진다고 해도 천하가 이롭다면 할 사람'이라고 평가한다. 불가능하다는 조롱이 포함되어 있는 말이다. 위아론으로부터 겸애로 나아가는 이론적 단계의 부재에 대한 비판이다.
이에 비해 자막은 위아론과 겸애설의 중간적 입장에 서 있는 것으로 평가된다. 하지만 맹자는 이것도 문제가 있다는 입장을 분명히 한다. '중간'이라는 불변의 기준을 정해 놓으면, 현실의 관계에서 발생하는 문제에 제대로 대처하지 못한다는 것이다. 맹자가 말하는 중간은 단순한 중간이 아니라 원칙이 전제된 상태에서 현실을 고려하는 '권도'가 포함된 중간이어야 한다. 흔히 유학에서 가장 중요한 덕목으로 이야기 하는 중(中)은 단순한 수치적인 중간을 의미하는 것이 아니라, 각각의 상황에서 중도를 지켜가는 삶의 자세를 의미한다. 슬퍼해야 할 때에는 슬퍼하는 것이 중(中)이고, 기뻐해야 할 상황에서는 기뻐해야 하는 것이 중이라는 의미이다. 원칙과 현실에 대한 판단, 이 모두를 함께 고려해서, 각 상황에서 적절한 행동 양식과 강령을 만들어야 하는 것이다.

4. 처벌과 정벌

● 현명한 이의 등용과 처벌

맹자가 제선왕을 알현하고서 "역사성을 갖춘 오래된 나라(故國)는 높고 우람한 나무가 있기 때문에 그렇게 말하는 것이 아니라, '대를 이어서 충성하는 신하'[198]가 있기 때문에 그렇게 말하는 것입니다. 그런데 왕은 신임할만한 신하가 없으며, 이전에 등용된 신하들이 현재 조정에 없다는 사실도 알지 못합니다"라고 말했다. 그러자 제선왕은 "없어진 신하들은 모두 재질이 없는 사람들이었다. 앞으로 내가 어떻게 미리 재질 없는 사람을 알아내어 버릴 수 있겠는가?"라고 물었다.
이에 맹자는 다음과 같이 대답했다. "한 나라의 군주는 현명한 이를 등용함에 있어서 '어쩔 수 없는 것처럼' 해야 합니다. 그가 현명한 사람이라면 지위가 낮을 경우 지위가 높은 사람을 뛰어 넘게 해야 하고 사이가 먼 사람이라도 사이가 가까운 사람을 뛰어 넘게 해야 하니, 어떻게 신중하지 않을 수 있겠습니까? 주위에서 모두가 그를 현명하다고 해도 등용하지 말고, 여러 대부들이 나서서 모두 현명하다고 해도 등용하지 말며, 온 나라의 사람들이 모두 그를 현명하다고 하면 그 이후 그 사람을 잘 살펴서 현명한 점을 확인한 후 등용해야 합니다. 주위에 모든 사람들이 그를 등용하지 말자고 해도 받아들이지 말고, 여러 대부들이 나서서 모두 그를 등용하지 말하고 해도 받아들이지 말며, 온 나라의 사람들이 모두 그를 등용하지 말자고 하면 그 사람을 잘 살펴서 등용하지 말아야 할 이유를 확인한 후 버려야 합니다. 주위에 모든 사람이 그를 죽여야 한다고 해도 믿지 말고, 여러 대부들이 나서서 모두 그를 죽여야 한다고 해도 믿지 말며, 온 나라의 사람들이 모두 그를 죽여야 한다고 하면 그 사람을 잘 살펴서 죽일만한 이유를 발견한 후 죽여야 합니다. 이렇게 해야 '나라 사람 전체'가 그를 죽인 것이 됩니다. 이렇게 해야 백성들의 부모가 될 자격이 있습니다."〈양혜왕하-7〉

198 세신(世臣)에 대한 번역이다. 이것은 세대를 넘어서 한 왕조와 임금에게 충성하는 신하를 의미하는 것으로, 이들이 있어야 오래되고 전통있는 나라가 될 수 있다는 말이다.

해설

왕도정치를 행하려는 왕에게 있어서도 인재를 등용하고 잘못된 신하를 처벌해야 하는 경우가 있다. 맹자는 인군(仁君)이 현명한 이를 관리로 등용해야 할 때 어떻게 해야 할지, 그리고 처벌하거나 죽여야 할 경우 어떻게 해야 할지를 이 구절에서 말해주고 있다. 여기에서 맹자의 원칙은 '신중하라'는 것이며, 그 신중함의 구체적 방법은 '모두의 원함'에 따라 '어쩔 수 없는 것처럼 하라'는 것이다. 한 사람의 천거나 몇몇 사람들의 청원에 의해 그 사람을 등용하거나 처벌해서는 안 된다는 입장이 들어 있다. 특히 사람을 죽여야 할 정도의 죄가 있는 것으로 판단될 때에는 '온 나라의 국민이 죽인 것'이어야 한다는 점은 우리가 눈여겨 볼 대목이다. 이처럼 등용과 처벌의 당위는 '모든 사람들이 원하여서 어쩔 수 없이 이루어지는 것'이어야 하며, 이를 위해 기다리면서 모두의 목소리에 귀를 기울이는 자세가 필요하다.

특히 맹자의 인재에 관련된 정책은 그야말로 '현인'을 뽑을 수 있어야 한다는 데 초점을 맞추고 있다. 더불어 그가 정말 현인으로 판단된다면, 연공서열이나 혈연·지연과 같은 기준들은 배제하고, 그에 합당한 높은 지위로의 승격이 이루어져야 한다는 입장을 분명히 한다. 높은 지위를 뛰어 넘고 나와 사이가 가까운 사람을 뛰어 넘어 그에 합당한 자리를 주어야 한다는 의미이다. 현대사회에서 '능력 중심의 선발'을 지향하면서 연공서열이나 혈연·지연·학연 등의 문제를 유교의 잔재로 보아 척결하려고 했던 시각들에 대해 유교 이론을 만들었던 맹자 역시 동의하고 있는 것이다. 더불어 그러한 판단 역시 왕 개인의 판단과 생각에 의해 이루어지는 것이 아니라, 모두의 염원과 의견을 모아서 이루어져야 한다는 입장을 밝힌 것이다. 왕이 하고 싶어서 진행하는 인재 선발이나 처벌이 아니라, '모두의 이름'으로 이것이 진행되어야 하며, 이렇게 이루어진 인재 정책을 통해 능력 있는 사람을 지속적으로 조정에 둘 수 있다는 말이다. 이렇게 되어야 비로소 명실상부한 '역사성을 갖춘 오래된 나라'가 될 수 있다.

● 천명에 따른 왕위 계승

만장이 "사람들이 '우임금(禹王)에 이르면서 덕이 쇠퇴하여 어진 사람에게 자리를 물려주지 않고 자식에게 물려주었다'[199]라고 말하는데, 그러한 적이 있습니까?"라고 물었다. 그러나 맹자는 다음과 같이 대답했다. "아니, 그렇지 않다. 하늘이 어진 사람에게 (임금의 자리를)주려고 하면 어진 사람에게 주고, 하늘이 아들에게 주려고 하면 아들에게 준다. 옛날 순임금이 우임금을 하늘에 천거하고, 17년 뒤에 돌아가셨다. 3년상을 마치고 우임금은 순임금의 아들을 피해 양성(陽城)에 있었는데, 천하의 백성들이 우임금을 따르기를 마치 요임금이 돌아가신 후 사람들이 그 아들을 따르지 않고 순임금을 따랐던 것과 같이 했다. 우임금이 익(益)[200]을 하늘에 천거하고 7년 뒤에 돌아가셨다. 3년상을 마치고 익은 우임금의 아들을 피하여 기산(箕山)의 북쪽에 있었는데, 조회를 하는 신하들과 옥사를 맡은 사람들이 모두 익에게 가지 않고 계(啓)[201]에게 가서 말하기를 '우리 임금님의 아들이다'라고 했다. 또 덕을 노래하는 사람들도 익을 칭송하지 않고 계를 칭송하여 말하기를 '우리 임금님의 아들이다'라고 했다. (요임금의 아들인)단주(丹朱)[202]는 어질지 못했고 순의 아들 역시 어질지 못했으나, 순임금이 요임금을 모시고 우임금이 순임금을 모신 세월이 오래되어서 백성들에게 은택을 베운 것이 오래 되었다. 이에 비해 (우임금의 아들인)계는 어질어서 우임금의 도를 공경하면서 계승했지만, (우임금의 재상인)익은 우를 모신 세월이 오래되지 않아서 백성들에게 은택을 베푼 것도 오래되지 않았다. 순임금과 우임금, 그리고 익이 (각각 자신의 임금을)섬긴 시간 차이의 큼과[203] 자식이 어질거나 그렇지 않음은 모두 하늘의 뜻이지 사람이 할 수 있는 것이 아니었다. (사람이)그렇게 하지 않아도 그렇게 되는 것이 하늘의 뜻이고, 이루려 하지 않아도 이르게 되는 것이 하늘의 명命이다.

일반 백성이 천하를 가지려면 그 덕은 반드시 순임금이나 우임금과 같아야 하고 더불어 천자가 그를 천거해야 한다. 그러므로 공자께서 천하를 가지지 못했던 것이다.[204] 대를 이어서 천하를 가졌음에도 불구하고 하늘이 폐하는 경우는 걸(桀)이나 주(紂)와 같은 경우이므로, 이윤(伊尹)이나 주공(周公)이 천하를 갖지 못했다.[205] 이윤이 탕(湯)임금을 모시고 천하에 왕도를 시행 하다가 탕임금이 돌아가셨는데, 이후 태정(太丁)은 왕위에 오르지 못한 채 죽었고 외병(外丙)은 2년 재임했고 중임(仲壬)은 4년을 재임하였다.[206] 그후 (탕임금의 손자인)태갑(太甲)이 왕위에 오른 후 탕임금의 법과 제도를 모두 뒤집어 버리자 이윤이 그를 동(桐)[207]땅에 삼년 동안 유폐시켰는데, 태갑은 거기에서 크게 자신의 과오를 뉘우치고 스스로를 원망하면서 자신을 다스렸다. 그렇게 동(桐) 땅에서 인과 의에 따라서 3년을 행하고 이윤의 가르침을 따라서 다시 박(亳)[208]으로 돌아왔다. (주나라의)주공이 천하를 갖지 못했던 것은 익이 하나라에서 천하를 갖지 못했던 것이나, 이윤이 은나라에서 천하를 갖지 못했던 것과 같다. 그러므로 공자께서는 '요임금과 순임금은 선양(禪讓)하셨고, 우임금때부터 은나라와 주나라는 모두 세습을 하였지만, 그 취지는 동일하다'라고 말씀하셨다."〈만장상-6〉

199 우임금은 하나라의 요와 순을 이은 3대 임금으로, 요임금은 순임금에게 양위를 했고, 순임금 역시 우임금에게 양위를 했다. 이것은 왕의 자리가 혈연에 의한 것이 아니라 덕을 갖춘자를 중심으로 이어지는 것이었는데, 우임금에게 오면서 혈연에 의한 세습이 이루어졌다. 이 질문은 바로 이러한 관

점에서 나온 것이다.

200 백익(伯益)은 우임금의 명재상으로, 우임금은 자신의 자리를 백익에게 양위했다고 한다.

201 우임금의 아들 이름이다. 맹자는 계가 자신의 아버지 우임금의 왕위를 이은 것이 우임금의 아들이었기 때문이 아니라 그의 사람됨됨이가 어질었기 때문이라고 생각하면서, 이 논의를 진행하고 있다. 이것은 어진 사람에게 왕위를 잇는 전통이 유지되고 있음을 말하려 했던 것이다. 그러나 맹자 이외의 여러 고서에서는 계에 대해 혹평하기도 한다.

202 요임금의 아들로, 원래 이름이 주(朱)였다. 이후 단(丹) 땅의 제후로 봉해지면서, 단주(丹朱)로 불렸다.

203 순임금이 요임금을 모신 것이 28년, 우임금이 순임금을 모신 것이 17년인데 비해, 우임금의 재상인 익이 우임금을 섬긴 것은 7년 밖에 되지 않아서, 모신 시간의 차이가 크다는 말이다.

204 덕은 순임금이나 우임금과 같지만, 천자의 천거가 없었다는 말이다.

205 세습을 할 경우 하늘이 굳이 그 왕을 폐하는 경우는 어질지 못한 걸이나 주와 같은 경우이다. 그런데 익이나 이윤, 주공은 모두 덕이 있었지만 익은 계가 어질었고, 이윤은 탕왕의 손자인 태갑(太甲)이 뉘우치고 어진 정치를 했으며, 주공은 무왕의 아들이자 자신의 조카인 성왕이 어질었기 때문에 그들이 천자가 되지 못했던 것이다.

206 태정(太丁)은 탕왕의 태자였지만 왕위에 오르지 못하고 일찍 죽었으며, 외병과 중임은 탕왕의 둘째와 셋째 아들로, 각각 천자의 지위에 2년과 4년 있었다는 말이다.

207 지명으로, 탕임금의 묘가 있는 곳이다.

208 박(亳)은 상나라의 도읍지로, 다시 천자가 되었다는 의미이다.

해설

중국에서 왕위를 물려주는 방식을 비교하면서, 동시에 왕위 계승의 기준이 유일하다는 사실을 밝히고 있는 대목이다. 그리고 이와 같은 왕위 계승의 기준은 이후 맹자가 제기하는 역성혁명이나 정벌의 당위론으로 사용되기도 하는데, 그것은 맹자가 말한 왕도정치론에 근거하기 때문이다.

맹자는 자신의 제자인 만장으로부터 요임금과 순임금은 양위를 했는데 우임금 때부터 세습을 했다는 사실에 대해 질문을 받는다. 만장은 이렇게 세습하게 된 이유에 대해 '덕이 쇠했기 때문'이라고 하면서, 세습을 부덕(不德)의 결과로 바라 보고 있었던 것이다. 그러나 맹자는 왕위의 계승에 대해 그것이 양위이건 세습이건 결국 민의(民意)와 천명(天命)에 따라 이루어진다는 사실을 분명히 한다. 즉 왕위 계승은 그것이 양위이든 세습이든, 모두 '하나의 기준, 즉 민의와 천명'에 따라 이루어져야 한다는 것이다. 우임금의 아들인 계에게 왕위가 세습된 것은 우임금이 그렇게 하려고 했던 것이 아니라, 우임금이 재상인 백익에게 양위를 했음에도 불구하고 백성들이 계를 찾았기 때문이라는 점을 예로 들고 있는 것은 이러한 이유에서이다. 민의가 우임금의 아들인 계에게 있기 때문에 어쩔 수 없이 세습이 이루어졌다는 의미이다. 이것은 요임금의 아들이나 순임금의 아들이 어질지 못했던 것과는 달리, 우임금의 아들은 어질었기 때문에 백성들이 그를 찾았다는 말이다. 민의가 왜 중요한지를 밝히고 있는 것이다.

더불어 맹자는 어질었던 이윤이나 주공과 같은 인물이 왜 선양을 받지 못했는지에 대해서도 그 이유를 제시하는데, 그것은 바로 '천명'이다. 세습을 받은 인물이 어질고 오랫동안 그 자신의 임금을 섬기면서 백성들에게 은택을 베푼 것과 그렇지 않은 것 등은 자신이 할 수 있는 것이 아니라 하늘이 하는 일이기 때문이다. 이윤은 태갑의 뉘우침으로 인해 천자가 될 수 없었고, 주공은 자신의 조카인 성왕이 어진 임금이었기 때문에 천하를 소유할 수 없었던 것이다. 이러한 면에서 나온 맹자의 언명은 모든 왕위계승의 정당성이 '민의와 천명'에 근거한 것임을 밝히고 있는 것이다. 따라서 맹자가 보기에 양위가 더 도덕적이고 세습이 비도덕적인 것이 아니라, 민의와 천명에 어디에 있는지에 따라 왕위계승의 정당성이 성립된다. 이후 동양 전통사회에서 백성들의 마음을 중시하는 정책의 기조와 천명을 강조하는 입장이 일맥상통하는 것은 맹자의 이와 같은 영향 때문으로 볼 수 있다.

● 정벌과 역성혁명의 근거

제선왕이 "탕왕이 걸왕을 유배시키고, 무왕이 주(紂)왕을 정벌했다고 하던데, 그러한 일이 있었는가?"[209]라고 묻자, 맹자께서 "그렇게 전하는 말이 있습니다"라고 대답하셨다. 그러자 제선왕이 다시 "신하가 그 군주를 시해하는 것이 옳은 일인가"[210]라고 묻자, 맹자께서는 다음과 같이 대답하셨다. "인함을 해치는 사람을 도적이라 하고, 의를 해치는 사람을 잔혹한 사람이라 하니, 이처럼 잔혹한 사람이나 도적을 일컬어서 (임금이 아니라)일부(一夫)[211]라 합니다. 저는 일부(一夫)인 주를 베었다는 말은 들었지만 군주를 시해했다는 말은 듣지 못했습니다."〈양혜왕하-8〉

209 탕왕이 상(商, 나중에 殷이 된다)나라를 세우면서 하나라의 마지막 왕인 걸을 유배한 일과 주무왕이 주(周)나라를 세우면서 은나라의 마지막 왕인 주를 정벌한 적이 있는지를 묻고 있다.

210 당시 걸과 주는 왕이었는데, 그의 백성이었던 탕왕과 무왕이 정벌을 통해 천자를 시해했던 것이다. 제선왕은 이것이 정당한지를 묻고 있다.

211 평범한 남자를 의미한다. 여기에서는 걸과 주가 더 이상 왕이 아니라, 평범한 남자에 불과하다는 말이다.

해설

전제군주 시대에서 임금을 시해하는 행위는 어떠한 경우이든 도덕적으로 용납될 수 없다. 이렇게 보면 성인으로 추앙받는 탕왕이나 무왕의 행위도 용납될 수 없다. 제선왕의 질문은 이러한 입장에서 나온 것이다. 그런데 맹자는 이러한 물음에 대해 '군주의 자격을 잃은 임금'은 더 이상 임금이 아니기 때문에 도와 의를 해치는 '일부(一夫)'를 죽인 것과 같다는 입장을 명시적으로 제시하고 있다. 일부가 잘못을 범하는 것에 대해 형벌을 내리는 것은 타당하며, 탕왕과 무왕의 행위는 바로 이와 같은 차원에서 이루어진 것이라는 말이다. "도적인 주를 베었다는 소리를 들었어도 군주를 죽였다는 소리는 듣지 못했다"는 맹자의 말은 바로 이러한 이유에서 나온다.

이러한 입장은 이후 맹자의 철학에서 '역성혁명'과 '정벌'의 정당성을 마련해 주는 논거가 된다. 맹자는 탕왕의 하나라 정벌과 무왕의 은나라 정벌의 정당성을 '도덕적인 이유'에서 찾는다. 즉 군주의 자격을 유지하지 못한 '일부(一夫)'가 지속적으로 인함과 의로움을 해치는 도적질을 하고 있는 것에 대한 징벌의 차원에서 정벌이 이루어졌으며, 이러한 정벌은 정당하다는 의미이다. 결국 왕도정치를 실현하지 못한 왕은 왕으로서의 자격을 갖지 못하며, 그 때에 이루어지는 정벌은 정당하다는 의미가 된다. 역성혁명 역시 마찬가지이다. 왕이 도덕적 정당성을 잃었을 때 어쩔 수 없이 왕을 폐위시키는 것은 '정당성을 획득한 행위'가 되는 것이다. 이것은 왕이 단순하게 혈연에 의해서 오르는 자리가 아니라 도덕수양을 통해 남을 다스릴 수 있는 자격을 갖추었을 때 오를 수 있는 자리이기 때문이다. 맹자의 이 같은 입장은 이후 맹자의 철학이 쉽게 수용되지 못했던 이유가 되기도 했다.

● 정벌의 개념

맹자는 "『춘추(春秋)』[212]에는 의로운 전쟁이 없으니, 다만 저것이 이것보다 나은 것은 있다. 정벌이란 윗 사람[213]이 아랫 사람[214]을 정벌하는 것이니, 제후국들끼리는 정벌하지 못한다"라고 말했다.〈진심하-2〉

212 공자가 지은 역사책으로, 공자가 살았던 노나라를 중심으로 기록되었다. 그런데 이 책이 이후 중요한 것은 여기에 공자 나름의 군주에 대한 평가를 담아서 역사를 기록했기 때문이다. 물론 직접적으로 표현한 것이 아니라 글자의 의미 속에 그것을 담고 있는 방식이다. 예컨대 성군이 돌아가셨을 때는 '붕(崩)'이라는 글자를 사용했다면, 폭군이 죽은 경우는 똑 같이 죽었다는 표현을 하더라도 '사(死)'나 '망(亡)'과 같은 글자를 쓰는 방식인데, 이것을 흔히 '춘추대의(春秋大義)'라고 한다. 공자의 춘추대의는 역사적 사건이 그 시대를 비추는 거울이 될 수 있다는 생각에 따라 평가를 담아 역사를 기술하는 방식을 의미한다. 이 방식은 이후 유학자들이 역사 속에

는 '도(道)'가 들어 있다고 생각하게 하는 이유가 된다. 이 책에는 3개의 전(傳)(일종의 주석서)이 있는데, 각각 『춘추좌씨전(春秋左氏傳)』, 『춘추곡량전(春秋穀梁傳)』, 『춘추공양전(春秋公羊傳)』이 그것이다. 이 책들은 한대 이후 모두 13경에 포함된다.

213 이것은 천자(天子)에 한정되는 개념이다. 정벌은 주로 도덕적 정당성과 우위를 가진 나라가 그 아래에 있는 나라를 벌한다는 의미에서 나온 것이므로, 실제로 천자국에서만 제후국을 정벌할 수 있다. 따라서 상(上)은 천자를 의미한다.

214 위와 같은 이유에 따르면 아랫사람은 제후가 된다.

해설

맹자의 철학체계 내에서 전쟁은 인정되지 않는다. 다만 맹자는 전쟁이 아닌 '정벌'을 인정하고 있을 뿐이다. 맹자가 '의로운 전쟁'이라고 말한 것은 바로 '정벌'을 의미한다. 그렇다면 정벌이란 무엇일까? 이 물음에 대해 맹자는 우선 정벌에 대해 '윗 사람이 아랫 사람을 정벌'하는 것이지 대등한 나라끼리 정벌하는 것은 아니라고 말한다. 우리는 흔히 중국 역사상 가장 혼란했던 시기를 '춘추전국시대'라고 말하는데, 이것은 춘추시대와 전국시대를 합쳐서 말한 것이다. 춘추시대는 일반적으로 공자가 썼던 것으로 알려진 『춘추』라는 역사서에 기록된 시대를 의미하며, 전국시대는 그 이후로부터 첫 통일왕조인 진(秦)나라로 통일되어 가는 시기로, 춘추시대와 비교하여 그 혼란함은 내용에 있어서도 차이가 있다. 춘추시대는 주(周)라고 하는 천자국이 있고, 혼란함은 그 아래에 있었던 제후국들 사이의 쟁패로 인해 발생하였다. 이에 비해 전국시대는 주의 멸망이 있고 난 후 그야말로 열국들 간의 쟁패로 뒤덮였던 시대이다. 정벌이란 천자국이 '명분'을 가지고 제후국을 벌하기 위해 이루어지는 전쟁으로, 천자국과 제후국 사이의 관계가 분명히 존재할 때 가능한 개념이다. 정벌이 이루어질 때에는 우선 천자국에서 정벌을 위해 제후국들의 군사를 모으고, 그 명분에 의해 모인 군대가 정벌의 대상이 되는 국가와 전쟁을 하는 형식을 띤다. '의로운 전쟁'이란 천자국이 제후국을 정벌할 분명한 명분이 있고, 그에 따라서 이루어진 전쟁을 의미한다.

그런데 맹자는 천자국이 있었던 시대에 기록되었던 『춘추(春秋)』에서도 의로운 전쟁이 없었다는 사실을 분명히 한다. 천자국이 존재하지 않는 전국시대의 전쟁들이 의롭지 않은 것은 이미 당연한 사실이고, 천자국이 있었던 춘추시대마저도 의로운 전쟁이 없다는 비판을 제기하고 있는 것이다. 이 말은 춘추시대의 많은 전쟁들도 결국은 제후국들이 서로 자국의 이익을 위해 힘을 겨뤘던 것이지 도덕적 당위와 명분을 가지고 전쟁을 한 경우는 없었다는 의미이다. 이 때문에 조금 더하고 덜한 것은 있을 수 있겠지만 근본적으로 의로운 전쟁이 없었다는 평가가 제기되었던 것이다. 정벌이란 천자국만이 그 자격을 가지며, '도덕적 의로움'을 확보한 상태에서 이루어지는 것임을 밝히고 있는 대목이다. 전쟁마저도 '도덕'이라는 범주에서 해석하고 있는 유학의 독특한 특징을 잘 보여주고 있다.

● 정벌의 의미

맹자는 다음과 같이 말했다. "어떤 사람이 '내가 진을 잘 치고, 전쟁을 잘 한다'고 하면 이것은 큰 죄인이다. 나라의 임금이 인(仁)을 좋아하면 천하에 대적할 자가 없다. (옛날에 탕왕께서)남쪽 지역을 정벌하면 북쪽에 있는 나라 백성들이 원망하며, 동쪽 지역을 정벌하면 서쪽에 있는 나라 백성들이 원망하면서 '왜 우리나라를 뒤로 돌리는가?'라고 했다. 무왕께서 은나라를 정벌할 때 가죽으로 된 전차가 3백 량이고, 날랜 병사인 호분(虎賁)[215]이 3천 명이었다. 무왕께서는 은나라 백성들에게 '두려워하지 말라. 너희를 편안하게 하려는 것이지, 백성들을 적대하려는 것은 아니다'라고 말했다. 그러자 (은나라 백성들이)마치 짐승이 뿔을 땅에 대듯이 머리를 조아렸다. 정벌한다는 말은 '바로잡다'는 뜻이다. 각각 바로 잡아 주기를 바라니, 어찌 전쟁을 사용하겠는가?"〈진심하-4〉

215 호분(虎賁)을 해석하면, 말 그대로 호랑이처럼 날랜 병사를 의미한다. 당시 호분은 일반적으로 천자를 호위하는 군사를 의미했다.

해설

맹자는 근본적으로 전쟁에 대해서 부정적인 시각을 가지고 있다. 도덕적 본성에 따른 왕도정치를 강조하는 맹자에게 있어서 전쟁이란 탐욕의 결과물에 불과하기 때문이다. 이 때문에 맹자는 '진을 잘치고 전쟁을 잘하는 것'에 대해서 '큰 죄인'이라는 비판을 제기한다. 더불어 이 말은 전쟁을 통해 나라를 일으키고, 그 힘을 가지고 통치를 하는 것에 대한 비판이기도 하다. 인한 정치를 통해 자연스럽게 대적할 자가 없도록 해야 한다는 입장을 드러내고 있는 것이다. 결국 맹자가 인정하는 전쟁은 '의로운 전쟁', 즉 '정벌' 밖에 없다.

정벌은 무엇인가 잘못되어 있는 상태를 '바로잡기 위한 전쟁'이다. 다시 말해 옳지 못한 정치에 희생되고 있는 백성들을 측은히 여기는 마음에서 나온 것으로, 정치에 희생되고 있는 백성들의 바람을 이루어주는 전쟁이다. 이와 같은 이유에서 맹자는 정벌에 대해 '왜 우리는 나중에 정벌하는가?'라는 원망이 들릴 정도의 명분과 당위가 있어야 한다는 사실을 분명히 한다. 도덕적 당위를 가지고 학정(虐政)에서 백성들을 건져주는 전쟁만이 인정받는 이유이다.

● 정벌의 정당성

제나라 사람들이 연나라를 정벌하여 승리했다. 이에 제선왕이 묻기를 "어떤 사람은 과인에게 연나라를 취하지 말라하고, 또 어떤 사람은 취하라고 한다. 전차를 만승이나 가지고 있을 정도의 큰 나라가 같은 크기의 나라를 정벌하면서도 단지 50일 만에 완전하게 함락하였으니[216], 이는 사람의 힘으로 할 수 있는 것이 아니다. 따라서 이것을 취하지 않는다면 반드시 하늘의 재앙이 있을터이니, 이것을 취하는 것이 어떠하겠는가?"라고 했다. 이에 맹자는 다음과 같이 대답했다. "연나라를 취해서 연나라 백성들이 기뻐하거든 취하십시오. 옛 사람 가운데 그렇게 한 사람이 있으니, 바로 무왕입니다. 취해서 연나라 백성들이 기뻐하지 않으면 취하지 마십시오. 옛 사람 가운데 그렇게 한 사람이 있으니, 바로 문왕입니다. 만승의 나라를 가지고 만승의 나라를 정벌하였는데, 바구니에 밥을 담고 병에 간장을 담아 왕의 군대를 환영한 것이 어찌 다른 이유이겠습니까! 바로 물·불의 재앙[217]을 피하기 위함입니다. 그런데 물이 더욱 깊어지고 불이 더욱 뜨거워진다면,[218] 이 마음은 또한 다른 곳으로 돌아갈 뿐입니다."〈양혜왕하-10〉

216 『사기(史記)』에 따르면, 연왕인 쾌(噲)가 정승이었던 자지(子之)에게 나라를 양보하자 연나라가 크게 흔들렸다고 한다. 제나라는 바로 이 때를 틈타 연나라를 정벌하자, 연나라 군사들은 싸우지도 않고 성문을 닫지도 않았다고 한다. 그래서 연나라를 이겼던 것이다.

217 물과 불의 재앙은 당시 연나라 군주에 의해서 자행되었던 폭정을 비유로 말한 것이다.

218 물이 더욱 깊어지고 불이 더욱 뜨거워진다는 것은 연나라 군주에 의해서 자행되었던 폭정보다, 정벌국인 제나라의 학정이 더욱 심해지는 것을 비유로 말한 것이다.

해설

이 구절에서 우리는 맹자가 말하는 정벌의 정당성을 확인할 수 있다. 연나라 백성들이 당하는 학정(虐政)은 물·불의 재앙만큼이나 큰 것이어서, 그것으로부터 해방시켜 주는 모든 행위에 대해 연나라 백성들은 반길 수밖에 없는 실정이다. 연나라의 학정으로부터 백성들을 구해야 하는 당위가 설정되어 있는 것이다. 정벌의 정당성을 '정벌의 대상이 되는 나라의 백성들이 그 정벌을 기뻐하는지'에서 찾고 있는 것은 이 때문이다. 이것은 연나라의 군주가 군주로서의 도덕적 자격을 잃었음을 의미하는 것이며, 동시에 정벌자의 도덕적 당위를 확보하는 것이기도 하다. 이러한 이유에서 맹자는 제선왕을 향해 연나라 백성들이 왜 제나라 군사들을 환영했는지에 대한 본의를 분명히 파악하여, 물과 불의 재앙과 같은 학정이 더욱 심해지지 않아야 한다고 말한다. 제선왕의 정치에 대한 맹자의 불신이 엿보이는 대목이다. 백성들이 왕을 바라는 그 마음이 또 다른 정벌을 기다리게 해서는 안 된다는 말이다. 철저하게 '민심'에 기반한 정치가 왕도정치이며, 그것에서 벗어날 경우 정벌의 대상이 될 수 있음을 분명히 한 것이다.

● 탕왕의 정벌

만장(萬章)이 "송나라는 작은 나라입니다. 이제야 왕도정치를 행하려고 하는데, 제나라와 초나라가 (이것을)미워하여 송나라를 정벌하면 어떻게 합니까"라고 묻자, 맹자는 다음과 같이 대답하였다. "탕왕께서 박(亳)[219]읍에 계실 때에 갈(葛)나라와 이웃하고 있었다. 갈나라의 군주가 방탕하여 제사를 지내지 않자 탕왕께서 사람을 보내 '어째서 제사를 지내지 않는가'라고 물었다. 그러자 '제사에 바칠 희생이 없기 때문입니다'라고 하였다. 그래서 탕왕께서 사람들을 시켜 희생으로 쓸 소와 양을 보내주었는데, 갈나라 군주는 그것을 잡아먹어 버리고는 또 제사를 지내지 않았다. 그래서 탕왕께서는 다시 사람을 시켜 '어째서 제사를 지내지 않는가'라고 물었다. 그러자 그는 '제사에 바칠 곡식이 없기 때문입니다'라고 대답했다. 이에 탕왕께서 박읍의 거주하는 백성들로 하여금 갈 나라에서 농사를 지어주게 하고, 늙은이와 어린아이들에게는 농사짓는 사람들에게 밥을 나르게 하였다. 그러자 갈나라 방백이 자신의 백성들을 거느리고 가서 술과 음식, 기장밥이나 쌀밥을 나르던 사람들을 핍박하고 빼앗았으며, 주지 않는 사람을 죽여 버렸다. 어떤 어린 아이가 기장밥과 고기를 가져갔는데 갈나라의 군주는 그 어린아이를 죽이고 음식을 빼앗았다. 『서경』에 '갈나라 군주가 밥 먹이는 사람을 원수같이 여겼다'고 한 것은 바로 이것을 말한다.

이 어린 아이를 죽인 것 때문에 (탕왕께서)갈 나라를 정벌하자, 사해 안의 사람들이 모두 '천하를 탐내서가 아니라 평범한 필부들을 위하여 복수하는 것이다'라고 말했다. 탕왕이 첫 정벌을 갈나라에서 시작하여 11개 국을 정벌하셨는데, 천하에 대적하는 이가 없었다. 동쪽을 향해서 정벌하면 서쪽 이민족들이 원망하며, 남쪽을 향해서 정벌하면 북쪽 이민족들이 원망하면서 말하기를 '어찌하여 우리 나라를 나중에 정벌하는가'라고 하였다. 백성들이 (탕왕을)바라는 것이 마치 큰 가뭄에 비를 바라는 듯 하였다. 전쟁 중인데도 시장으로 가는 사람들이 멈추지 않았으며 김을 매는 사람들의 마음에 동요가 없었다. 탕왕이 그 군주를 베고 백성들을 위문하자 마치 단비가 내린 때처럼 백성들이 기뻐하니, 『서경』에 '우리의 임금님을 기다리니, 임금님이 오신 이후면 형벌[220]이 없겠지'라고 말한 것이 바로 이것이다.

또 '주 나라에 복종하지 않으려고 하는 나라가 있어서, 무왕은 동쪽을 정벌하고 그곳의 사람들을 편안하게 해 주었다. 그러자 그들은 흑색과 황색 비단을 광주리에 담아와서 주나라의 왕을 섬겨 복을 받으니, 큰 나라인 주나라에 복종하겠다고 했다'는 말도 있다. 당시 그 나라의 관리들은 흑색과 황색 비단을 광주리에 담아 주나라의 관리들을 맞이하고, 그 나라의 백성들은 그릇에 밥을 담고 병에 음료를 담아 주나라의 백성들을 맞이했다는 것이다. 이렇게 한 것은 그 나라 백성들을 물·불과 같은 재앙에서 건져내고 잔학한 자를 처벌했기 때문이다. 그래서 「태서(太誓)」[221]에서는 '우리들의 위무(威武)를 떨쳐 저들의 국경에 들어가 잔학하게 군 임금을 잡아서 죽이고 벌을 주는 공효가 백성들에게 크게 베풀어지니 그 공적이 탕왕보다 더욱 빛나도다'라고 하였던 것이다. 왕도정치를 행하지 않아서 그렇지, 만약 왕도정치를 행하기만 한다면 사해 안에 사는 모든 사람들이 머리를 치며 들고 정벌해 오기를 바라고, 군주 삼기를 바랄 것이다. 그러면 제나라와 초나라가 아무리 강대하다고 해도 어찌 두려워하겠는가?"〈등문공하-5〉

219 갈나라 바로 옆에 있었던 땅의 이름이다.

220 죄를 짓고 받는 형벌이 아니라, 폭군으로 인해 당하는 고초를 표현한 말이다.

221 『서경(書經)』「태서(太誓)」편을 말한다.

해설

이 구절 역시 탕왕의 일화를 예로 들어서, 정벌(征伐)의 정당성이 어떻게 확보되는지를 보여준다. 탕왕이 갈나라를 정벌했던 것은 분명한 이유가 있어서이다. 이것은 무도한 갈나라 방백을 정벌하고, 백성들을 학정(虐政)에서 해방시키기 위한 것이다. 이렇게 되자 갈나라 백성들뿐만 아니라, 사해(四海)의 모든 나라들이 그 정당성을 인정하게 된다. 이것은 정벌을 당하지 않은 백성들이 '왜 우리를 정벌해 주지 않는가?'라고 원망하면서 정벌을 손꼽아 기다리는 정벌이어야 그 당위가 인정될 수 있다는 것이다.

이와 같은 입장에서 보면 정벌은 힘을 가지고 있기 때문에 하는 것이 아니며, 힘이 적다고 해서 정벌을 할 수 없는 것도 아니다. 정벌을 당하는 나라의 백성들이 모두 기뻐하는 정벌이라면 나라의 크기와 상관없이 쉽게 이루어질 수 있기 때문이다. 나아가 정벌은 자기가 하고 싶어서 하는 것도 아니어야 한다. 자신이 원하는 것이 아니라, 그 나라와 온 백성들이 정벌의 정당성을 부여할 때, 비로소 정벌이 가능하다는 말이다. 물론 이와 같은 정벌이 정당성을 얻기 위해서는 자기 나라에서 왕도정치를 행함으로써, 사해의 백성들이 모두 그 나라로 몰려 온다는 전제가 깔려 있다. 이러한 이유에서 맹자는 송나라가 왕도정치를 행하려고 마음만 먹는다면, 아무리 제나라나 초나라가 크다고 해서 문제될 것이 없다는 입장을 피력했던 것이다.

5. 왕도정치의 완성

● 여민동락(與民同樂) 1

제선왕이 "사람들이 모두 나에게 명당(明堂)[222]을 부수라고 하는데, 부수어야 하겠는가? 부수지 말아야 하겠는가?"라고 묻자, 맹자는 다음과 같이 대답했다. "명당이란 천하를 통치하는 왕이 되었을 때 사용해야 하는 건물입니다. 왕께서 왕도정치를 행하시려고 하신다면 부수지 마소서." 이에 제선왕이 "왕도정치에 대해 들을 수 있겠는가"라고 말하자, 맹자는 다음과 같이 대답했다. "옛날에 문왕께서 기(岐)[223]를 다스릴 때에 논을 경작하는 사람들에게 세금은 9분의 1만 받았으며[224], 벼슬하는 사람에게는 대대로 봉록을 주었고, 관문(關門)과 시장은 살펴보기만 할 뿐 세금을 징수하지는 않았습니다. 또 저수지나 물에서 고기 잡는 것을 금지시키지 않았고, 죄인은 (처벌은 하되 그 벌이)처와 자식에게까지 미치지는 않았습니다. 늙어서 아내가 없는 것을 '홀아비'라 하고 늙어서 남편이 없는 것을 '과부'라 하며, 늙어서 자식이 없는 것을 '혼자된 사람'이라 하고, 어려서 부모가 없는 것을 '고아'라 하니, 이 같은 네 종류의 사람들은 천하에서 가장 곤궁한 백성으로 어디 한 곳 하소연 할 데가 없는 사람들입니다. 문왕은 정치를 행하시고 인정을 펴실 때, 이와 같은 네 종류의 사람들을 가장 우선에 두셨습니다. 『시경詩經』에 '부유한 사람들은 괜찮지만, 이처럼 외롭고 고독한 사람이

가엾다'라고 했습니다."

이에 제선왕이 "참으로 좋도다. 그대의 말이!" 그러자 맹자는 "왕께서 이것을 좋게 여기시는데 왜 행하시지 않습니까?"라고 물었다. 그러자 왕이 "과인에게 안 좋은 점이 있으니, 재물을 좋아하노라"라고 대답하였다. 맹자는 여기에 대해 다음과 같이 말하였다. "옛날에 공유(公劉)[225]라는 사람이 재물을 좋아했습니다. 『시경』에 '양식을 쌓고 창고에 저장하며 말린 양식은 써서 전대와 자루에 넣어 두었다. 백성들을 편안하게 함으로써 나라의 위세 떨칠 것을 생각하면서, 활과 화살을 마련하고 창과 방패, 도끼를 들고 행군을 시작한다'라고 했습니다. 공유는 남아 있는 사람들을 위해 노적가리와 창고에 곡식을 마련해 주고 길 떠나는 사람들을 위해 양식을 싼 전대와 자루를 마련한 이후에 비로소 행군을 시작할 수 있었습니다. 왕께서 재물을 좋아하셔도 백성들과 더불어 함께 하신다면, 왕도정치를 실현하는 데 무엇이 문제겠습니까?" 이 말을 듣고 왕은 다시 "과인에게 또 안 좋은 점이 있으니, 내가 여색을 좋아한다"라고 말하였다. 이에 맹자는 다시 다음과 같이 말하였다. "옛적에 태왕[226]께서 여색을 좋아하여 그 후비를 사랑하셨습니다. 『시경』에 '고공단보(태왕)가 아침에 말을 달려 서쪽 물가를 따라 기산(岐山) 아래에 이르러 강녀(姜女)[227]와 함께 집터를 보았다'라고 기록될 정도였습니다. 그런데 이 때에도 안으로는 남편이 없어서 원망하는 여자가 없었으며, 밖으로는 홀아비가 없었습니다.[228] 왕께서 만약 여색을 좋아하시되 백성들과 더불어서 하신다면, 왕도정치를 실행하는데 무슨 문제가 있겠습니까?" 〈양혜왕하-5〉

222 명당은 천자가 지방을 순회하면서 제후들에게 조회를 받던 곳이다. 여기의 명당은 태산(泰山)의 동북쪽 기슭에 있던 것으로, 천자가 동쪽으로 돌 때 사용하던 곳이다. 그런데 당시에는 전국시대이기 때문에 주나라 천자가 없고, 따라서 제후도 거처하지 않고 있다. 이 때문에 왕이 이것을 부수어야 하는지 그렇지 않은지를 물었던 것이다.

223 기(岐)는 문왕이 은나라의 제후인 서백(西伯)으로 있을 때 다스리던 땅이다.

224 이것은 맹자가 주장하는 세금제도인 정전제이다. 이것은 땅을 정(井)자 모양으로 구획해서 중간은 천자의 땅으로 경작하고 나머지는 농사를 지은 사

람이 갖는 방식이다. 1/9세를 받는 것으로, 왕도정치의 대표적인 세금제도로 거론되었다. 이후 이상적 세금징수제도인 정전제가 바로 이것이다. 당시에는 이와 같은 세금제를 주장해야 할만큼 백성들에게 부과되는 세금은 많았으며, 이후에도 정전제는 세금제도의 이상향으로만 존재했다.

225 주(周)나라의 선조인 후직(后稷)의 증손이다.

226 원래 대왕(大王)인데 음은 태왕으로 읽는다. 주희의 주에 따르면, 태왕은 공유의 9대손으로, 이름은 단보(亶父, 父를 보로 읽는다)이고 당시 칭호가 고공(古公)이다. 이를 합쳐서 흔히 고공단보(古公亶父)로 부른다. 태왕은 주나라가 세워진 후 추존하여 부른 것이다.

227 강녀는 태왕의 후비 이름이다.

228 모든 여자가 가정을 이루었고, 모든 남자들이 다 결혼을 했음을 의미한다. 즉 태왕은 자신이 여인을 좋아하는 것처럼 백성들도 그러할 것이라고 생각하여, 백성들이 모두 서로 짝을 짓고 살 수 있도록 정책을 폈다는 말이다. 이것이 백성들과 더불어 여인을 좋아한다는 의미이다.

해설

맹자는 왕도정치의 완성단계를 '여민동락(與民同樂)'에서 찾는다. 이것은 왕 혼자만의 즐거움을 위한 것이 아니라, 백성들과 더불어 즐거워하는 단계이다. 즉 왕도정치가 백성들과 더불어 함께 만들어 가는 정치임을 의미한다. 맹자는 세금제도와 농경작에 대한 조언을 통해 백성들의 의식주가 해결되면 고아와 과부, 홀아비, 홀로된 늙은이 등을 특히 잘 보살피라고 조언한다. 이것은 모든 백성들이 왕과 함께 더불어 살게 하려는 것이다.

상식적으로 왕이 재물이나 여인을 좋아하면 그것은 용인되기 어렵다. 그러나 맹자는 왕이 재물을 좋아할 수도 있고, 여인을 좋아할 수도 있다는 사실을 인정한다. 다만 그것이 왕 개인만이 즐기고 좋아하는 것이어서는 안 된다. 공유(公劉)나 고공단보(古公亶父)에 대한 실례는 이와 같은 과정에서 나온 것이다. 재물을 좋아해도 백성들과 함께 좋아하는 것, 여색을 좋아해도 백성들과 함께 좋아하는 것, 이것이 바로 왕도정치의 실현이다. 이렇게 보면 재물을 좋아하는 것이 문제가 아니라, 백성들과 함께 좋아하지 못하는 게 문제이다. 왕이 재물을 좋아하면 백성들도 좋아할 줄을 알아서 모두가 재물을 갖도록 정책을 펴는 것, 왕이 여인을 좋아하면 백성들도 좋아하는 줄 알아서 모두가 짝을 짓고 살도록 정책을 펴는 것, 이것이 바로 왕도 정치의 실현인 것이다.

이와 같은 맹자의 입장을 통해 우리는 유학에서 개인의 '욕망' 자체를 부정하지 않는다는 또 하나의 사실을 알 수 있다. 다만 그것이 개인에게 한정된 '사욕(私慾)'이라면 문제가 되겠지만, '모두의 욕망', 즉 '공욕(公慾)'으로 승화된다면 이것은 바람직한 욕망이다. 즉 자신의 욕망을 인정하고 이를 기반으로 타인의 욕망까지 인정함으로써, 함께 그것을 추구할 수 있게 하는 것은 바람직한 욕망인 것이다. 이와 같은 측면에서 보면 유학에서 말하는 선함은 욕망이냐 이성이냐에 따라 결정되는 것이 아니라, 그것이 공적 욕망인가 사적 욕망인가에 따라 결정되는 것임을 알 수 있다.

● 여민동락 2

장포(莊暴)[229]가 맹자를 만나 "제가 왕을 알현했을 때 왕께서는 저에게 음악을 좋아한다고 말씀하셨는데, 저는 여기에 대해서 대답하지 못했습니다. 음악을 좋아하는 것이 어떻습니까?"라고 물었다. 그러자 맹자는 "왕께서 음악을 좋아하시는 것이 지극해 지면 제나라는 잘 다스려 질 것입니다"라고 말했다. 다른 날 맹자는 왕을 알현하고서 "왕께서는 일찍이 장포에게 음악을 좋아한다고 하셨다는데 그런 적이 있으십니까?"라고 물었다. 그러자 왕의 얼굴 색을 바꾸면서 "과인은 선왕의 음악[230]을 좋아하는 것이 아니라, 다만 유행하는 세속의 음악[231]을 좋아할 뿐이다"라고 말했다. 맹자는 "왕께서 음악을 좋아하시는 것이 지극해 지면 제나라는 잘 다스려질 것입니다. 지금 유행하는 세속의 음악이라 해도 옛날 선왕의 음악과 마찬가지입니다"라고 말했다. 이에 왕은 "무슨 이야기인지 들을 수 있겠는가?"라고 물었다. 맹자는 "혼자 음악을 즐기는 것과 다른 사람들과 더불어 음악을 즐기는 것 가운데 어느 것이 더 즐겁습니까?"라고 묻자 왕은 "혼자 즐기는 것이 다른 사람들과 더불어 즐기는 것만 못하다"라고 대답했다. 이에 맹자는 "그렇다면 적은 수의 사람들과 더불어 음악을 즐기는 것과 많은 수의 사람들과 더불어 음악을 즐기는 것 가운데 어느 것이 더 즐겁습니까?"라고 묻자, 왕은 "적은 수가 음악을 즐기는 것이 많은 수의 사람들과 더불어 음악을 즐기는 것만 못하다"라고 대답했다.

그러자 맹자는 다음과 같이 말했다. "신이 청컨대 왕을 위하여 음악에 대해 말씀을 드리겠습니다. 만약 왕께서 이곳에서 음악을 연주하면 백성들이 왕의 종소리와 북소리, 피리소리 등을 듣고서 모두 머리 아파하고 이마를 찌푸리면서 서로 '우리 왕께서 음악 연주하기를 좋아하심이여! 그런데 어찌하여 우리들을 이렇게 고통스럽게 하는가! 아비와 자식이 서로 보지 못하고 형제와 처자는 흩어졌구나!'라고 말하고, 또 왕께서 이곳에서 사냥을 하시면 백성들이 왕의 수레소리와 말소리를 듣고 깃과 들소꼬리로 만든 아름다운 깃발을 보면서 모두 머리 아파하고 이마를 찌푸리면서 서로 '우리 왕께서 사냥을 좋아하심이여! 그런데 어찌하여 우리들을 이렇게 고통스럽게 하는가! 아비와 자식이 서로 보지 못하고 형제와 처자는 흩어졌구나!'라고 말한다고 생각해 보십시오. 이것은 다른 이유가 아니라 백성들과 더불어 함께 즐기지 않기 때문입니다.

만약 지금 왕께서 이곳에서 음악을 연주하면 백성들이 왕의 종소리와 북소리, 피리소리 등을 듣고서 모두 흔쾌하게 기뻐하는 얼굴색으로 서로 '우리 왕께서 질병은 없으신가보다! 그렇지 않다면 어떻게 음악을 연주하시겠는가!'라고 말하고, 지금 왕께서 이곳에서 사냥을 하시면 백성들이 수레소리와 말소리를 듣고 깃과 들소꼬리로 만든 아름다운 깃발을 보면서 모두 흔쾌하게 기뻐하는 얼굴색으로 서로 '우리 왕께서 행여 질병은 없으신가보다! 그렇지 않으면 어떻게 사냥을 하시겠는가!'라고 말한다고 생각해 보십시오. 이것은 다른 것이 아니라 백성들과 더불어 함께 즐기기 때문입니다. 지금 왕께서 백성들과 더불어 함께 즐거워하시면 천하를 다스리는 왕이 되실 수 있으실 것입니다."〈양혜왕하-1〉

229 사람이름으로, 당시 제나라의 신하 가운데 한 명이다.

230 선왕의 음악은 백성을 교화하기 위해서 했던 음악으로, 공자가 악(樂)을 좋아했던 것도 이러한 종류이다. 순임금의 소무(韶舞)나 주무왕의 대무(大武) 같은 음악들을 그 예로 들 수 있다.

231 당시에 일상적으로 유행하던 음악을 말하는 것으로, 흥취와 즐거움의 음악으로 비견될 수 있다.

해설

맹자는 여기에서 여민동락(與民同樂)하는 상황과 그렇지 않은 상황을 대비시켜 잘 보여준다. 여기에서도 앞의 구절과 마찬가지로, 군주가 음악을 즐기고 사냥을 좋아하는 것을 문제 삼지 않는다. 전국시대였던 당시로서는 왕이 즐기는 세속의 음악이 어울리지 않은 것일 수도 있다. 그러나 맹자는 선왕의 음악이나 세속의 음악이 다를 바 없다는 입장을 제시한다. 음악이 가지고 있는 본래의 목적이 많은 사람과 화락(和樂)하는 것이기 때문이다. 이와 같은 이유에서 맹자는 왕이 세속음악을 좋아하는 것보다, 그것을 가지고 많은 사람과 함께 화락하는가 그렇지 않은지를 점검한다. 왕이 음악을 즐길 때 그것을 혼자만 즐기는 것이 아니라, 모두가 함께 즐길 때 그 즐거움은 왕도정치를 실현한 즐거움인 것이다.

그런데 이를 위해서는 왕의 인정(仁政)이 지속적으로 백성들에게 시행되고 있어야 한다. 왕의 인정이 계속 펼쳐지면 궁 밖으로 들려오는 음악소리에 모든 백성들이 기뻐하고, 사냥 나가는 왕의 모습을 보고 기뻐할 수 있기 때문이다. 따라서 여민동락을 위한 중요한 전제는 지속적인 왕도정치의 시행에 있으며, 이를 통한 결과로서 맹자는 여민동락을 말하고 있다. 왕도정치를 통해 백성들과 함께 즐거움과 고통을 나누는 단계가 되면, 왕이 음악을 즐기는 것 자체가 백성들과 함께 즐기는 것이 되기 때문이다. 이것이 바로 맹자가 바라는 정치적 이상이다.

● 강한 나라

맹자는 다음과 같이 말했다. "천시(天時)[232]는 땅의 이로움(地利)[233]만 못하고 땅의 이로움은 인화(人和)[234]만 못하다. 3리에 불과한 성(城)과 7리 정도의 곽

(郭)[235]을 포위하고서 공격을 해도 이기지 못하는 경우가 있다. 포위해서 공격할 때에는 반드시 천시를 얻었을 것이다. 그렇지만 이기지 못하는 것은 천시가 땅의 이로움만 못하기 때문이다. 성이 높지 않은 것도 아니고, 성을 둘러싼 못이 깊지 않은 것도 아니며, 병기와 갑옷이 예리하지 않은 것도 아니고 군량으로 쓸 쌀과 곡식이 많지 않은 것도 아닌데, 성을 포기하고 도망가는 경우가 있다. 이것은 땅의 이로움이 인화만 못하기 때문이다. 그러므로 옛말에 '백성들을 지역으로 한정시킬 때 국경의 경계에만 의존하여 하지 말고,[236] 나라의 방어벽을 견고하게 할 때 산과 강의 험준함에만 의존하지 말며, 천하에 위엄을 떨칠 때 병장기의 날카로움에만 의존하지 말라'고 했던 것이다. 왕도정치의 도를 얻은 사람은 돕는 사람이 많고, 왕도정치의 도를 잃은 사람은 돕는 사람이 적다. 도와주는 사람이 줄어들어 극단에 이르면 친척까지도 배반을 하지만, 도와주는 사람의 늘어나서 궁극에 이르면 온 천하 사람들이 그에게 순종한다. 온 천하 사람들이 그에게 순종하는 힘을 가지고 친척까지 배반하는 사람을 공격하기 때문에 군자는 잘 싸우지는 않지만 싸우면 반드시 이긴다."〈공손추하-1〉

232 천시는 시간과 일시(日時)에 대한 간지(干支)를 말하는 것이다. 이것이 연용되어 계절이나 일기, 주야와 같은 자연의 변화가 적절하고 좋은 것을 말한다. 옛날 전쟁에서 공격이나 방어를 하기에 좋은 시기나 날씨 등이 있었으며, 여기에서 천시는 하늘이 부여할 정도로 좋은 때를 의미한다.

233 지리(地理)의 이로움을 말한다. 예컨대 방어전략을 짤 때 험준한 산이나 계곡과 같은 요새는 지리적 이로움으로, 전쟁에서 이것이 미치는 영향은 크다.

234 민심이 하나로 화합되어 있는 상태를 말하는 것으로, 맹자는 전쟁에서 이것이 가장 중요한 요소라고 말한다.

235 성은 보통 성과 곽으로 나누는데, 이 때문에 이것을 통칭해서 성곽이라고도 한다. 곽은 성을 두르고 있는 외성이고, 내성을 그냥 성이라고 했다. 3리의 성과 7리의 곽은 그렇게 크기 않은 성곽이다.

236 국경을 튼튼히 세워서 빠져 나가는 백성을 막는 것으로, 이렇게 백성을 붙들어 매어서는 안 된다는 말이다. 왕도정치를 통한 백성들의 신임을 통해 스스로 국경을 건너지 않도록 해야 한다는 의미이다.

해설

맹자가 말하는 진정으로 부강한 나라가 어떠한 나라인지를 잘 알 수 있게 하는 대목이다. 전쟁에서 대단히 중요한 요소는 공격의 때와 지세(地勢)이다. 날씨나 주야와 같은 천시를 잘 선택하고, 지리적으로 유리한 곳을 점하여 전쟁을 하면 필승을 예감할 수 있다. 이 가운데에도 맹자는 천시보다는 지리적 유리함을 더 높게 평가한다. 그러나 맹자가 여기에서 궁극적으로 하고 싶은 말은 아무리 천시가 좋고 지세가 유리하다고 하더라도, 화합되어 있는 국민들을 이길 수는 없다는 사실이다. 예컨대 왕도정치가 시행되어 백성들의 인화(人和)가 왕을 중심으로 제대로 형성되었다면, 때나 지세와 상관없이 강한 나라가 될 수 있다. 아무리 날카롭고 예리한 병기로 무장을 했다고 하더라도 인화로 단결된 나라를 무너뜨리기 쉽지 않은 것은 전쟁을 하는 주체가 백성들이기 때문이다. 특히 인정을 베푸는 군주와 나라를 보호하려는 백성들의 마음은 그 어떤 강병으로도 쉽게 정복할 수 없다.

그렇다면 백성들의 마음, 즉 인화는 어떻게 얻을 수 있을까? 맹자는 여기에 대해 군주가 왕도정치의 도를 가지고 있는지 그렇지 않은지를 가지고 판단한다. 군주가 왕도정치의 도를 가지고 있으면 온 천하 사람들이 그를 돕지만, 그렇지 않으면 친척까지 배신을 한다. 따라서 전자는 어떠한 전쟁에서도 승리하지만, 후자는 어떠한 전쟁에서도 이길 수 없다. 결국 온 천하가 돕는 힘을 가지고 친척도 배신하는 사람을 치는 것은 필승을 보장할 수 있는 길이다. '가장 강한 나라'는 이처럼 인화가 형성되어 있는 나라이며, 그것은 오로지 왕도정치를 통해서만 확보될 수 있다.

● 모두가 가고 싶은 나라

맹자는 다음과 같이 말했다. "현자(賢者)를 높이고 능력있는 사람을 기용하여 능력과 도덕성을 갖춘 사람들이 각각 그에 맞는 자리에 있으면 천하의 선비들이 모두 기뻐하면서 그 조정에서 벼슬하기를 원할 것이다. 시장에서는 자릿세만 받고 물건에 대한 세금을 징수하지 않거나[237], 법에 따라 단속하면서 자릿세마저도 받지 않는다면 천하의 장삿꾼들이 모두 기뻐하면서 그 시장에서 장사하기를 원할 것이다. 나라에 들어오는 관문에서는 감시만 하고 통과하는 데 대한 세금을 거두지 않으면 천하의 여행자들이 모두 기뻐하면서 그 길로 다니기를 원할 것이다. 농사 짓는 사람들은 조법(助法)[238]만 적용하고 따로 세금을 거두지 않으면 천하의 농부들이 모두 기뻐하면서 그 나라의 땅에서 경작하기를 원할 것이다. 집에서 '부포(夫布)와 이포(里布)'[239]를 없애면 천하의 백성[240]들이 모두 기뻐하면서 그 나라 백성이 되기를 원할 것이다. 진실로 이 다섯 가지를 시행할 수 있게 되면 이웃나라 백성들이 그를 마치 부모처럼 우러러 볼 것이다. 그 자식들을 데리고 그 부모를 공격하는 경우는 사람이 생겨난 이래로 성공한 사람이 없으니, 이와 같으면 천하에 그와 대적할 자가 없다. 천하에 대적할 자가 없는 사람이 바로 '하늘이 내린 관리(天吏)'니, 그러고도 천하를 다스리는 왕이 되지 못한 사람은 없었다."〈공손추상-5〉

237 전(廛)은 정부에서 시장 가운데 점포를 지어서 상인들로 하여금 장사를 하게 한 곳이다. 그런데 '시전(市廛)'에서 '전'은 동사로 사용되어 '자릿세(혹은 점포세)를 내다'는 의미이다. '시전이부정(市廛而不征)'에서의 정(征)은 세금을 내다는 뜻으로 여기에서는 물품세를 의미한다. 이러한 이유에서 여기에서는 '시장에서 자릿세만 받고 물건에 대한 세금을 징수하지 않는다'로 번역했다.

238 조법(助法)에서의 조는 '백성들의 노동력에 도움을 받는다'는 의미로, 이것은 대략 한 가구당 70이랑(畝)에 해당하는 토지를 분배해 주고, 그 가구들이 공동으로 노동력을 제공하여 일곱 이랑(畝)의 공전(公田)을 경작해서 거기에서 나는 수확을 세금으로 바치는 제도이다. 이것은 대략 수확의 십분의 일을 내는 것이지만, 실제 자신의 농지에서 나는 소출을 세금으로 바치는 것이 아니라 임금의 공전에 노동력을 제공하여 거기에서 나는 소출을 임금이 가져가는 방식이다. 이 세법은 이상적인 조세법이었다. 이에 대해 자세한 것은 『맹자』, 「등문공상」 3을 확인하면 되는데, 이 책에 실려 있지 않으므로, 『맹자』 원문을 찾아보기 바란다.

239 이 말은 '전무부리지포(廛無夫里之布)'를 번역한 말이다. 그대로 하면 "전에서 부포(夫布)와 이포(里布)를 없애면"인데, 문제는 전(廛)에 대한 번역이다. 일반적으로 전은 두 가지 의미가 있는데 하나는 '시장의 자리'를 의미하며, 앞에서는 '자릿세를 내다'라는 동사로 사용되기도 했다. 또 다른

하나는 식구들이 사는 주택(住宅)의 의미가 있는데, 여기에서는 주택의 의미로 보아서 '집'으로 번역 했다. 부포는 인부세(人夫稅)로 공역을 나가지 않는 사람이 내는 세금이고, 이포는 택지에 부가되는 세금을 말한다. 이것을 포(布)라고 쓴 것은 옛날에 세금을 베로 내는 경우가 많았으며, 이 때문에 돈(錢)과 뜻이 연용되어 사용되었다. 따라서 이것은 '인부세나 택지에 부가되는 세금을 내지 않는다'는 뜻이다.

240 여기에서 백성은 '맹(氓)'자를 번역한 것인데, 이것은 백성을 의미하는 '민(民)'자와는 조금 다른 의미를 갖는다. 이것은 주로 '다른 나라에서 이주해 온 백성'이라는 의미를 갖는다. 따라서 '천하의 백성'은 자기 나라 백성 뿐만 아니라 여러 모든 나라의 백성들을 통칭하는 의미이다.

해설

맹자의 왕도정치는 형이상학적이고 이상적인 세계에 대한 이론적 지향에 머무는 것이 결코 아니다. 물론 현실적으로 그러한 사회가 정말 형성되었다고는 볼 수 없겠지만, 맹자는 이상적 유토피아가 아니라 노력을 통해서 다가설 수 있는 사회를 그린다. 왕도정치가 구현되는 사회에 대한 맹자의 위와 같은 언설은 구체적이고 분명하다. 일반적으로 정부에서 시장을 만들고 전(廛)을 펴게 하면, 거기에서 자릿세도 받고 물건을 팔고 살 때에도 세금을 부과한다. 그러나 맹자는 자릿세만 받고 세금을 거두지 않으면 장사치들이 모두 여기에서 장사를 하고 싶어 할 것이라고 말한다. 또 농사짓는 사람들에게 공전제(公田制)를 철저하게 실시하고 집집마다 부과했던 부포와 이포를 거두지 않으면 천하의 모든 사람들이 바로 이 땅에서 농사짓고 살고 싶어 할 것이라고 말한다. 모두가 살고 싶어 하는 나라는 이처럼 왕의 인정에 기반하여 세제와 농정 등이 안정되어 있는 나라이다.

이렇게 되면 이웃나라 백성들까지 그 땅에서 살고 싶어하며, 천하의 백성들이 그 나라로 몰려오게 된다. 백성의 수가 부국강병을 결정하는 중요 요소였던 당시에 이와 같은 현상은 궁극적으로 '부국'이라는 결과를 낳게 된다. 특히 왕에 대한 신뢰가 정말 '부모'를 바라보는 것처럼 됨으로써 저절로 왕도정치가 실현될 수 있다. 맹자가 보기에 이렇게 형성된 나라는 천하 어떤 나라도 대적할 수 없다. '도덕에 바탕한 인정'만이 진정한 의미에서 부국강병을 이룰 수 있는 길임을 강조하고 있는 대목이다.

6. 올바른 처세의 길

● 인한 처세와 어진이의 필요성

순우곤(淳于髡)[241]이 "명성과 공적[242]을 우선으로 생각하는 사람은 '다른 사람을 위하는 것'이고, 명성과 공적을 나중으로 생각하는 사람은 '자신을 위하는 것'입니다.[243] 선생께서는 삼경(三卿)[244] 중의 한 사람으로 있었으나 명성과 공적이 그 위나 아래로 미치지 못하고 떠나시게 되니, 인한 사람은 원래 그러한 것입니까?"라고 물었다. 그러자 맹자는 다음과 같이 대답했다. "낮은 지위에 있으면서도 자신의 어짊으로 어질지 않은 사람을 섬기지 않은 이는 백이(伯夷)이고, 다섯 번은 탕(湯)임금을 찾아가고 다섯 번은 걸(桀)에게도 찾아간 사람은 이윤(伊尹)이며, 더러운 군주를 싫어하지 않고 작은 관직이라도 마다하지 않은 사람은 유하혜(柳下惠)이다. 이 세 사람이 취한 방법은 동일하지 않았지만 그 추구하는 것은 하나였다. 그 하나가 무엇이겠는가? 바로 인함이다. 군자는 단지 인할 뿐이지, 방법까지 같아야할 필요가 있겠는가?[245]"

순우곤이 다시 "노나라 무공(繆公) 때에는 공의자(公儀子)[246]가 정치를 맡고 자류(子柳)나 자사(子思)와 같은 사람들이 신하로 있었지만, 노나라 영토가 많이 빼앗겼습니다. 이처럼 어진 사람이 꼭 나라에 유익한 것은 아닙니다"라고 말하자 맹자는 "우(虞)나라는 백리해(百里奚)를 등용하지 않았기 때문에 나라가 멸망했지만, 진(秦)나라 목공(穆公)은 그를 등용함으로써 패권을 잡았다. 어진 사람을 등용하지 않으면 나라가 망하지, 영토만 빼앗기는 데 그치겠는가"라고 대답했다.

이에 순우곤은 다음과 같이 말했다. "옛날에 왕표(王豹)[247]가 기(淇)[248]에 있음으로 인해 하서(河西)[249]지역 사람들이 노래를 잘 부르게 되었고, 면구(綿駒)[250]가 고당(高唐)[251]에 있음으로 인해 제나라 서쪽 지방 사람들이 노래를 잘 부르게 되었습니다. 그리고 화주(華周)와 기량(杞梁)[252]의 아내가 그 남편의 장례에서 곡을 잘하자, 나라의 풍속마저 변했습니다. 이처럼 안에 있는 것은 반드시 밖으로 드러나게 되니, 어떠한 일을 하고도 공효(功效)가 없는 것을 저는 지금까지 보지 못했습니다. 그러므로 지금 이 나라에는 어진이가 없는 것이니, 있다면 제가 반드시 알게 될 것입니다." 여기에 대해 맹자는 "공자께서 노나라의 사구(司寇)[253] 벼슬을 하실 때 중요하게 기용되지 못하였으며, 국가 제례에 참여를 해도 익힌 고기(燔肉)가 전해지지 않자[254] 관도 벗지 않고 떠나가셨다. 여기에 대해서 잘 모르는 사람은 단지 고기를 받지 못해서 떠나갔다고 생각할 것이며, 아는 사람은 예가 없기 때문에 떠나갔다고 생각할 것이다. 그러나 공자께서는 사소한 잘못을 빌미삼아서 떠나려 했던 것이지, 구차하게 떠나려고 하지 않으셨던 것이다.[255] 이처럼 군자가 하는 일은 일반 사람들이 알지 못한다"라고 대답했다. 〈고자하-6〉

241 맹자가 제나라에서 자기 정치 이상이 잘 받아들여 지지 않아서 떠나려고 할 때 맹자의 그러한 태도를 비판했던 제나라의 변론가이다.

242 명(名)을 '명성'으로 번역하였고, 실(實)은 '공적'으로 번역을 했다. 주희가 명을 '명성'으로, 실은 '사공(事功)'으로 주를 단 것에 근거하였다.

243 '다른 사람을 위하는 것'에 대해 주희는 '백성을 구제함에 뜻을 둔 것'으로 해석하고, '자신을 위하는 것'에 대해서는 '명성이나 공적에 상관없이 자신을 선하게 하는 데 뜻을 둔 것'으로 해석한다. 그러나 문맥상 유학에서 흔히 말하는 것처럼 '다른 사람을 위하는 것'을 다른 사람들이 자신을 알아 주는 데만 힘을 쏟는 것이고, '자신을 위하는 것'은 스스로 자신을 닦는 것으로 보는 것으로 해석할 수도 있다.

244 삼경은 제후국에 있는 상경(上卿), 아경(亞卿), 하경(下卿)을 가리키는 것으로, 그들은 일반적으로 사도(司徒)와 사마(司馬), 그리고 사공(司空)의 벼슬을 맡았다. 그런데 맹자는 당시 일종의 정치자문역인 객경(客卿)의 자리에 있으면서 실질적인 정책결정에는 참여하지 않았던 것으로 알려져 있다. 다만 그 자리라도 경(卿)의 지위이기 때문에 순우곤이 이렇게 말했던 것이다.

245 이와 관련된 구체적인 내용은 『맹자(孟子)』, 「만장하(萬章下)」 1에 자세하게 언급이 되어 있다. 참고로 맹자는 백이와 이윤, 그리고 유하혜에 대해서 언급한 후 그들에 대해서 "백이는 성인의 맑은 모습을 보여주고, 이윤은 성인이 스스로 책임지는 모습을 보여주며, 유하혜는 성인의 조화로움을 보여준다"라고 평가했다.

246 이름은 휴(休)로, 노나라 무공 때의 정승이다. 어진 사람으로 알려져 있다.

247 위(衛)나라 사람으로, 노래를 잘 했던 사람이다.

248 기(淇)는 강 이름으로, 하남성 북부에 있다.

249 황하강의 서쪽을 말하는 것으로, 당시는 위(衛)나라가 위치하고 있던 곳이다.

250 제(齊)나라 사람으로, 노래를 잘 했던 사람이다.

251 제나라 서쪽에 있는 고을이름이다.

252 둘 다 제나라의 대부(大夫)로, 전쟁에서 전사했다.

253 형벌을 담당한 관직 이름이다.

254 번육(燔肉)이란 제사에 사용된 익힌 고기를 말한다. 이 고기는 제례가 끝나고 난 뒤에 대부들에게 나누어 주는 것이 예(禮)였으며, 이러한 의식은 국가제례에서 중요한 의미를 가지고 있다. 그런데 노나라에서는 공자가 제례에 참여해도 그것을 나누어 주지 않았다는 것으로, 기본적인 예제도 없어진 상태를 말한다.

255 이 구절에 대해서 주희는 "공자가 자기 부모 나라의 군주와 재상들의 과실을 드러내고 싶지도 않았고, 그렇다고 아무런 이유가 없이 구차하게 떠나려고 했던 것도 아니어서, 제사 고기를 빌미로 떠났다"라는 주석을 달고 있다. 이미 계환자의 정치에 대해서 실망을 했던 공자는 아무런 이유 없이 떠날 수가 없어서 사소한 빌미를 찾아 떠났던 것이다.

해설

유학자의 처세가 어떠해야 하는지에 대한 기본적인 입장을 제시하고 있는 구절이다. 더불어 이러한 원칙에 입각해서 어떻게 행동해야 하는 지에 대한 구체적 내용도 보여준다. 이 내용은 맹자가 제나라의 정치고문인 객경(客卿)으로 있다가 자신의 정치적 이상이 잘 받아들여지지 않아서 떠나려고 할 때, 당시 제나라의 변론가인 순우곤이 맹자의 이와 같은 선택을 비판하면서 시작된 대화이다.

순우곤는 객경으로 있으면서 늘 왕도정치를 강조했지만 결국 통치자를 바꾸지도 못했고 백성들의 삶도 바꾸지 못한 채 떠나게 되는 맹자를 비판하면서, 이러한 행동이 맹자가 늘 말했던 어진 사람이 취해야 할 행동인지를 묻는다. 맹자는 이 같은 비판에 대해 처세의 원칙만 분명하다면 그 양상은 다양할 수 있다는 입장을 제기한다. 왕이 자신과 맞지 않으면 나아가지 않는 것도 처세의 한 방법이며, 또 스스로의 자리를 찾아 어진 사람으로서의 책임을 다하는 것도 또 다른 한 방법이며, 어떤 경우는 아무리 낮은 관직이라도 마다하지 않고 나아갈 수 있는 것도 처세의 또 다른 방법이라는 말이다. 다만 이러한 처세는 반드시 하나의 원칙에 근거하고 있어야 하는데, 그것은 바로 '인함'이라는 도덕성의 발현에 따른 것이어야 한다는 사실이다. 맑은 모습으로 처세를 하든, 백성을 위해 책무를 지든, 그렇지 않으면 조화롭게 모든 일에 섞여 가던 그것은 본인의 선택이지만, 그것은 모두 '인함'에 근거해야 한다는 의미이다.

이와 같은 입장에 서서 맹자는 어진 사람이 필요없다는 순우곤의 빈정거림에 대해 강한 비판을 제기한다. 순우곤이 보기에 어떤 사람이든 특정 자리에 있게 되면 항상 그 사람으로 인해 무언가 변화가 있어야 한다. 그런데 어진 사람들이 있었던 노나라는 영토를 빼앗겼고 제나라에도 스스로 어진 사람이라고 말하는 사람이 정치를 했음에도 불구하고 어질게 변한 것이 없었던 것이다. 순우곤의 이와 같은 입장은 유학자들에 대한 직접적인 비판으로, 유학적인 도덕정치가 현실적이지 못하다는 의미를 담고 있다. 그러나 맹자는 이와 같은 비판에 대해 어진 사람의 존재 여부란 '나라의 흥망을 결정'하는 것이지, 단순하게 영토가 빼앗기는 것을 막는 정도에 머무는 것이 아니라고 말한다. '어진 사람의 영향력'은 영토를 늘리고 줄이는 것과는 전혀 다른 차원이며, 이러한 차원에서의 활동에 대해 일반인들은 일일이 이해할 수 없다는 것이다. 순우곤과 같은 일상적 생각에 머물러 있는 사람들은 공자의 떠났던 이유나 맹자 자신이 떠나려고 하는 이유를 알 수 없다.

이러한 맹자의 입장은 이후 유학자들의 처세가 어떠한 원칙에 따라 이루어져야 하는지를 명시적으로 보여주었다. 특히 '도가 아니면 나아가지 않는' 조선의 선비들은 맹자의 이러한 말들을 근거로 삼았다. 권세가 주어진다고 해서 허급지급 나아가는 삶이 아니라, 자신의 유학적 이념을 이룰 수 있을지 없을지를 판단하고 그에 따라 출사 여부를 결정하는 것이다. 더불어 자신의 행동이 권력에 대한 욕심이 아니라 인함의 실현을 위한 것인지를 반드시 확인해야 한다.

● 올바른 부름에만 응하는 자세

제자 진대(陳代)가 맹자에게 "선생님께서 지금 제후(諸侯)를 만나보지 않으시는 것은 작은 지조에만 집착하는 행동인 듯 합니다. 지금 한 번이라도 만나보신다면, 크게는 왕도를 행하게 할 수 있고, 작게는 패자가 될 수 있게 하실 것 같습니다. 전해오는 말에 '한자를 굽혀서 한길을 편다'[256]라고도 하였으니, 할 만한 일일 것 같습니다"라고 말하였다. 이에 맹자는 다음과 같이 말했다. "옛날 제(齊)나라의 경공(景公)이 사냥을 할 때에 사냥터 관리인[257]을 깃발[258]을 가지고 불렀는데 오지 않자, 그를 죽이려 한 일이 있다. (공자께서는 이 사람에 대해 칭찬하기를)'뜻 있는 선비(志士)는 죽어서 자신이 도랑에 버려질 것을 잊지 않고 용기 있는 선비(勇士)는 항상 자기 머리가 베어질 수 있음을 잊지 않는다'라고 한 적이 있으니, 공자께서는 어떤 점을 높여서 말씀하신 것이겠는가? 바로 (자신의 신분에 맞는)부름이 아니면 가지 않는 것을 높여서 말씀하신 것이다. 그런데 (내가 합당한)부름을 기다리지 않고 간다면, 어떻게 되겠는가? 또 한자를 굽혀서 한길을 편다는 것은 '이익(利)'의 측면에서만 말한 것인데, 만약 이익의 측면에서만 말한다면 한길을 굽혀서 한자를 펴는 것이 이익이라도 하지 않겠는가?

옛날에 조간자(趙簡子)[259]가 왕량(王良)[260]에게 자신이 총애하는 신하인 해(奚)의 마차를 몰아서 사냥을 하게 했는데, 종일토록 짐승 한 마리 잡지 못하였다. 해(奚)가 돌아와서 보고하기를 '천하의 가장 형편없는 말몰이꾼입니다'라고 하였다. 어떤 사람이 이 말을 왕량에게 전하자 왕량이 (해에게)다시 한 번 사냥터에 가자고 청하였으나 (승낙하지 않다가)강권한 후에 그렇게 하기로 하였다. (이번에는)하루 아침에 열 마리의 짐승을 잡자 해가 다시 돌아와서 보고하기를 '천하에 가장 뛰어난 말몰이꾼입니다'라고 하였다. 그러자 조간자가 '내가 그로 하여금 너의 마차 모는 일을 맡기겠다'라고 하고 왕량에게 분부하니 왕량은 그 말을 따르지 않으면서 다음과 같이 말했다. '제가 그 사람을 위해서 말을 법도대로 몰았더니 종일토록 한 마리도 못 잡다가, 법도를 어기고 말을 몰았더니 하루 아침에 열 마리나 잡았습니다. 『시경(詩經)』에는 '말 달리는 법도를 어기지 않으니 화살이 깨뜨리듯 과녁을 맞추었다'라는 말이 있습니다. 저는 소인의 말을 모는 데 익숙하지 않으니, 사양하겠습니다'라고 말했다. 말모는 사람도 법도를 무시한 채 활 쏘는 사람과 영합하는 것을 부끄러워하여, 서로 영합해서 짐승을 사냥하면 산더미처럼 많이 잡을 수 있다고 해도 하지 않는데, 내가 어떻게 도를 굽혀서 제후를 만나겠는가? 너는 잘못생각하고 있다. 자기 자신을 굽힌 사람이 다른 사람을 곧게 펼 수는 없는 법이다."〈등문공하-1〉

256 한길(尋)은 여덟자(尺)에 해당하는 길이이다. 한자를 굽혀서 여덟자를 편다는 뜻으로, 작은 일에 굽혀서 큰 일을 이룰 수 있다는 의미이다.

257 우인(虞人)을 번역한 것으로, 사냥터를 지키고 관리하는 사람을 말한다.

258 정(旌)에 대한 번역으로, 새털이 달린 깃발을 말한다. 당시 사냥은 군사훈련을 겸했기 때문에 사냥터는 군례에 따라서 모든 지시와 격식이 이루어졌다. 군례에 따르면 제후가 대부(大夫)를 부를 때에만 새털이 달린 깃발(旌)을 신표로 사용하였으며, 사냥터 관리인을 부를 때에는 가죽으로 만든 관(皮冠)을 가지고 가서 신표로 사용했다. 사냥터 관리인을 불러도 오지 않았던 것은 예에 맞는 부름이 아니었기 때문이다.

259 진(晉)나라의 대부인 조앙(趙鞅)이다.

260 조간자의 신하로, 말과 마차를 잘 몰았던 사람이다.

해설

원칙을 고수하면서 살아가는 유학자들의 삶이 어떠한지를 잘 보여주는 글이다. 이 원문에서 맹자의 제자인 진대는 맹자가 원하는 정치를 실현하기 위해 한 번만 몸을 굽혀서 제후를 만날 것을 권한다. 중용(重用)되지 못하면 맹자의 꿈은 실현될 수 없었기 때문에, 작은 명분을 굽혀서라도 큰 것을 얻어야 한다고 권한 것이다. 그러나 맹자는 어떠한 경우이든 인의와 대의, 그리고 예(禮)를 굽혀서는 안 된다는 입장을 분명히 한다.

이를 위해 맹자는 제나라 경공의 사냥터 관리인과 조간자의 말몰이꾼 왕량의 예를 들고 있다. 사냥터의 관리인에 불과한 사람도 자신을 부를 때 대부들을 부르는 신표를 사용하자 목숨을 내어 놓고 가지 않았다. 왕량이라는 인물은 법도에 맞지 않게 말을 몰 경우 많은 이익이 주어진다는 사실을 알고 있었지만, 그렇게 하지 않았다. 이것은 목숨이나 이익보다 '예'나 '법도'가 더 중요하다는 사실을 드러낸 것이다. 예와 법도를 굽히는 것은 결코 작은 것을 굽히는 것이 아니라는 말이다. 특히 맹자 본인이 시행하려고 했던 정치가 예와 법도에 따른 정치인데, 이를 위해 예와 법도를 무너뜨리는 일을 할 수는 없었던 것이다. '자신을 굽힌 사람이 다른 사람을 펼 수 없다'는 맹자의 말은 이러한 이유에서 나온 것으로, 예에 따라 자신을 불러주지 않는 한 아무리 자신의 이상향을 펼칠 수 있는 자리라고 하더라도 나아가지 않는 것이 옳다는 의미이다.

● 군자의 벼슬

주소(周霄)[261]가 "옛날 군자들은 벼슬을 했습니까?"라고 물었다. 그러자 맹자는 다음과 같이 대답했다. "벼슬을 했오. 전해오는 말에 따르면 '공자께서는 세 달이 되도록 섬길만한 군주가 없으면 다급해 했고, 국경을 떠날 때에는 반드시 예물을 싣고 갔다[262]'고 하였소. 또 공명의(公明儀)[263]가 말하기를 '옛날 사람들은 세 달이 되도록 섬길만한 군주가 없으면, 그를 위문했다'라고 했소이다." 그러자 주소가 다시 "세 달이 되도록 섬길만한 군주가 없다고 그를 위문하는 것은 너무 성급한 것이 아닙니까?"라고 묻자 맹자는 다음과 같이 대답했다. "선비가 직위를 잃는 것은 제후가 나라를 잃는 것과 같소이다. 예(禮)에 따르면 '제후가 친히 밭을 갈아서 제사에 올릴 곡식(粢盛)[264]을 대고, 그 부인은 누에를 치고 실을 뽑아서 제사에 입을 의복을 만든다. 희생(犧牲)[265]이 잘 자라지 않고 제사에 올릴 곡식이 정결하지 않으며, 제사 지낼 의복이 잘 갖추어지지 않으면 감히 제사를 지내지 못한다. 선비도 제사에 바칠 곡식을 마련할 밭이 없으면 제사를 지내지 못한다'라고 했소. 희생과 제기(祭器), 의복이 갖추어지지 못하면 감히 제사를 지낼 수 있고, 그렇나번 연회[266]를 할 수도 없으니, 또한 위문할만하지 않겠소이까?"

주소가 "국경을 떠날 때 반드시 예물을 싣고 가는 것은 왜입니까?"라고 물었다. 이에 맹자는 "선비가 벼슬을 하는 것은 농부가 논을 가는 것과 같소. 농부가 국경을 벗어나 다른 나라로 갈 때 쟁기와 보습을 두고 가겠소?"라고 말했다. 그러자 주소가 다시 "우리 진(晉)[267]나라도 벼슬을 할 만한 나라인데, 벼슬하는 것이 그렇게 급한 것인 줄 들어보지 못했습니다"라고 묻자, 맹자는 다음과 같이 대답했다. "사내가 태어나면 자라서 장가들기를 바라고 여자가 태어나면 시집가기를 바라는 것은 부모의 마음이니, 모든 사람이 다 그 마음을 가지고 있소. 그런데 부모의 명과 중매쟁이의 말을 기다리지 않고 담이나 벽에 구멍을 뚫어 (남녀가) 서로 들여다보고 담을 넘어 어울리곤 하면 부모와 온 나라 사람들이 모두 그들을 천하게 여기게 되오. 옛날 사람들이 벼슬하지 않으려고 했던 것은 아니지만, 또한 올바른 도를 따르지 않는 것을 싫어하였오. 올바른 도에 따르지 않고 벼슬하겠다고 가는 것은 (남녀가)구멍을 뚫고 서로를 들여다 보는 것과 같은 것이오."〈등문공하-3〉

261 위(魏)나라 사람으로, 맹자의 학설에 관심이 많았다.

262 주희의 주에 따르면, 국경을 나갈 때 예물을 싣고 가는 것은 다른 나라 군주를 뵐 때 그에게 예물을 바치고 신하가 되기를 청하기 위해서이다.

263 공명(公明)이 성이고, 의(儀)가 이름이다. 공자의 제자인 증자(曾子)의 제자로, 맹자가 존경했던 인물이라고 한다. 노나라 사람이다.

264 자(粢)는 제사에 올리는 모든 곡식의 총칭이며, 성(盛)은 제기에 가득 담는 모습을 표현한 것이다. 이러한 이유에서 자성(粢盛)을 '제사에 올리는 곡식'으로 번역했다.

265 자성이 제사에 올리는 곡식이라면, 희생(犧牲)은 제사에 올리는 육식 제물이다.

266 일반적인 연회가 아니라, 제사를 지내고 난 뒤에 이루어지는 연회를 말한다.

267 주소가 위나라 사람이라고 했는데, 그는 스스로 진나라 사람이라고 말한다. 여기에서 진나라는 앞에서 말한 것처럼 혜왕이 다스리는 위나라를 가리킨다. 위나라는 진나라의 세 대부인 한씨와 조씨, 위씨가 군주를 내쫓고 셋으로 갈라진 나라 가운데 하나로, 이들은 모두 자신의 정통성을 진에 두고 있어서, 스스로 진이라고 했다.

해설

맹자는 이 말을 통해 군자가 벼슬길에 나아가는 원칙을 제시하고 있다. '수기치인(修己治人)'이라는 말에서 확인할 수 있듯이, 유학은 자기를 수양한 이후 그것을 바탕으로 백성을 다스리는 것을 학문의 기본 목표로 삼고 있는 학문이다. 내적으로 성인이 된 후 그것에 바탕해서 왕도정치를 실행해야 한다는 '내성외왕(內聖外王)'의 이념 역시 이와 같다. 따라서 유학자라면 스스로 왕이 되지 않는 한 벼슬을 하는 것은 당연한 일이며, 이러한 이유에서 선비가 벼슬을 하는 것은 마치 농부가 밭을 가는 것과 같이 당연한 일이라고 말한다. 따라서 선비가 석달 동안 벼슬이 없으면 그것은 위문을 받을만한 사항이 된다.

그러나 맹자는 아무리 급하다고 하더라도, 올바른 법도에 따르지 않고 벼슬을 하는 것은 결코 옳지 않다는 입장을 분명히 한다. 벼슬을 위한 출사(出仕)의 원칙이 분명하게 제기되고 있는 것이다. 남녀가 서로 결혼하는 것은 모든 사람들이 바라마지 않는 일이지만, 그렇다고 법도와 예의를 버린 채 서로 담장을 넘어 자기 마음대로 어울려서는 안 되는 것과 마찬가지이다. 결혼이 법도와 예의에 따라 이루어질 때 귀한 일로 축복받는 것처럼, 출사 역시 법도와 의리에 맞을 때 비로소 칭송받는 일이 될 수 있다. 따라서 선비의 처세와 출사는 항상 법도와 의리에 맞아야 하며, 그렇지 않을 때에는 은둔하여 스스로를 닦는 것이 타당하다. 처세에 대한 유학의 기본 이념은 바로 맹자의 이와 같은 입장에 근거하여 이루어졌다.

해제

『맹자』와 맹자

1. 『맹자』라는 책
2. 맹자라는 인물
3. 맹자의 학문과 사상
4. 맹자와 성리학
5. 『맹자』와 맹자, 그리고 현대

해 제

『맹자』와 맹자

1. 『맹자』라는 책

맹자는 공자의 사상을 이어받아 유학의 기본 이념을 완성했던 인물이다. 이러한 맹자의 철학을 파악할 수 있는 유일한 책은 그의 이름을 딴 『맹자』이다. 이 책 역시 공자의 어록집인 『논어(論語)』와 마찬가지로 맹자의 말을 받아서 기록한 어록 형식을 취하고 있지만, 『논어』와 달리 문체가 일관되어 있어서 『논어』처럼 사후에 여러 제자들에 의해 편집된 책으로 보기에는 의문이 많다. 이 때문에 『맹자』는 『논어』와 달리 한 사람에 의해서 기술된 것으로 보는 것이 학계의 일반적 입장이다. 다만 그것을 누가 기술했는지에 대해서는 많은 의견들이 있다.

남아 있는 최초의 『맹자』 주석서인 『맹자장구(孟子章句)』를 썼던 조기(趙岐)나 『맹자』를 사서의 반열에 올렸던 남송대의 주희, 청나라 때의 초순(焦循)과 같은 인물들은 맹자가 직접 지은 것으로 이해하고 있는데, 그들 역시 문체가 일관되어 있다는 점을 그 이유로 든다. 이에 비해 당나라 때의 한유(韓愈)나 송대의 소철(蘇轍)과 같은 인물은 『맹자』를 맹자의 제자인 만장과 공손추의 저작으로 본다. 이것은 다음과 같은 세 가지 이유 때문이다. 첫째는 맹자에 살아 있던 제후들을 죽은 후에 붙혀진 시호(諡號)로 부르고 있는데, 그 중에는 맹자보다 나중에 죽은 제후(예를 들어 노나라 평공)도 있다는 사실이다. 둘째, 『맹자』에는 맹자 제자들을 부를 때 이름이 아니라 성씨 다음에 자(子)를 붙여 존칭으로 부르는 경우가 많은데, 예컨대 악정자나 공도자 같은 경우가 그러하다. 만약 맹자가 지었다면 제자의 이름을 이렇게 부르지는 않았을 것이다. 셋째는 『맹자』 전체 내용에서 만장과 공손추와의 문답이 다른 제자들보다 압도적으로 많고, 이 두 사람에 대해서만큼은 존칭을 쓰고 있지 않다는 점이다.

이와 같은 이유에서 『사기(史記)』를 지었던 사마천은 맹자와 순자의 행적을 적은 『맹순열전(孟荀列傳)』에서 위의 두 설을 절충하여, 『맹자』는 맹자의 주도아래 그의 두 제자인 만장과 공손추에 의해서 쓰여진 것으로 보기도 한다. 만장과 공손추가 『맹자』를 저술을 할 때 기초자료를 준비하고, 이 책이 편찬될 때 제후를 시호로 부르는 등의 수정작업을 했을 것으로 보는 견해이다.

따라서 비교적 분명한 사실은 『맹자』라는 책은 『논어』와 달리 맹자가 직접 개입했을 가능성이 높다는 점이다. 『논어』는 그야말로 제자들이 모여서 공자의 어록을 편집한 책이라면, 『맹자』는 맹자 자신이 스스로의 생각과 사상을 담아서 기술했을 가능성이 높다는 말이다. 이 때문에 『논어』는 편찬자에 의한 왜곡 가능성이 높은 책이라면, 『맹자』는 비교적 맹자 자신의 원의에 가깝게 이해할 수 있는 책으로 볼 수 있다.

『맹자』는 「양혜왕(梁惠王)」부터 「공손추(公孫丑)」, 「등문공(滕文公)」, 「이루(離婁)」, 「만장(萬章)」, 「고자(告子)」, 「진심(盡心)」까지 총 7편으로 된 책이다. 지금 우리들은 다시 이것을 각각 상과 하로 나누어 총 14편으로 편제되어 있는 것을 보고 있는데, 이것은 후한 시기 조기가 『맹자장구』를 지으면서 각 편을 다시 상·하로 나눈 것이 그대로 정착되어 있기 때문이다. 책의 편명은 문장 첫 구절을 시작하는 사람이 이름을 따고 있기 때문에, 편명 자체가 특별한 의미를 갖지는 않는다. 또한 그 내용 역시 문답에 따라 각각 달라지기 때문에 일관된 내용을 유지하고 있지도 않다. 따라서 각 편의 내용을 일괄적으로 소개하는 것은 쉽지도 않고, 또 큰 의미도 없다. 다만 이 책이 각 편에 따라 번역을 하여 편집한 것이 아니기 때문에, 간략하게 어떤 내용들이 있는지 정도를 소개함으로써 『맹자』에 대한 이해를 돕기로 한다.

「양혜왕 상」은 총 일곱 구절로 이루어져 있는데, 첫 번째 구절은 양혜왕과 맹자 사이에 있었던 의(義)와 이(利)에 대한 논의로 시작한다. 이와 더불어 전체적으로 왕도정치에 대한 논의들이 많이 등장하는데, 특히 왕도정치의 근거가 되는 도덕본성을 백성에게까지 넓혀가야 한다는 내용과 왕도정치를 제대로 행하기 위한 근거로서 백성들의 생업을 보장해야 주어야 한다는 입장들이 중심을 이루고 있다. 「양혜왕 하」는 총 16구절로 이루어져 있는데, 여기에서는 '백성과 더불어 즐거워하는 정치', 즉 '여민동락(與民同樂)'의 내용으로 시작하여 백성을 위해 사람을 등용하는 원칙 등을 밝히고 있다. 또한 정벌의 원칙과 당위, 그리고 왕도정치의 구체적인 내용 등이 들어 있다. 전반적으로 왕도정치와 관련된 내용들이 많다.

「공손추 상」은 총 9개의 구절로 이루어져 있다. 여기에서는 당시 군주들의 학정(虐政)에 대한 강한 비판으로부터 시작하여, 맹자의 대표적 수양론인 부동심(不動心)과 호연지기(浩然之氣)에 대한 입장이 세밀하게 논의되고 있다. 더불어 지언(知言)과 여러 성인들에 대한 맹자의 인물평까지 제시되고 있다. 특히 여기에서는 선함의 근거로 제시되는 '불인인지심(不忍人之心)' 및 그와 함께 논의되는 사단(四端), 그리고 성인됨의 가능성 등이 함께 논의되고 있어서 맹자의 사상을 드러내는 중요한 편으로 평가된다. 「공손추 하」는 총 14구절로 이루어져 있는데, 첫 구절은 인화(人和)의 중요성과 군자의 싸움에 대한 내용들이 나오고 있으며, 2번째 구절부터 맹자의 출처(出處)에 대한 입장들이 논의되고 있다. 주로 다스리는 자의 책무와 업무, 그리고 부모에게 효를 다하기 위한 마음의 자세, 신하됨의 도리, 예에 따른 행동 등에 대한 내용들로 이루어져 있다.

「등문공 상」은 총 5개의 구절로 이루어져 있는데, 첫 구절은 성선(性善)의 논의로부터 시작하고 있다. 그리고 예로써 장례를 치루어야 함과 삼년상에 대한 논의들이 제기되고, 인함과 불인함에 따른 정치의 양상과 공전제(公田制)에 대한 맹자의 입장들도 들어 있다. 나아가 성인들에 의해 이루어진 도통의 전수와 내용들, 그리고 묵자와 같은 이단에 대한 비판적 입장들이 중심을 이룬다. 「등문공 하」는 총 10개의 구절로 이루어져 있는데, 주로 군자들 처세의 원칙과 구체적인 내용들이다. 더불어 대장부(大丈夫)에 대한 맹자의 입장과 정벌의 의미, 그리고 맹자가 난신적자(亂臣賊子)를 배척하는 이유 등이 논의되고 있다.

「이루 상」은 총 28개의 짧은 구절들로 이루어져 있으며, 그 내용 역시 다양하다. 첫 구절은 선왕의 도가 가진 중요성을 통해 인한 마음(仁心)의 객관성을 담보하려 하는 입장이 제시되어 있고, 성인의 중요성과 천하를 차지하는 구체적인 비결이 인에 있다는 사실, 그리고 불인하면 나라를 잃게 된다는 사실 등이 편집되어 있다. 더불어 이후 성리학의 중심 논의가 되는 성(誠)에 대한 개념도 등장한다. 나아가 맹자가 말한 권도(權道)와 자식 교육에 대한 입장, 그리고 큰 효가 어떠한 것인지 등의 내용도 확인할 수 있다. 「이루 하」 역시 총 33구절의 짧은 구절들로 이루어져 있다. 첫 구절은 성인들이 주고 받는 것은 마치 부절(符節)과 같이 똑 같다는 내용을 통해 유학의 도가 가진 일치성을 강조한다. 군주와 신하와의 관계, 군주의 인함에 미치는 영향력, 대인의 조건에 대한 논의가 있으며, 이와 더불어 짐승과 아주 작은 차이인 사람의 본성에 대한 논의도 여기에서 이루어진다. 더불어 군자가 일반인과 다른 점, 예에 맞는 행위 등도 포함되어 있다.

「만장 상」은 총 9개의 구절로 이루어져 있으며, 첫 구절은 만장과 맹자가 부모와 자식간의 마음에 대해 논의한 것이 실려 있다. 이후 순임금의 대효(大孝)에 대한 내용과 성인의 정치, 그리고 진정한 효도의 의미 등이 중심 내용을 이룬다. 더불어 세습과 양위의 당위성, 등용의 중요 조건에 대한 맹자의 입장 등도 여기에 편집되어 있다. 「만장 하」 역시 총 9개의 구절로 이루어져 있는데, 그 첫 구절은 성인들의 처세에 대한 내용으로 시작한다. 그 뒤를 이어 벗을 사귀는 올바른 도리 등에 대한 논의가 있다. 그리고 군주가 군자를 대하는 방식 등에 대한 맹자의 입장도 들어 있다.

「고자 상」은 총 20개의 구절로 이루어져 있는데, 대부분은 고자와의 논쟁에서 나오는 맹자의 본성론으로 이루어져 있다. 이 장은 특히 고자와의 논쟁을 중심으로 내용이 편집되어 있는데, 사람의 본성을 생(生)의 의지로 보는 고자와 선천적인 도덕성을 본성으로 보는 맹자의 입장이 잘 정리되어 있다. 더불어 의로움은 사람 마음 속에 내재되어 있다는 입장과 사람 마음의 본성이 인의예지와 같은 도덕성이라는 사실 등이 내용의 중심을 이룬다. 「고자 하」는 총 16개의 구절로 이루어져 있는데, 여기에서도 주로 사람의 선한 본성과 그것의 발현인 예에 대한 논의들이 편집되어 있다. 첫 구절은 음식이나 결혼보다 예를 더 중시하는 내용으로 시작하여, 모든 사람은 요순과 같은 성인이 될 수 있다는 입장, 그리고 이익보다 인의를 중시하는 입장 등이 기술되어 있다. 더불어 어진 사람의 역할과 전쟁보다는 인의를 통해서 정치를 해야 하는 이유, 적절한 세금의 필요성 등도 함께 볼 수 있다.

「진심 상」은 총 46개의 짧은 구절들로 이루어진 편으로, 특히 본성에 관한 맹자의 입장들이 수록되어 있다. 첫 구절은 선한 마음을 온전하게 실현하는 것에 대한 입장으로 시작하고 있으며, 특히 이 장에는 맹자 철학의 중심이론 가운데 하나인 양지와 양능에 대한 논의를 확인할 수 있다. 더불어 천명을 대하는 자세와 내 마음 속에 모든 이치가 갖추어져 있다는 입장, 그리고 부끄러워 할 줄 아는 마음 등에 대한 논의가 편집되어 있는데, 이러한 내용들은 성리학의 형성에 중요한 영향을 미쳤다. 또한 왕도와 패도에 대한 맹자의 입장과 군자의 세 가지 즐거움, 문왕의 정치, 선비의 일, 군자의 다섯 가지 가르침 등에 대한 내용들이 수록되어 있다. 「진심 하」 역시 총 38개의 짧은 구절들로 이루어져 있는데, 그 첫 구절은 양혜왕의 어질지 못함에 대한 비판으로 시작하고 있다. 이를 이어 춘추의 전쟁이나 정벌의 개념 등을 확인할 수 있는 구절들이 있다. 더불어 어진 사람의 정치와 성인의 역할 등도 살펴볼 수 있다. 또한 마음을 기르는 자세와 도가 끊어진 세상에 대한 맹자의 탄식도 함께 살펴볼 수 있다.

이와 같은 전체 내용들은 '인한 정치'를 통해 살기 좋은 나라를 이루려는 맹자의 이상에 서 나온 것으로, 그 근거를 사람이 가지고 있는 '선한 본성'에서 찾는다. 이 때문에 이 책은 크게 사람의 본성을 논의하고 있는 '선한 본성' 및 그것을 발현시키기 위한 수양론 부분과 그것을 바탕으로 살기 좋은 나라를 이루려는 '왕도정치' 부분으로 나누어 이해할 수 있다. 각각의 내용은 이러한 큰 틀의 논의를 세밀하게 논증하거나 반박 및 논쟁을 통해 자신의 입장을 역설하는 것들로 이루어져 있다. 이 책에서 주제에 따라 『맹자』를 이해할 수 있도록 하기 위해, '성선론'과 '왕도정치'라는 큰 틀의 구분을 하고 세부 내용을 그 속에 배치한 이유이다.

『맹자』는 앞에서 보았던 것처럼 조기에 의해서 처음으로 주석서가 발간되었다. 그리고 다시 이 책이 중요하게 빛을 본 것은 성리학이 성립기에 와서이다. 이 시기 특히 주희는 맹자의 구절에 각각 주석을 가한 『맹자집주(孟子集註)』를 펴냈으며, 이러한 작업에 기반해서 『맹자』를 사서(四書) 가운데 한 책으로 삼음으로써, 유학 내에서 이 책의 위치는 정점에 오르게 되었다. 주자학 내에서 사서는 삼경과 같은 '경전'으로 인정되지만, 실제 중요도 측면에서는 삼경을 상회하기도 하였다. 따라서 유학자들에게 있어서 맹자의 중요성은 말로 다 설명할 수 없을 정도이다. 또한 이 책은 명·청 시기에 오면서 과거시험의 중요 과목이 되었고, 이렇게 되면서 모든 지식인들의 필독서가 되기도 했다.

2. 맹자라는 인물

맹자는 전국(戰國)시대 중기를 살았던 사람으로 이름은 가(軻)이며, 추(鄒)나라 사람이다. '맹자'라는 말은 스승에 대한 높임의 표현으로 성에 자(子)를 붙여서 부른 데 기인한다. 맹자의 생몰연대는 아직 정확하지 않다. 어떤 자료는 대략 기원전 372년에 태어나 기원전 289년에 84세의 일기로 죽은 것으로 기록되어 있으며, 또 어떤 기록에는 385년에 태어나 기원전 304년에 죽은 것으로 되어 있기도 하다. 이것은 맹자의 생몰연대에 대한 정확한 기록이 없어서 여러 기록들을 대조하여 추정한 결과로, 부정확한 부분이 있을 수밖에 없다. 어쨌든 여러 기록들에 따르면 맹자는 대략 공자 사후(死後) 100여 년 뒤인 전국시대 중기에 살았던 인물로, 혼란이 극에 달해 있을 시기였던 것으로 알려져 있다.

이처럼 기록이 명확하지 않기 때문에 맹자의 출신이나 부모에 대해서도 알려진 바가 많지 않다. 맹자의 어린 시절 이야기로 우리가 잘 알고 있는 '맹모삼천지교(孟母三遷之敎)'는 『열녀전(列女傳)』에 '맹모단기(孟母斷機)'의 고사와 함께 실려 있다. 그러나 이 기록의 정확성은 확인할 수 없으며, 이 기록 내에도 어머니가 맹자의 교육을 위해 세 번 이사를 했다는 기록만 있을 뿐 어떠한 집안에서 어떻게 태어났는지에 대한 것은 없다. 맹자는 추(鄒)나라에서 태어나 어린 시절을 보낸 후 노(魯)나라에 가서 공자의 손자인 자사(子思)의 제자에게서 학문을 배웠던 것으로 전해진다. 이후 추나라로 돌아와서 제자들을 가르치지 시작했는데, 거기에서 그의 학문적 명성이 드러나 심지어 이웃나라에게서까지 그에게 가르침을 청할 정도가 되었다.

맹자는 이후 평생을 염원했던 왕도정치를 실현하기 위해, 여러 군주를 찾아 다니는 유세(遊說)를 시작한다. 공자처럼 열국을 주유하면서 자신의 정치적 이상을 설명하고, 이를 통해 자신의 이상을 실현시키려 했던 것이다. 이러한 모습은 춘추전국시대라는 특수한 상황이 낳은 것으로, 많은 나라들은 나라의 정책을 수립하고 그에 따라 부국강병을 실현시킬 수 있는 두뇌를 원했다. 이러한 수요가 발생하면서 여기에 맞춘 학파들이 생겨났고, 그들은 여러 나라를 주유하면서 자신의 정치적 이상을 군주에게 설득하여 등용되기를 바랐던 것이다.

맹자가 처음 갔던 나라를 제(齊)나라이다. 여기에서 그는 제나라 위왕(威王)을 만났는데, 맹자는 위왕을 통해서 자신의 정치적 이상을 실현시킬 수 없다는 것을 알게 되자 위왕이 보내온 선물인 황금 100일(鎰)을 거절하고 떠난다. 이 때 맹자는 당시 불효자로 낙인 찍혔던 광장(匡章)이라는 인물의 속내를 이해하면서 교류하기도 하였다. 제나라에서 뜻을 얻지 못하고 떠날 때, 송(宋)나라에서 왕도정치를 행할 뜻을 맹자에게 전달하자 그는 고무되어 송나라로 가서 제후를 만났다. 그러나 송나라 제후는 왕도정치를 실행할 뜻을 가지고 있었지만, 주변에 그를 보필할 현명하고 능력있는 사람이 없어서 희망이 보이지 않자 송나라를 떠나게 된다. 이 때 그는 송나라의 세자이면서 이후 제후가 되었던 등문공을 만났다.

그뒤 맹자는 추나라로 돌아왔는데, 이 때 추나라 목공(穆公)에게 어진 군자가 되면 백성들이 그를 친근하게 여기고 전쟁에서 그를 위해서 기꺼이 죽으려고 할 것이라는 사실을 들려준다. 이어서 노나라에서 평공(平公)이 즉위하여 맹자의 제자인 악정자를 중용하려고 하자 노나라로 가지만, 평공의 측근인 장창(藏倉)의 방해로 성사되지 못하였다. 등문공이 즉위하자 송나라로 다시 갔는데, 여기에서 맹자는 왕도정치와 정전제(井田制)의 실시를 강력하게 주장한다. 그러나 송나라의 정세로 인해 왕도정치가 실현될 수 없다고 생각했던 맹자는 다시 양(梁)나라로 가서 혜왕(惠王)을 만났는데, 여기에 대한 기록이 『맹자』의 첫 편인 「양혜왕」편 첫구절이다. 이듬에 양혜왕이 죽고 그의 아들인 양왕(襄王)이 즉위했지만, 맹자는 자신의 이념을 실현할 수 있는 그릇이 아님을 알고 떠나게 된다. 이 때 제나라 위왕이 죽고 선왕이 즉위하여, 맹자는 다시 제나라로 간다. 여기에서 맹자는 객경(客卿)의 벼슬을 지내게 되는데, 이 시기 제나라는 연나라를 친다. 이렇게 되면서 2년 후 여러 제후들이 연합하여 연나라를 구하려는 계획을 세우게 되자, 맹자는 연나라의 포로들과 기물들을 돌려보내고 연나라 백성들과 상의하여 군주를 세운 후 군사를 철수할 것을 건의했지만, 선왕은 따르지 않았다. 그 후 2년 뒤 연나라와 제후국들이 연합하여 제나라를 쳐들어왔고, 제나라는 이들과 싸워 대패하게 된다. 이렇게 되자 맹자는 추나라로 돌아와 제자들을 가르치고 글을 쓰면서 일생을 마치게 된다.

이렇게 보면 맹자의 삶은 한 마디로 자신의 왕도정치를 실현시킬 수 있는 왕을 만나 정치를 해 보려는 도전의 여정이었으며, 끝내 이러한 이상향은 실현하지 못하고 저술로써 평생을 마쳤던 불운한 삶이다. 이 때문에 맹자의 일평생은 열국을 주요하면서 왕들에게 자신의 이상을 설득하고, 다양한 논적들의 공격으로부터 자신의 학설을 보호하는 것으로 점철되었다. 이 과정에서 많은 제자들을 두고 정치에 참여하기도 했지만, 끝내 자신의 이상향은 실현시킬 수 없었다. 하지만 이러한 삶 속에서 그가 생각했던 기본 입장은 이후 동양 문화의 이상적 인간형과 이상적 정치형태가 되었다. 개인의 삶은 불행했지만, 그의 이상향은 이후 동양인들의 영원한 이상향으로 자리잡으면서 2500여 년의 유학 발전사에서 지속적으로 영향을 미치게 되었던 것이다.

3. 맹자의 학문과 사상

맹자는 제자백가 가운데 유가학파를 계승하고 있는 인물이며, 이후 중국의 성리학 이론 형성에 지대한 영향을 끼쳤던 사람이다. 맹자는 스스로 『맹자』의 기록을 통해 공자를 사숙[1]했다고 밝혔으며, 사마천이 지은 『사기』에서는 공자의 손자인 자사(子思)의 제자에게서 배웠다는 기록이 있다. 실제로 자사와 맹자의 철학이 사맹학(思孟學)으로 불릴만큼 유사성을 가지고 있어서, 내용만으로 본다면 이 기록은 신뢰할만하다. 따라서 맹자가 공자의 철학을 자사의 문도를 통해서 배웠던 것으로 보이며, 맹자 역시 스스로 공자의 제자임을 자임하고 있다.

흔히 공자가 창시한 유가철학은 인(仁)과 예(禮)로 대표되는 도덕철학이다. 이러한 공자의 철학은 춘추시대라는 혼란한 정국의 원인분석과 대안제시의 과정에서 나온 것이다. 공자는 춘추시대의 원인을 주공(周公)이 세웠던 봉건제도(封建制度)와 종법제도(宗法制度)의 붕괴에서 찾았다. 이 때문에 공자는 봉건제도를 유지했던 '장자우선승계'와 그에 따른 계급적 질서를 만들어 내는 종법질서를 되살리게 되면, 당시와 같은 혼란함은 사라질 것이라고 생각했다. 제후가 천자를 자임하고, 제후국 내에서 대부들이 제후를 농락하거나 스스로 제후의 지위

1 마음으로 배웠다는 의미이다. 옛날에 거리가 멀어서 일일이 찾아서 배우지 못할 경우 마음으로 스승의 예를 다하고 책을 통해 배우는 경우를 '사숙'이라고 했다. 맹자는 이미 공자가 죽은 지 100여 년이 지난 때였으므로, 마음으로 공자를 스승으로 섬긴다는 의미에서 '사숙'이라고 말했다.

에 올라서는 일이 비일비재하면서 내적으로는 권력다툼이, 외적으로는 패권을 향한 제후국간의 집단적 충돌이 걷잡을 수 없는 상태까지 이른 이유는 이러한 제도의 부재에서 나왔다고 생각한 것이다. 이 때문에 공자는 자신의 직분을 정확하게 인식하고 그것에 따르는 삶을 강조한다. 이것이 이른바 '임금은 임금답고 신하는 신하다우며, 아버지는 아버지답고 아들은 아들다워야 한다'는 '정명론(正名論)'인데, 여기에 공자가 말한 예(禮)의 근본 내용이 들어있다.

그런데 공자가 생각하기에 이러한 예는 형식적이며, 규율과 규범의 형태로 드러날 수밖에 없다. 예는 기본적으로 '차별성'에 근거를 두고 있기 때문이다. 따라서 이와 같은 형식과 규범이란 진정성이 담보되지 않을 경우 언제나 뒤집어 질 수 있다. 예의 지속가능성을 보장할 수 없는 것이다. 특히 춘추전국시대가 외적으로는 예의 부재에서 온 것이라면, 내적으로는 개인의 이익과 영달을 향한 사람들의 욕망이 극단으로 표출된 것이라고 말할 수 있다. 따라서 욕망을 제어할 수 있는 진정성 있는 덕목을 통해 밖으로 표출되는 예의 형식을 지속적으로 보장해야 할 필요가 있었다.

공자는 이러한 이유에서 '사람과 사람 사이의 올바른 관계 양상'을 위한 덕목을 제시하는데, 이것이 바로 '인함'이다. 인함이란 다른 사람을 올바르게 관계하는 방식을 통틀어서 말하는 것이다. '남을 사랑하는 것'으로부터, '자기 욕심을 버리고 예를 따르는 것'·'자기가 하기 싫은 일은 남에게 베풀지 않는 것'·'자기에게 충실하고 남을 용서하는 자세' 등이 인으로 설명되는 이유이다. 공자는 이와 같은 인의 덕목을 총칭하여 '사람의 사람다움'이라고 규정하고, 모든 사람은 이러한 덕목을 가져야 한다고 주장했다.

특히 공자는 춘추시대의 혼란한 상황을 해결할 수 있는 근본적 방법은 바로 '인에 바탕한 정치'로 규정하고, 이것을 실현시키기 위해 평생을 노력했다. 이러한 과정에서 공자는 예(禮)를 도덕적 덕목인 인의 표현으로 이해하여, 이 두 가지 덕목을 이론적으로 연결시킨다. 즉 사람다움이 행위로 표현되면 그것이 '예'라고 생각했던 것이다. 이러한 이유에서 공자는 내적으로 '인함'을 실현하고, 외적으로 '예'라는 양식을 통해 표출할 수 있는 사람을 이상적 인간으로 규정했다. 공자의 철학을 인과 예로 규정하는 것은 이 때문이다.

인과 예로 대표되던 공자의 유가철학은 전국시대(戰國時代)를 살았던 맹자와 순자(荀子)를 통해 이론적으로 발전된다. 그러나 맹자와 순자는 동일하게 공자의 철학을 받아들인 것이 아니라, 공자가 중시했던 인과 예에 대해 각기 무게 중심으로 다르게 두고 해석하면서, 그것을 중심으로 공자의 철학을 이어 갔다. 순자는 '예'를 중심으로 공자의 철학을 이해함으로써, 예의 이론적 당위와 그 근거를 설명하려고 시도했다. 예는 신분과 계급에 따른 차별적 구조의 형태로 드러나기 마련인데, 이러한 근거를 마련하기 위해 순자는 사람의 본성이 악하다는 구조를 설정한다. 앉으면 눕고 싶고, 누우면 자고 싶은 것을 사람의 본성으로 설정함으로써, 그것을 제어하고 통제할 수 있는 기능으로서의 예를 강조했던 것이다. 이후 이러한 순자의 철학은 법가 사상으로 연결되면서, 강력한 법과 제도를 통해 질서잡힌 사회를 만들려는 정치철학으로 발전하였다.

이에 비해 맹자는 공자의 철학을 '인' 중심으로 이해하여, 그에 대한 이론적 근거를 마련하려고 했다. 이러한 시도는 공자가 말했던 인함을 사람의 보편적 속성으로 설명해 내는 이론적 구조를 만들어 내고, 이것이 현실에서 구현될 수 있는 방법을 제시하는 쪽으로 드러난다. 이것이 바로 사람의 본성을 선함에서 찾는 '성선론(性善論)'으로, 인함은 이러한 근거에 의해 모든 사람이 가진 것으로 설정된다. 맹자의 정치철학은 바로 이를 바탕으로 만들어지는데, 이것이 바로 사람의 선한 본성에서 나오는 '인한 정치인 왕도정치(王道政治)'이다. 앞에서도 밝혔던 것처럼 『맹자』는 전체적으로 이 같은 내용을 담고 있다. 따라서 여기에서는 맹자의 철학을 '성선론'과 '왕도정치론'으로 나누어 좀 더 세밀하게 살펴보기로 한다.

1) 성선론

맹자의 본성론은 인간의 본성은 태어날 때부터 선한 본성을 가지고 있다는 '성선론'이다. 이와 같은 성선론은 이후 자신의 왕도정치를 설명하기 위한 이론적 기반이 되기 때문에 특히 맹자는 이 사실을 논증하는데 힘을 쏟는다. 이와 같은 맹자의 성선론은 인간의 본성을 생리적이고 감각적인 것으로 보았던 당시의 일반적인 인간 본성론과 궤를 달리하는 것으로, 당시의 일반적 본성론 논의에 대한 새로운 전환이었다. 특히 맹자의 성선론은 공자가 말한 인의 철학을 보편적인 이론체계로 구현해 내는 과정에서 나온 것이어서, 유학의 발전에 미친 영향이 크다고 말할 수 있다.
맹자는 사람과 동물의 차이는 그렇게 크지 않다고 생각했다. 사람이나 동물 모두 생리적이고 감각적인 부분이 삶을 더 크게 지배한다는 의미이다. 그러나 사람과 동물이 같다고만 하면, 여기에서 '사람다움'은 확보되지 않는다. 이와 같은 이유에서 맹자는 사람의 본성을 '사람의 사람다움', 즉 동물과 구분되는 '사람만의 특징'으로 규정한다. 그리고 맹자는 그것을 '인함과 의로움' 같은 도덕성의 단초에서 찾는다. 본성을 '선함'에서 찾는 이유이다. 그리고 맹자는 이와 같은 본성이 사람에게 있는지를 설명해 달라는 요구에 대해 '사단(四端)'이라는 개념을 가지고 설명한다.
맹자는 어떤 사람이든지 우물에 어린아이가 빠지려고 하는 장면을 본다면, 마음에서 측은하게 여기는 마음이 저절로 생긴다고 말한다. 그런데 이러한 마음이 드는 이유는 그 아이의 부모를 잘 알기 때문도 아니고, 그러한 마음을 갖지 않게 됨으로써 다른 사람으로부터 받는 비난이 두려워서도 아니다. 순수하게 어린아이가 물에 빠지는 것을 보는 순간 측은한 마음이 발동하고, 이것은 그대로 그 아이를 구하는 선한 행동으로 이행된다는 것이다. 맹자는 이와 같은 마음을 '불인인지심(不忍人之心)', 즉 사람으로서 어찌할 수 없는 마음이라고 규정하였는데, 이것이 곧 측은지심(惻隱之心)이다. 맹자는 이와 같은 마음에 대해 누가 가르쳐 준 것도 아니고, 자신이 그렇게 해야겠다고 생각해서 그런 것도 아니라고 말한다. 태어날 때부터 사람에게 이러한 본성이 주어져 있다는 증거인 것이다. 이와 같은 마음은 다른 상황에서도 드러난다. 예컨대 자신이 잘못을 하면 자기도 모르는 사이에 생기는 부끄러운 마음(羞惡之心), 아무리 먹고 싶어도 누군가 음식을 권하면 저절로 한 번은 사양하는 마음(辭讓之心), 자신의 행동이 잘못인지 그렇지 않은지를 스스로 아는 마음(是非之心) 등이 그것이다. 맹자는 이러한 마음이 결코 인위적인 것도 아니고 교육에 따른 것도 아니라고 강조한다. 사람 본성이 왜 선한가에 대한 맹자의 대답은 여기에서 시작한다. 이와 같은 입장에서 보면 모든 사람은 성인이 될 수 있는 가능성을 본성으로 가지고 있으며, 따라서 이것을 확장하여 발현시키기만 하면 누구나 성인이 될 수 있다.
그러나 맹자가 보기에 이러한 본성은 '단서'에 불과하다. 따라서 이것을 키우고 발양시켜 가야하는데, 이것을 잘 발양시키는 사람은 '군자'이고 이것을 버리는 사람은 '소인'이다. 이러한 이유에서 맹자는 사단을 마음 전체로 채워가는 노력이 필요하다고 말하면서, 이것을 '확충(擴充)'이라고 말한다. 수양을 통해 선한 본성의 단서를 단서에서만 머물지 않도록 마음 전체로 가득 채워하는 것으로, 이러한 확충의 방법은 바로 선한 마음의 단서가 일어나면 그것을 잡아서 보존하는 것이다. 본성을 함양(涵養)해야 한다는 맹자의 입장은 여기에서 나온 것으로, 이렇게 본성을 키우게 되면 사단(四端)은 각각 인(仁)·의(義)·예(禮)·지(智)와 같은 도덕성이 된다. 따라서 모든 사람이 성인이 되지 않는 현실은 자신의 본성을 함양하여 선으로 이행하지 않기 때문에 발생한 결과이며, 동시에 누구든지 성인이 되려고 하면 그 가능성은 모두에게 열려 있다.

또한 맹자는 이 가운데 선과 악을 판단할 수 있는 인간의 선천적 능력을 '양지(良知)'라고 말한다. 이것은 옳고 그름을 판단할 수 있는 시비지심(是非之心)과 같은 의미로, 사람은 자신의 행동이 선한지 그른지를 누구에게 배우지 않고 생각하지 않아도 알 수 있는 능력을 의미한다. 나아가 사람은 누구나 이 같은 양지에 따라서 선천적으로 도덕적인 행동을 할 수 있는 능력을 가지고 있는데, 이러한 능력을 '양능(良能)'이라고 한다. 사단과 더불어 인간 선함의 증거로 제시하는 양지와 양능은 인간에게 갖추어진 선천적 도덕인식능력과 도덕행위능력을 말하는 것으로, 이것을 인정하게 되면 사람은 누구나 성인이 될 수 있는 자질을 가지고 있다. 특히 맹자는 이와 같은 양지와 양능을 하늘이 부여한 것이라고 말함으로써, 양지와 양능을 알면 하늘의 이치를 알 수 있다고 말한다. 이것은 하늘과 인간의 선천적인 도덕심을 하나로 연결함으로써, 도덕적인 마음을 세계의 중심에 두려고 했던 것이다.

이와 같은 인식에 바탕하여 맹자는 '만물이 다 내 속에 갖추어져 있다'라고 말하면서, 공부의 모든 가능성을 사람이 가지고 있는 마음에서 찾는다. 나아가 사람이 가지고 있는 사단을 확충하는 일, 욕심을 줄이는 일, 흐트러진 마음을 바로 잡는 일, 의로운 기로 가득찬 호연지기(浩然之氣)를 기르는 일 등을 구체적인 수양방법으로 제시한다. 동시에 사람이 가지고 있는 감각적이고 생리적인 욕구만을 따르면서 하늘이 사람에게 부여한 본성을 발현시키지 않는 것에 대해서 경계하면서 그러한 사람을 소인으로 규정한다. 많은 사람들이 소인이 되는 이유이다. 그러나 이 같은 소인은 사람이 사람이게끔 하는 '본성'을 따르지 않은 것이지, 사람의 본성이 원래부터 그렇게 악한 것이 아니라는 사실을 분명히 함으로써, 사람은 언제나 마음만 먹으면 악을 떠나 선으로 옮겨올 수 있다(改過遷善)고 말하였다.

2) 왕도정치론

맹자는 전국시대 중기의 혼란한 시대를 살았던 사람이다. 전국시대는 춘추시대보다 더 혼란했던 시기로, 제후들의 토지겸병 전쟁이 극대화 되면서 민중에 대한 수탈이 끊임없이 자행되었다. 동시에 그에 대한 반발로 기존의 봉건체제를 심각하게 위협하는 하극상들이 자주 일어났으며, 이것은 어떠한 방식으로건 민중생활의 피폐로 이어질 수밖에 없었다. 이러한 현실을 목도하면서, 맹자가 제시한 정치론이 바로 '왕도정치론'이다.

맹자의 왕도정치는 참된 군주의 길을 걷는 것으로, '사람 본성의 인함에 근거한 정치'를 의미한다. 이러한 이유에서 이것을 '인정(仁政)'이라고도 한다. 이미 우리가 앞에서 보았던 것처럼 모든 사람은 태어나면서 '불인인지심'을 가지고 있다. 맹자는 이와 같은 불인인지심으로 하는 정치를 '불인인지정(不忍人之政)'이라고 했는데, 이러한 정치가 바로 왕도정치이다. 이와 같은 이야기는 맹자와 제선왕과의 이야기에서 잘 드러나 있다.

맹자는 제선왕을 만나 왕도정치를 말하면서, 제선왕이 희생(犧牲)이 되기 위해 끌려가는 소를 차마 보지 못하여 다른 짐승으로 바꾸게 한 사실이 있는지를 묻는다. 맹자는 아무 죄없이 죽으려 끌려 가는 소를 차마 보지 못하는 제선왕의 마음을 '불인인지심'이라고 말하면서, 왕도정치는 그러한 마음을 자신의 백성들에게 적용하는 것이라고 설명한다. 특히 맹자는 소에게까지 이러한 마음을 펼칠 수 있는 왕이 자신의 백성들에게 이러한 마음을 펼치지 못한다면 이것은 '할 수 없는 것(不能)'이 아니라 '하지 않는 것(不爲)'이라고 말한다. 누구나 왕도정치는 쉽게 행할 수 있다는 의미이다. 그래서 만약 왕이 이러한 것을 할 수 없다라고 한다면 이것은 '스스로를 해치고 스스로를 버리는 것(自暴自棄)'이라고 말했다.

특히 맹자는 왕도정치를 설명하는 과정에서 이와 다른 정치의 형태로 패도(覇道)정치를 말한다. 왕도정치는 앞에서 말했던 것처럼 사람의 마음 속에 주어져 있는 선한 본성을 백성들에게 펼쳐가는 정치이다. 따라서 이것은 왕이 가지고 있는 선함에 백성들이 복종함으로써 이루어진다. 이에 비해 패도정치는 자신의 이익을 생각하면서 백성들을 힘으로 복종시키는 정치이다. 맹자는 『맹자』의 첫 구절에서 양혜왕과 '의로움'와 '이로움'에 대해 논하면서, 왕도와 패도에 대한 기본 입장을 분명히 한다. 인의에 기반한 왕도정치를 말하는 맹자의 입장에서 이로움을 바라는 양혜왕에게 이로움의 측면에서 해 줄 말은 아무 것도 없다면서, 의로움을 지향하는 왕도정치를 행하라고 권한다.

그렇다면 왕도정치는 어떻게 이루어질까? 맹자는 사람의 선한 본성은 왕도정치를 위한 전제로써 이미 주어져 있다고 생각했다. 그리고 사람은 이러한 본성을 스스로 행할 수 있는 능력인 양지와 양능을 가지고 있다. 따라서 왕은 스스로 결단을 통해서 이러한 정치를 해야 하겠다고 생각하면, 곧바로 이루어 질 수 있다. 그렇다면 이러한 정치의 구체적인 형태는 어떻게 드러나는가? 그 첫 번째 단계로 맹자가 말하는 것이 바로 '기본적인 의식주 해결'이다.

아무리 도덕을 강조하고 그에 따른 정치를 펼치더라도, 백성들의 기본적인 의식주가 해결되지 않는다면, 백성들은 가족들이 흩어지는 아픔과 죽은 사람을 장사지내는 못하는 힘듦을 감수할 수밖에 없다. 그런데 일반 백성들은 경제적 소산이 없으면 도덕심을 항상 유지할 수 없기 때문에, 살아 있는 사람을 부양하고 죽은 사람을 위해 장례를 치룰 수 있는 최소한의 의식주를 전제조건으로 제시했던 것이다. 특히 백성들이 굶어 죽은 것을 측은하게 여기는 마음의 발로는 가장 먼저 이 같은 현실적인 정치를 마련할 수 밖에 없다.

이렇게 일반 백성들의 의식주가 해결되고 나면 그 이후 비로소 교육을 통해 효제충신(孝悌忠信)과 같은 도덕덕목을 가르치라고 말한다. 학교 교육의 중요성은 이 대목에서 강조된다. 부모에게 효도하고 나이 많은 사람을 공경하며, 나라에는 충성하고 친우들 간에 신의가 있는 삶의 태도는 교육을 통해 발양될 수 있다는 것이다. 이렇게 되면 그 나라에서는 늙은이가 짐을 지지 않고 젊은 사람들은 가족과 흩어지지 않을 수 있게 되는 것이다. 이렇게 되면 천하의 사람들이 모두 그 나라의 백성이 되기를 원하므로, 궁극적으로 천하를 다스리는 왕이 될 수 있다.

더불어 맹자는 왕도정치의 구체적인 형태까지 제시한다. 세금은 소출의 십분의 일, 또는 구분의 일을 내는 공전제(公田制)나 정전제(井田制)를 제시한다. 이러한 세금제도는 실제 동양에서 거의 시행되지 않았지만, 이후 가장 이상적인 세금제도로 회자되었다. 맹자는 이렇게만 해 준다면 모든 농민들이 그 나라 땅에서 농사짓고 싶을 것이라고 말한다. 나아가 여행객들이 그 나라를 관문으로 해서 지나갈 때에는 감시만 하되 통과세는 없애고, 시장에서는 자릿세만 받고 물건에 부과되는 개별 세금은 징수하지 않으면 모든 장사치나 여행객들이 그 나라에서 장사하고 그 나라를 통과해서 여행하고 싶을 것이라고 말한다. 이렇게 백성들의 생활이 안정되면 포악한 군주 밑에 있는 나라 백성들이 그 나라에서 살고 싶어하게 될 것이며, 이것은 부국강병의 기본이 되는 백성들의 증가로 이어지게 된다.

더불어 맹자는 이와 같은 왕도정치의 논리 위에서 정벌(征伐)과 역성혁명의 당위를 설정한다. 물론 모든 정벌과 역성혁명이 당위를 얻을 수 있는 것은 결코 아니다. 맹자는 정벌의 당위를 '정벌 당하는 나라의 백성들이 기뻐하는 것'에서 찾는다. 이것은 포악한 군주로부터 그 나라의 백성을 구해내는 '도덕적으로 정당화 된 행위'에만 정벌의 당위가 설정된다는 의미이다. 이와 같은 관점에서 맹자는 정벌을 하기 위한 자격을 탕임금이나 주문왕처럼 서쪽을 정벌하면 동쪽에 위치한 나라들이 '왜 우리를 먼저 정벌하지 않으시는가'라고 할만큼 자기 도덕적 당위를 획득해야 한다고 생각했다. 따라서 정벌은 정벌대상이 비도덕적이어서 이미 민심을 잃은 상태이어야 하며, 정벌을 하는 사람은 왕도정치를 통해 자기 도덕적 당위를 획득하고 있어야 한다.

맹자는 이와 동일한 논리 위에서 역성혁명의 가능성도 제기한다. 맹자는 제나라의 선왕으로부터 상나라의 탕왕이나 주나라의 무왕이 일으킨 역성혁명의 정당성에 대한 질문을 받는다. 이 때 맹자는 하(夏)나라의 마지막 왕인 걸이나 은(殷)나라의 마지막 왕인 주는 이미 '왕의 자격을 잃은 사람'이라고 말한다. 인과 의를 해치는 사람은 도적인데, 도적은 더 이상 왕이 아니라 일부(一夫)에 불과하다는 것이다. 따라서 일부인 걸과 주는 있어도 왕인 걸과 주는 없었던 상태였다고 말한다. '왕'에 대한 역성혁명은 정당성을 잃지만, 도덕적으로 부패함으로써 왕의 자격을 잃어 버리고 '일부'가 된 사람은 '처벌'가능하다는 것이다. 왕위에 있는 사람이 도덕적으로 자격을 잃는다면 이는 '왕으로서의 자격' 상실을 의미한다는 말이다. 결국 '왕'이라는 자리는 인과 의를 해치지 않는 사람에게만 주어지는 자격인 것이다. 따라서 인과 의를 해친 왕을 신하가 바꾸는 것은 정당성을 가진다.

이처럼 맹자의 정치철학은 그야말로 '도덕에 바탕한 정치'이다. 이러한 정치는 사람이 모두 선한 본성을 가지고 있기 때문에, '하지 않는 것'일 뿐 '할 수 없는 것'은 결코 아니다. 맹자는 바로 이와 같은 입장에 서서 인정(仁政)을 강조하며, 이를 통해 모든 백성으로부터 존경받는 군주가 되어야 한다고 생각했던 것이다.

이와 같은 맹자의 입장은 군주들에게 이상적인 정치체제를 제시한 것이지만, 동시에 그것이 가지고 있는 역성혁명에 대한 인정으로 인해 군주들에게 받아들여지기 어려운 책이 되기도 하였다.

4. 맹자와 성리학

맹자 사후 그의 철학은 바로 계승되거나 발전되지 못했다. 특히 진(秦)의 통일은 분서갱유(焚書坑儒)를 낳았으며, 이후 한나라에서 유교가 국교화 되면서도 『맹자』 속에 내재되어 있는 역성혁명의 당위로 인해 거의 받아들여지지 않았다. 물론 한나라 때 『맹자』는 유학의 사상을 담고 있는 책으로 여겨져 연구를 전담하는 박사를 두기는 했지만, 그의 철학적 이념까지 받아들여지지는 않았던 것이다. 특히 유학의 흐름이 훈고적 경향과 사장학적 경향으로 일반화 된 시기에 철학적 이념을 가득 담고 있는 맹자는 거의 해석 대상이 되지 못했다. 당·송에 이르기까지 맹자의 철학은 근 1,000여 년에 걸쳐 주목받지 못했던 것이다.

맹자의 철학의 재발견이 처음 이루어진 것은 당나라 문장가인 한유(韓愈)에 의해서이다. 한유는 이고와 더불어 당나라 시기 유학부흥운동을 주창했던 인물로, 성리학 형성의 선구적인 역할을 했다. 당나라는 한나라가 멸망 이후 오랜 혼란기를 거쳐 새롭게 이룬 통일왕조이다. 이 때문에 당나라가 통일을 이루었을 때 중국은 사상계는 대단히 복잡한 양상을 띠고 있었다. 한(漢)나라 말기에 이미 불교가 전래되어 당나라 때가 되면 '중국 불교'의 특징을 드러낼 정도로 발전했고, 도교는 민중들의 일상생활의 종교로 자리를 잡고 있었다. 이에 비해 유학은 비록 과거시험 과목으로서 기능했지만, 귀족들의 품위를 위한 학문정도로 전락해 있었다. 이러한 바탕 위에서 새로운 통일왕조가 등장하였고, 그 왕조는 백성들을 하나로 묶을 수 있는 새로유 지배 이데올로기를 필요로 했다.

그러나 당 왕조는 특정 학술을 국교로 선포하지는 않았다. 당나라가 제자백가 이후 중국 제2의 학문적 르네상스를 구가할 수 있었던 이유는 바로 여기에 있다. 유·불·도 삼교가 각축을 벌이면서 지배이데올로기의 자리를 차지하려고 하면서, 각 학문의 발전이 이루어졌기 때문이다. 이러한 과정에서 유교 역시 새로운 변혁을 통해 지배이데올로기로서의 위치를 차지해야 했고, 이것은 성리학의 탄생을 낳은 유학부흥운동의 계기가 되었다. 한유는 문학방면의 고문운동을 주도했던 인물이었다. 그러면서 한유는 타학문과의 경쟁 속에서 맹자 철학의 '이단론'에 주목하였다. 양주·묵적과 같은 이단에 대한 강한 비판적 자세와 시대적 도통을 자임하는 맹자의 철학이 불교·도교와 각축을 벌이고 있었던 유학자 한유에게 주목을 받았던 것이다.

그러나 맹자의 철학이 전면적으로 받아들여져서, 『맹자』가 경전의 반열에까지 오른 것은 송대 성리학의 형성과 궤를 같이 한다. 앞에서 보았던 것처럼 '유학부흥운동'은 '공자의 원래 뜻을 회복'하면서 동시에 불교·도교에 대한 이론적 우위를 확보해야 하는 두 가지 숙제를 가지고 있었다. 이렇게 되면서 유학은 우선 공자가 주장했던 유학의 본래 정신을 확보하려는 작업과 향당(鄕黨)철학[2]에 불과했던 유학을 보편철학으로 발전시키는 두 가지 작업을 동시에 진행한다. 사람의 삶을 변화시켜 성인이 될 수 있도록 만드는 유학의 본래 정신을 그 시대 상황에 맞게 재구성하기 시작했던 것이다. 이러한 이유에서 당나라의 한유는 글이나 짓는 유학에서 벗어나 행동하는 유학의 본래 정신을 강조했다.

더불어 유학은 향당철학의 특징을 벗어나 보편철학으로의 특징을 갖추려고 시도한다. 여기에 영향을 준 것은 바로 극복의 대상이었던 불교이다. 불교는 사람뿐만 아니라 모든 세계와 만물에게까지 적용될 수 있는 보편철학의 특징을 갖추고 있었다. 특히 '모든 사람은 불성(佛性)을 가지고 있다'는 주장은 불교가 가진 보편성을 대표한다. 유학은 이 같은 불교와 맞설 수 있는 이론을 만들어내야 했으며, 그것은 세계와 만물을 보편적으로 설명할 수 있는 형이상학(形而上學)체계를 완성이었다. 이를 위해 세계의 변화원리를 설명하고 있는 『주역(周易)』과

2 향당철학이라는 말은 보편철학에 반대되는 유학의 특징을 지칭하는 용어로 사용한다. 보편철학이란 하나의 원칙이 모두에게 적용될 수 있지만, 향당철학은 어느 지역이나 특정 사물, 혹은 특정 개체에게 한정되어 적용될 수 있는 철학을 의미한다. 성리학 이전의 유학은 가(家)중심의 철학이었으며, 이것이 확장된 개념으로서의 국(國)정도였다. 또한 이것은 인간에게만 적용되는 철학이며, 만사만물에게까지 그 의미가 확장되지는 않았다. 송명유가 철학은 바로 이와 같은 향당철학을 보편철학을 만들어 내면서 성립된다.

『예기(禮記)』의 한 편이었던 「중용(中庸)」이 동원되면서 성리학의 형이상학 체계인 리기론(理氣論)이 성립된다. 우주 보편의 법칙인 천도(天道)를 설정하고 이것이 어떻게 인간을 비롯한 세계와 만물을 구성하는지를 설명하는 것이다. 「중용」이 사서(四書)[3] 가운데 하나의 책이 될 수 있었던 이유이다.

『맹자』가 사서에 오를 수 있었던 것도 이러한 이론형성의 과정 때문이다. 불교에서 "모든 사람은 불성을 가지고 있어서 누구나 부처가 될 수 있다"는 이론은 향당철학에 불과했던 유학의 입장에서 보면 대단히 매력적이다. 이것은 '성인됨'을 목적으로 하는 유학으로서도 '모든 사람이 성인이 될 수 있다'는 주장의 근거를 경전을 통해서 확보해야 하는 필요성으로 이어졌다. 주희가 『맹자』에 주목했던 것은 바로 이러한 이유에서이다. '모든 사람은 선한 본성을 가지고 있다'라는 맹자의 성선론은 불교의 불성론에 대비될 수 있었던 것이다. 특히 '모든 사람이 요순이 될 수 있다'는 주장은 유교를 보편철학으로 만들 수 있는 경전적 근거가 되었다. 이렇게 되면서 우주 보편의 원리가 사람에게 '선한 본성'으로 주어졌다는 설명이 가능해졌고, 이를 통해 주자학의 '심성론'이 성립되었다.

이처럼 맹자의 철학은 주자학의 심성론에 중요한 영향을 미친다. 특히 선한 본성과 누구나 성인이 될 수 있다는 가능근거를 중심으로, 사단(四端)이나 (『中庸』의)칠정(七情), 존심양성(存心養性) 등의 이론이 주자학 체계 내에서 그대로 자리를 잡았다. 그러나 이러한 주자학의 이론 선택 과정에서 주희는 맹자의 왕도정치론을 축소시켜 버리는데, 특히 그 중에서 역성혁명 부분이 그러하다. 이것은 맹자의 철학을 완전한 '도덕심성론'의 철학으로 이해하면서, 당시 전제군주제에서 받아들여지기 어려운 역성혁명 부분은 축소시킬 수밖에 없었던 것이다. 이렇게 되면서 맹자의 철학은 그 본래적 특징인 정치적 이상향은 삭제되고, 주자학의 심성론체계를 설명하기 위한 이론으로 제한되어 받아들여진다.

이 과정에서 맹자의 심성론은 상당한 왜곡이 발생하기도 하였다. 맹자의 철학체계에서 사람의 본성과 마음은 구분되는 개념이 아니었다. 또한 정(情)과 같은 개념도 주자학 내에서처럼 성과 대비되는 개념으로서의 정이 아니었다. 그런데

3 四書는 성리학의 성립과 더불어 성리학의 이론체계를 확립하는 데 결정적인 역할을 한 네 가지 책을 의미한다. 이것은 이후 유학 전통의 경전인 三經과 더불어 성리학에서 가장 중요한 책이 되었다. 그 네 책은 각각 『論語』, 『孟子』, 『大學』, 『中庸』이다.

성과 정의 합으로 마음을 이해하고 있는 주자학은 자신의 철학 체계 속에 맹자의 본성론을 끼워 맞추면서 맹자가 말한 성(性)은 도덕적 판단이나 활동을 할 수 없는 순수한 본체로만 설정 된다. 이에 비해 같은 의미를 가진 양지는 활동하고 판단하는 주체이므로 주자학 내에서는 정으로 해석된다. 또한 사단과 같은 선한 마음도 정(情)이라는 개념으로 이해함으로써, 인의예지가 사단으로 드러나는 것으로 보는 전치(轉置) 현상도 일어났다. 맹자는 사단이라는 단서를 확충해서 인의예지가 된다고 했던 점을 생각해 보면 이 부분은 주희의 오독인 것이다.

주자학에서 맹자가 매우 중요하게 받아들여졌지만, 동시에 맹자 본래의 뜻과는 다르게 해석된 부분들이 존재하였다. 이러한 점은 이후 성리학의 전개사와 연계되어 다양한 해석과 비판의 가능성을 열게 된다. 주자학은 보편철학을 만드는데 중점을 두면서 리기론과 같은 우주론에 더욱 관심을 가졌고, 이것은 유학 본연의 학문 목적인 '성인됨'을 이론적으로 어렵게 만들었다는 비판을 받았다. 이러한 비판의 근거가 되는 책이 바로 『맹자』이다. 이렇게 되면서 주자학 체계 내에서도 좀 더 맹자의 원의에 접근하려는 입장과 주자학을 비판하면서 맹자의 원의를 바로 이해하려 했던 입장들로 전개되는 양상을 보여준다. 전자는 조선의 이황에 의해 주창된 퇴계학이 가지고 있는 특징이며, 후자는 중국의 왕수인에 의해 형성된 양명학이 가지고 있는 특징으로, 결국 주자학은 조선의 퇴계학과 중국의 양명학으로 전개되는 양상을 보여준다. 이러한 전개에에 직접적인 영향을 미친 책이 바로 『맹자』인 것이다.

조선의 퇴계학은 주자학의 이론적 기반을 그대로 받아들인다. 다만 형이상학적인 보편철학은 '성인됨'을 추구하기 위한 기반으로만 해석하면서, 논의의 중심을 맹자철학에 근거한 '마음공부'에 두게 된다. 보편철학보다는 인간의 마음에 논의를 집중했던 맹자철학의 특징이 주자학적 기반 위에서 다시 해석되고 있는 대목이다. 퇴계 이황은 형이상학적이고 보편적인 세계에 대한 형이상학적인 논의보다 사람의 마음과 도덕 행동에 관련된 '심성론' 중심으로 주자학을 해석하고 있는데, 이것은 철저하게 사람을 중심으로 논의하는 맹자 다시 읽기로 이해할 수 있다. 맹자가 말한 도덕적 인간을 송대 이래 주자학이 구축한 도덕형이상학의 맨 꼭대기에 올려 놓는 작업이 퇴계학을 통해서 이루어졌던 것이다.

이에 비해 중국의 명나라 중기에 발흥한 양명학은 철저한 주자학 비판을 통해 맹자의 원의에 다가가려고 시도했다. 그런데 이와 같은 양명학의 이론적 모형은 이미 주자학과 같은 시대에 등장했던 육구연의 상산학(象山學)에서 먼저 보인다. 육구연은 주희와 형이상학 체계 및 성인이 되기 위한 수양방법을 놓고 논쟁을 했던 인물로, 특히 그는 맹자의 "먼저 사람의 대체를 세우라"는 말을 적극적으로 해석하여, 심성론 중심의 철학을 만들고 있다. 이러한 과정에서 사람의 선한 본성이 내재되어 있는 '사람의 마음'이 곧 '하늘의 이치'이며, 이것을 중심으로 그 마음을 키워가야 한다고 주장했다.

양명학은 이와 같은 육구연의 철학적 입장을 계승하는 동시에 맹자의 철학을 좀 더 강하게 해석하여, 마음 중심의 철학을 만든다. 특히 양명학은 맹자가 말했던 '양지'와 '모든 사람이 성인이 될 수 있다'는 입장을 적극적으로 해석하여, 심지어 '길거리에 다니고 있는 사람'까지 모두 성인이라고 말했다. 하늘로부터 부여받은 선한 본성을 '양지'로 이해하고, 이와 같은 양지가 마음에서 그대로 활동할 수 있으면 그것이 곧 성인이라고 생각했기 때문이다. 이렇게 되면서 수양론 역시 이와 같은 양지를 마음 속에서 활동할 수 있도록 하는 것, 즉 '즉 양지를 이루는 것(致良知)'을 최대의 과제로 삼게 된다. 따라서 자신의 마음에서 활동하는 양지에 따라 그대로 살아가는 삶을 중시하며, 양지가 활동할 수 있도록 마음을 수양하는 것이 공부론의 전부를 차지했던 것이다.

이처럼 맹자의 철학이 양명학에서 적극적으로 수용되면서, 이후 이것은 '근대성'을 가진 학문으로까지 발전한다. 양명학은 이후 좌파와 우파로 나누어지는데, 그 중에 양명좌파 철학은 특히 사람의 마음을 신뢰하는 철학으로 발전한다. 사람이 태어나면서부터 가지는 마음을 가장 순선(純善)한 것으로 이해하여, 그 때의 마음으로 살아가면 그것이 곧 성인이라고 생각했던 것이다. 이러한 입장들은 개인의 주체성을 강조하고, 마음이 가진 감성을 용인하는 철학적 특징으로 드러난다. 이렇게 되면서 개인성을 강조하고, 개인의 자유를 중시하는 철학적 경향으로 발전해 가는데, 여기에는 '근대적 개인'의 단초가 들어 있다고 평가할 수 있다.

이처럼 맹자의 철학은 이후 주자학과 양명학의 성립에 중요한 영향을 미친다. 특히 맹자의 철학은 그 자체로 공동체주의를 지향하는 보수성과 개인의 주체를 강하게 긍정하는 진보성을 동시에 띠고 있으며, 이것은 각각 퇴계학과 양명학을 통해서 새롭게 재해석되는 모습을 보여준다. 성리학 내에서의 다양한 학문의 발전과 전개가 맹자를 중심으로 이루어지는 이유는 바로 여기에 있다.

5. 『맹자』와 맹자, 그리고 현대

맹자는 이미 2000여 년 전 전국시대의 혼란한 시대상을 고민하면서 그에 대한 해결책을 궁구했던 사람이다. 그리고 『맹자』라는 책은 바로 그러한 시대적 고민과 해결책을 중심으로 기술된 책이다. 이에 비해 현대는 이미 교통과 정보통신의 발달로 인해, 세계는 '하나의 세계'가 되었고, 맹자가 주창했던 공동체의 원리보다 개인의 행복과 자유가 더 중요해졌다. 이러한 이유에서 우리 시대에 다시 맹자의 철학을 논의하고 『맹자』를 읽는 것 자체가 시대와 부합되지 않은 듯하다.

그러나 필자가 보기에 대부분의 인문학적 고민이 그러하듯, 맹자의 고민은 사람과 사람이 살아가면서 부딪치는 우리 현실의 문제와 다르지 않다. 맹자의 말 대로 '사람이라면 사람으로서 비슷한 공통점이 대부분인 것'처럼 2500여 년의 사람과 지금 사람에게도 사람과 사람의 문제에 대한 고민은 여전히 같은 문제로 통용되고 있다. 특히 '다른 동물과 구분되는 사람만의 특징'에 대한 맹자의 진지한 고민은 지금도 '다른 동물과 구별되는 사람만의 특징'에 대한 현대 철학자들의 고민과 궤를 같이 한다. 그리고 이러한 규정에 따라 사람이 사람을 어떻게 대해야 하고, 그러한 사람들이 함께 이루어야 하는 이상사회가 어떠해야 하는지에 대한 고민은 지금도 여전히 유효하다.

물론 맹자가 살았던 시대와 지금의 시대가 다르기 때문에 그의 논의를 우리 사회에 그대로 적용시킬 수는 없다. 맹자가 제시했던 그 답이 우리 시대에는 형편없는 오답이 될 수도 있다. 하지만 그가 고민했던 방법과 해결책을 얻어가는 과정은 지금 우리 문제를 해결하는 데 있어서 중요한 지침이 될 수 있다는 것은 분명한 사실이다. 특히 필자는 맹자가 다른 사람들을 설득시킬 수 있는 윤리적 당위를 설정하고, 그것을 통해 한 사회를 질서잡힌 사회를 만들려고 시도했던 철학적 고민들은 지금 현대를 살아가는 우리에게도 중요한 의미를 가진다고 생각한다. 그 한 예만 제시하면서 맹자가 현대 사회에서 가지는 의미를 살펴 보기로 한다.

맹자가 꿈꾸었던 사회는 모든 사람들이 '도덕성을 자각'하여 사람다운 사람으로 살아가는 사회이다. 이를 위해 맹자는 사람 모두를 도덕적인 존재로 설정하고,

누구나 사람다운 사람으로 살아갈 수 있는 가능근거가 열려 있음을 인식시키고 있다. 특히 그는 이러한 가능성을 사람이 형성하는 최소의 공동체인 가(家)를 통해서 확인하고, 여기에서 이루어지는 기본 정감을 사회로 확장시키려 했다. 이러한 이유에서 맹자가 가장 중시했던 것은 부모와 자식간의 윤리이다. 이것은 사람의 본성이 선하게 태어났음을 논증하는 근거가 되었으며, 동시에 모든 사람이 선천적인 도덕인식능력(良知)과 도덕행위능력(良能)을 타고 태어났다고 주장하는 이유가 되었다. 맹자가 보기에 자식이 태어나면 부모는 본능적으로 자식을 사랑하고 자식 역시 본능적으로 부모를 의지한다. 이것은 논리적으로 설명할 수도 없고, 또 그래야 할 이유도 없다. 맹자는 이러한 관계에서 형성되는 윤리를 효(孝)로 설정하면서, 이것이 바로 유학을 대표하는 도덕적 덕목인 '인(仁)'의 한 형태라고 말한다. '인'에 대한 복잡한 설명을 거부하면서, 그것이 어떠한 마음인지를 바로 인식시키고 있는 대목이다. 이와 같은 맹자의 방법은 한 가족 내에서 동생과 형 사이에 이루어지는 정감도 제(悌)라고 하고, 이것을 '의(義)'의 한 형태로 규정했다.

이렇게 보면 가는 인과 의가 그대로 체화되어 있는 곳으로, 교육하지 않고 생각하지 않아도 저절로 도덕덕목이 실현되는 공간이다. 누구나 부모형제를 사랑할 줄 아는 그 마음이 곧 인이나 의인 것이다. 이러한 이유에서 공자와 맹자는 이웃보다 자기 부모를 더 사랑하고, 옆집 아저씨 보다 자기 형을 더 사랑하는 것은 당연하다고 말한다. 그것은 사람의 본래 마음이 그러하며, 이것은 거부할 수 없는 것이라고 생각했던 것이다. 또한 가족 내에서도 친소(親疏)관계에 따라서 감정 역시 달라질 수밖에 없다고 생각했으며, 모든 예는 이러한 관계방식을 근거로 설정된다.

그러나 맹자는 이와 같은 가족윤리가 가족 내에서만 머물러서는 안 된다고 생각했다. 가 내에서 아버지를 향한 사랑과 형을 향한 공경은 그대로 확장되어 사회윤리로 이행되어야 한다고 생각했던 것이다. 아버지를 사랑하듯 임금을 사랑함으로써 인을 실현하면 그것이 충(忠)이며, 형을 사랑하듯이 자기보다 연장자를 대함으로써 의를 실현하면 그것이 바로 경(敬)이다. 동시에 한 나라의 왕 된 사람은 자기 자식을 사랑하는 마음을 모든 백성들에게 확장시켜야 한다. 이것이 바로 왕도정치의 실현이다. 이러한 이유에서 맹자는 가족만 사랑하고 그것을 이웃으로 확장하지 않는 사람을 '소인'이라고 말했다.

또한 맹자는 동일한 이유에서 자기 아버지는 옆집 아저씨를 똑 같이 사랑해야 한다고 말했던 묵자의 겸애설에 대해서 '불가능한 논의'라고 말한다. '무부(無父)', 즉 아비가 없는 것이라는 이 말은 그것을 사회로 확장할 수 있는 기본적인 토대를 없앤다는 의미로 이해할 수 있다. 맹자가 묵자를 이단으로 보는 이유이다. 하지만 동시에 자기와 가족만을 사랑하고 그것을 이웃에게로 확장하는 것을 반대했던 양주의 '위아론(爲我論)'에 대해서도 비판을 한다. '무군(無君)', 즉 임금이 없는 것이라는 이 말은 질서잡힌 사회를 만들어 갈 수 있는 가윤리의 확장을 막는 것이다. 맹자가 양주를 이단으로 보는 이유이다.

맹자의 이와 같은 생각은 개인주의로 점철되면서 생기는 다양한 사회적 문제 앞에서, 새로운 대안을 찾아 가는 하나의 중요한 길이 될 수 있다. 또한 내가 다른 사람과 관계하는 양상들을 어디에서부터 근거할지를 찾는 방법이 될 수도 있을 것이다. 물론 맹자의 말을 그대로 우리 사회에 적용시키는 것은 앞에서도 말했던처럼 무리이고, 또 해서도 안 된다. 다만 맹자가 추구했던 이와 같은 방식들은 '너무나 개인적인 사람'에게도, 동시에 '모든 사회를 동일하게 바라보려는 사람'에게도 새로운 생각을 할 수 있게 할 것이다. 이것이 우리가 고전을 읽는 이유이며, 『맹자』를 통해서 우리가 얻을 수 있는 것도 바로 이와 같은 점이 아닐까 생각된다. 맹자가 꿈꾸었던 사회 역시 지금 우리 사회가 꿈꿀 수 있는 하나의 대안적 사회임에는 분명하기 때문이다.

▌좀 더 읽어야 할 책

동양의 고전으로서 『맹자』는 그 오랜 역사만큼 많은 주석서와 책들이 발간되었다. 특히 주자학의 성립과 더불어 『맹자』가 사서(四書)의 반열에 올라서면서, 다양한 학문적 해석과 의미 분석을 한 주석서가 헤아릴 수 없을만큼 많이 발간되었다. 이 가운데 현재 가장 대표적인 것이 바로 주희가 주석한 『맹자집주(孟子集註)』로, 주자학 이후 동양에서 맹자를 이해하는 데 가장 많은 영향을 준 책이다. 그러나 이와 같은 원문으로 된 다양한 주석서들을 여기에 제시하는 것은 크게 의미가 없을 듯 하다. 따라서 여기에서는 번역과 해설에 있어서 『맹자』관련 이해를 도울 수 있는 몇몇 책을 〈좀 더 읽어야 할 책〉으로 제시하고자 한다.

▌원전 번역 및 해설서

안병주 외 역, 『맹자』, 한림출판사, 1982.
성백효 역, 『맹자집주』, 전통문화추진위원회, 1996.
범선균 역, 『맹자』, 혜원출판사, 1990
박경환 역, 『맹자』, 홍익출판사, 2005
김선희 옮김, 『맹자』, 풀빛, 2006
우재호 역, 『맹자』, 을유문화사, 2007.
이기동 역해, 『맹자강설』, 성균관대학교출판부, 2010.
정일옥 역, 『맹자』, 청문각, 2009.
장현근 옮김, 『맹자』, 지만지, 2009.
장현근, 『맹자: 진정한 야당정치, 도덕국가를 향한 지침서』, 살림, 2006
황광욱, 『청소년을 위한 맹자』, 두리미디어, 2009.
윤재근, 『희망과 소통의 경전 맹자』, 동학사, 2009.

▌내용 이해에 도움을 줄 수 있는 책

채인후, 『맹자의 철학』, 천병돈 옮김, 예문서원, 200?

장현근, 『맹자 : 바른 정치가 인간을 바로 세운다』, 한길사, 2010.

백민정, 『맹자 : 유학을 위한 철학적 반론』, 태학사, 2005.

양조한, 『맹자 철학』, 황갑연 옮김, 서광사, 2005.

조원일, 『맹자의 도덕사상과 정치사상』, 전남대학교출판부, 2006.

왕수연, 『고전의 즐거움, 맹자』, 최한나 역, 휘닉스드림, 2008.

푸페이룽, 『맹자교양강의』, 정광훈 옮김, 돌베개, 2010.

이종찬, 『이 시대에 나 아니고 누구냐 맹자』, 새문사, 2011.

채지충 글·그림, 『깐깐한 공자맹자 유유자적 노자장자』, 정광훈 옮김, 김영사, 2009.

하경대, 『만화 맹자』, 주니어김영사, 2009.

이혜경, 『맹자, 진정한 보수주의자의 길』, 그린비, 2008.

허룽이, 『맹자의 왕도주의』, 울산대학교출판부, 1997

김재욱, 『맹자, 제멋대로 읽기』, 포럼, 2006.

최영갑, 『공자와 맹자의 도덕철학』, 한국학술정보, 2006.

안길환 편, 『공자와 맹자의 철학사상』, 명문당, 2001.

김형효, 『물학 심학 실학 : 맹자와 순자를 통해 본 유학의 사유』, 청계, 2003.

심귀득, 『어느 여성철학자의 맹자읽기』, 형설, 2002.

▌맹자 연보

맹자의 연보를 정확하게 작성하기는 무리가 있다. 이것은 이미 앞에서도 밝혔던 것처럼 맹자의 생몰연대부터도 부정확하기 때문이다. 따라서 여기에서 제시하는 연대 역시 정확하지는 않다. 다만 맹자의 일생이 어떠한 여정을 겪었는지를 확인해 보는 정도의 참고자료일 뿐이다. 이 연보는 청대 사람인 적자기(狄子奇)가 편찬한 「맹자편년(孟子編年)」의 기록을 추려 옮긴 것을 바탕으로 작성하였다.[4]

4 이 책에서 참고한 것은 주희, 『孟子集註』, 成百曉 譯註(서울 : 전통문화연구회, 1996)에 있는 내용임.

기원전 372년 : 4월 2일 추(鄒)나라(현재 중국 산동성 鄒縣)에서 태어났다.

기원전 358년 (15세) : 노(魯)나라에 가서 학문을 배웠다.

기원전 332년 (41세) : 처음으로 추나라의 목공(穆公)을 만났다.

기원전 331년 (42세) : 제(齊)나라 평육(平陸)에 머물렀다.

기원전 330년 (43세) : 추나라에서 임(任)나라로 갔다.

기원전 329년 (44세) : 제나라 평육에서 (齊)나라 서울로 갔다.

기원전 328년 (45세) : 제나라에서 빈사(賓師)가 되었다.

기원전 326년 (47세) : 제나라에서 자신의 꿈을 실현할 수 없어서 제나라를 떠나 송나라로 갔다(송나라에서 왕도정치를 실행하려 맹자를 초빙하였음).

기원전 325년 (48세) : 송나라에서 왕도정치를 실현할 현능한 신하가 없어서 추나라로 돌아왔다.

기원전 324년 (49세) : 추나라에서 등(滕)나라로 갔다.

기원전 322년 (51세) : 등나라에서도 자신의 왕도정치를 실현할 수 없어서 추나라로 돌아왔다.

기원전 320년 (53세) : 양나라 혜왕의 초빙을 받고 양나라로 갔다.

기원전 319년 (54세) : 양나라 왕이 죽고 그 아들이 왕에 즉위하자, 그 인물됨이 왕도정치를 실현할 수 없다고 생각하여 양나라를 떠나 제나라로 갔다.

기원전 318년 (55세) : 제나라에서 객경(客卿)이 되었다.

기원전 317년 (56세) : 모친의 상을 당하여 제나라에서 노나라로 돌아와 장례를 모셨다. 이 때 화려한 관을 사용하여 제자들에게 질문을 받았다.

기원전 315년 (58세) : 상을 모두 마친 후 노나라에서 제나라로 돌아왔다.

기원전 314년 (59세) : 제나라가 연(燕)나라를 정벌하였다. 이 때 맹자는 연나라 백성들의 민의에 따라서 군주를 세우고 물러날 것을 권하였지만, 연나라에 대한 횡포를 자행하였다. 이에 맹자는 제나라를 떠나 송나라로 갔다.

기원전 313년 (60세) : 송경(宋徑)을 석구에서 만나 인의(仁義)로 진(秦).초(楚)의 왕을 설득할 것을 권했다.

기원전 312년 (61세) : 송나라에서 설(薛)나라로 갔다.

기원전 311년 (62세) : 설나라에서 노나라로 갔다가 뜻을 이루지 못하고 다시 추나라로 돌아왔다. 이후 만년을 제자 양성과 글쓰기에 몰입했다.

기원전 289년 (84세) : 1월 15일, 세상을 떠났다.

역주자 소개

이상호(李相虎)

계명대학교 철학과를 졸업하고 같은 학교 대학원에서 「정제두 양명학의 양명우파적 특징」으로 철학박사학위를 받았다. 계명대학교 초빙전임강사를 거쳐, 한국국학진흥원 책임연구위원으로 재직중이다. 저서로는 『양명우파와 정제두의 양명학』, 『심경부주와 조선유학』(공저) 등이 있으며, 『위당정인보의 양명학 연론』(공역), 『성리학의 개념들』(공역) 등을 번역했다. 주요 논문으로는 「맹자의 인간관계론에 드러난 생태적 함의」, 「도덕적 인간의 발견과 사회적 약자에 대한 이해의 전환 – 공·맹 사상을 중심으로」, 「상산심학과 양명심학의 차별성 연구 – '송학'과 '명학'의 차별적 관점에서」 등 다수가 있다.